中等职业教育国家规划教材配套辅导用书

管理会计习题与实训

（第4版）

主　编　胡冬鸣　张振国

中国财政经济出版社

图书在版编目（CIP）数据

管理会计习题与实训/胡冬鸣，张振国主编．—4版．—北京：中国财政经济出版社，2015.8

中等职业教育国家规划教材配套辅导用书

ISBN 978-7-5095-6438-7

Ⅰ.①管… Ⅱ.①胡…②张… Ⅲ.①管理会计-中等专业学校-习题集
Ⅳ.①F234.3-44

中国版本图书馆 CIP 数据核字（2015）第 248239 号

责任编辑：尉 敏 赵天天	责任校对：徐艳丽
封面设计：陈 瑶	版式设计：兰 波

中国财政经济出版社 出版

URL：http：//www.cfeph.cn

E-mail：jiaoyu@cfeph.cn

（版权所有 翻印必究）

社址：北京市海淀区阜成路甲28号 邮政编码：100142

发行电话：88190406 财经书店电话：64033436

北京中兴印刷有限公司印刷 各地新华书店经销

787×1092毫米 16开 16印张 380 000字

2016年1月第4版 2016年1月北京第1次印刷

定价：28.00元

ISBN 978-7-5095-6438-7/F·5187

（图书出现印装问题，本社负责调换）

本社质量投诉电话：010-88190744

第 4 版说明

为全面贯彻落实《国务院关于加快发展现代职业教育的决定》（国发[2014] 19 号）和《国家中长期教育改革和发展规划纲要（2010－2020 年）》，我们依据教育部最新颁布的《中等职业学校会计专业教学标准（试行）》对中等职业教育国家规划教材进行了修订，以满足中等职业学校财经类专业教学的新需要。本次修订在内容上以会计信息的有用性为基本导向，以提高学生的会计从业能力为主要目标。

为了让教师尽快地熟悉、理解新教材的内容与特色，以方便授课；使学生在学习中更好地掌握知识、强化专业技能的实际应用能力，我们对该系列教材的配套辅导用书进行了修订再版，以供教师授课和学生学习使用。

本套学习辅导用书的编写人员都是该教材的作者。在内容的安排上，该套辅导用书突出了理论联系实际和知识应用的训练，通过对基本概念、基本理论的准确把握和基本技能的反复练习，以培养学生分析问题、解决问题的能力。在此，我们真诚地希望各类职业院校在使用该系列辅导用书的过程中，及时提出修改意见和建议，使之不断完善和提高。

中国财政经济出版社
2015 年 2 月

第 4 版前言

　　本书是中等职业教育国家规划配套教材《管理会计（第 4 版）》的辅导用书，其内容、体系与教材保持一致。为了帮助学生更好地掌握管理会计的基本理论、基本方法和基本技能，提高分析问题和解决问题的能力，同时满足课堂与实训教学的需要，本书相应安排了习题和实训两篇。

　　本书的上篇是习题部分，包括：名词解释、填空题、判断题、单项选择题、多项选择题、问答题和计算分析题。本书的下篇是实训部分，意在通过鲜活的事例和实际资料向学生传授知识，训练并提高学生运用所学专业知识去分析与解决实际问题的能力，并从中感悟所蕴含的管理会计原理。

　　出于本学科发展及其与教材内容一致的考虑，本次修订增加了"作业成本法"一章的习题内容。本书原习题部分由胡冬鸣、张振国、沈伟丽老师编写；实训部分由胡冬鸣、付宁、刘国成、王淑华、康秀芳老师编写。胡冬鸣、张振国老师参加了本次的修订工作。

　　本书由胡冬鸣、张振国老师担任主编，并总纂定稿。如有不足和错误之处，恳请读者和广大师生批评指正。

编　者

2014 年 12 月 21 日

编者
2014年12月21日

目 录

上篇 习 题 ……………………………………………………………（1）
  第一章 概 论 ……………………………………………………（3）
  第二章 成本习性和变动成本法 ………………………………………（7）
  第三章 预测分析 …………………………………………………（20）
  第四章 经营决策 …………………………………………………（30）
  第五章 投资决策 …………………………………………………（45）
  第六章 全面预算 …………………………………………………（63）
  第七章 标准成本控制 ……………………………………………（76）
  第八章 存货控制 …………………………………………………（82）
  第九章 作业成本法 ………………………………………………（89）
  第十章 责任会计 …………………………………………………（97）

下篇 实 训 …………………………………………………………（109）
  第一部分 成本习性与变动成本法 …………………………………（111）
  第二部分 预测分析 ………………………………………………（121）
  第三部分 经营决策 ………………………………………………（142）
  第四部分 投资决策 ………………………………………………（161）
  第五部分 全面预算 ………………………………………………（188）
  第六部分 标准成本控制 …………………………………………（201）
  第七部分 存货控制 ………………………………………………（211）
  第八部分 作业成本法 ……………………………………………（229）
  第九部分 责任会计 ………………………………………………（237）

上篇 习题

第一章

概 论

一、名词解释

1. 管理会计

2. 规划

3. 控制

4. 泰罗制

二、填空题

1. 现代企业会计中两个并列的重要领域是_____和_____。
2. 管理会计如按其基本职能归属可分为两大类，它们是指_____和_____。
3. 泰罗被西方誉为_____。
4. 管理会计是_____和_____的结合与统一。
5. 管理会计的基本职能是_____和_____。

6. 管理会计与财务会计的区别主要有：_____、_____、_____、_____、_____、_____、_____。

7. 管理会计与财务会计的联系主要有：_____、_____。

8. 管理会计不仅仅是"会计"与"管理"的结合，它还把_____、_____、_____等方法融会贯通，成为一门多学科融为一体的综合性学科。

9. 规划会计的内容包括：_____、_____、_____和_____。

10. 控制会计的具体内容包括：_____、_____和_____。

三、判断题（你认为对的，请在括号中填个"对"字；不对的，填个"错"字，下同。）

1. 管理会计是财务会计的一个分支。（　　）
2. 管理会计是面向未来，对未来的预测、控制，因而与过去无任何联系。（　　）
3. 管理会计作为"内部会计"，它是为企业内部管理服务的。（　　）
4. 管理会计可分为规划会计和控制会计两大部分，前者以决策会计为主体，后者以责任会计为主体。（　　）
5. 管理会计不受公认会计原则的约束，只遵循"成本效益"的原则。（　　）
6. 管理会计可根据管理的需要，在任何时候、按任何期间编制有关的管理报表。（　　）
7. 管理会计所提供的数据不须精确，它只是个近似值。（　　）
8. 管理会计和财务会计一样，所编制的报表，都是具有法律效力的。（　　）
9. 在实际工作中，如果企业未设立管理会计机构和专职人员，一般都由财会人员兼职完成。（　　）
10. 管理会计的基本内容，也就是管理会计的两项基本职能。（　　）

四、单项选择题

1. 泰罗是（　　）的代表人物。
   A. 传统管理　　　　　　　　B. 科学管理
   C. 现代管理　　　　　　　　D. 经营管理

2. 管理会计的两项基本职能是（　　）。
   A. 反映与监督　　　　　　　B. 控制与考核
   C. 规划与控制　　　　　　　D. 规划与考核

3. 现代会计中两个并列的重要领域是（　　）。
   A. 管理会计与决策会计　　　B. 管理会计与财务会计
   C. 管理会计与责任会计　　　D. 财务会计与决策会计

4. 管理会计对企业进行规划与控制，主要利用（　　）。
   A. 财务会计信息　　　　　　B. 计划信息
   C. 统计信息　　　　　　　　D. 业务信息

5. 管理会计从传统会计中分离出来，主要是由于（　　）。
   A. 泰罗制的出现　　　　　　B. 运筹学、概率论的应用
   C. 系统数学解析方法出现　　D. 现代会计的产生

6. 管理会计的会计主体应是（　　）。
   A. 整个企业　　　　　　　　　B. 企业内部的责任单位
   C. 企业的财务部门　　　　　　D. 法人
7. 管理会计的服务对象主要是（　　）。
   A. 全社会　　　　　　　　　　B. 企业内部管理人员
   C. 与企业有经济利害关系的外部团体　　D. 企业的股东及潜在股东
8. 管理会计所编制的管理报表在时间上要求（　　）。
   A. 月报　　　　　　　　　　　B. 年报
   C. 季报　　　　　　　　　　　D. 没有时间规定
9. 管理会计从其信息特征方面看，其业绩报告（　　）。
   A. 具有法律效力　　　　　　　B. 不具有法律效力
   C. 没有明确的法律效力　　　　D. 是否具有法律效率待定
10. 对会计资料最终结果要求不太精确的是（　　）。
    A. 成本会计　　　　　　　　　B. 税务会计
    C. 管理会计　　　　　　　　　D. 财务会计

五、多项选择题

1. 管理会计基本职能是（　　）。
   A. 规划职能　　　　　　　　　B. 监督职能
   C. 控制职能　　　　　　　　　D. 核算职能
2. 管理会计在现代企业管理中的作用是（　　）。
   A. 提供会计信息　　　　　　　B. 进行预测分析
   C. 实施规划控制　　　　　　　D. 实行业绩考核
3. 管理会计的内容体系包括（　　）。
   A. 预测分析　　　　　　　　　B. 成本控制
   C. 决策分析　　　　　　　　　D. 责任会计
   E. 全面预算
4. 管理会计与财务会计不同之处表现在（　　）。
   A. 服务对象不同　　　　　　　B. 基本职能不同
   C. 法律效力不同　　　　　　　D. 核算主体不同
   E. 依据会计原则不同
5. 管理会计所编制的管理会计报表，在时间跨度上，可以是（　　）。
   A. 某一天　　　　　　　　　　B. 若干天
   C. 每年的年末　　　　　　　　D. 每月的月末
   E. 若干月甚至若干年
6. 现代管理科学主要包括（　　）。
   A. 泰罗制　　　　　　　　　　B. 信息论
   C. 系统论　　　　　　　　　　D. 控制论
   E. 行为科学

7. 管理会计可以不考虑的情况有(　　)。
   A. 成本效益原则　　　　　　B. 会计原则
   C. 报表格式　　　　　　　　D. 会计制度
8. 规划会计主要包括(　　)。
   A. 预测　　　　　　　　　　B. 全面预算
   C. 经营决策　　　　　　　　D. 投资决策
   E. 成本核算
9. 控制会计主要包括(　　)。
   A. 成本控制　　　　　　　　B. 全面预算
   C. 存货控制　　　　　　　　D. 责任会计
10. 在泰罗的科学管理学说控制下，将(　　)等科学管理引入到会计中来。
    A. 标准成本　　　　　　　　B. 预算控制
    C. 差异分析　　　　　　　　D. 借贷记账法

六、问答题

1. 管理会计与财务会计有哪些区别和联系？

2. 管理会计的主要内容有哪些？

3. 在企业中是否应设置专门的管理会计部门？为什么？

第二章

成本习性和变动成本法

一、名词解释

1. 成本习性

2. 变动成本

3. 固定成本

4. 混合成本

5. 边际贡献

6. 高低点法

7. 散布图法

8. 回归分析法

9. 完全成本法

10. 变动成本法

11. 约束性固定成本

12. 选择性固定成本

13. 边际贡献率

14. 变动成本率

二、填空题

1. 财务会计将制造成本分为_____、_____和_____三类，而管理会计将制造成本分为_____和_____两类。
2. 固定成本还可以根据管理行为是否能改变支出数额划分为_____和_____。
3. 按成本习性的要求，总成本的计算公式是：总成本 = _____ + _____。

4. 混合成本按其变动部分与业务量的依存关系可分为_____、_____和_____。
5. 混合成本分解的方法通常有_____、_____和_____。
6. 变动成本法将变动制造费用作为_____，而将固定制造费用作为_____。
7. 完全成本法将固定制造费用计入产品成本，并在_____和_____之间进行分配。
8. 在完全成本法下固定制造费用要随_____而逐期得到补偿，而变动成本法下固定制造费用直接抵减_____并一次性得以补偿。
9. 在变动成本法下，首先用销售收入补偿本期已销产品的变动成本以确定_____；然后再以其补偿_____以确定当期的_____。
10. 在期初存货量和期末存货量均为零的情况下，采用变动成本法或完全成本法的销售利润_____。
11. 两种成本法计算的税前利润差异的公式是：
差异数 = _____×期初存货量 - _____×期末存货量
12. 若某一期间期末存货量大于期初存货量时，变动成本法计算的税前利润_____完全成本法计算的税前利润。
13. 变动成本法的优点首先是更加符合_____相配比的会计原则。
14. 变动成本法所提供的成本资料，一般都无法适应_____和_____的需要。

三、判断题

1. 变动成本就是指直接材料与直接人工之和，不包括制造费用。（　）
2. 降低变动成本的主要途径是扩大产品的生产量和销售量。（　）
3. 变动成本是指成本总额与业务总量成正比例增减变动的成本。（　）
4. 单位变动成本不随业务量变动，它是相对固定不变的。（　）
5. 固定成本是指在一定时期和一定业务范围内，不受业务总量增减变动影响的成本，然而，单位固定成本会随业务量的变动而变动。（　）
6. 变动成本法计算的利润一定与完全成本法计算的利润不一致。（　）
7. 在变动成本法下，变动的销售费用和管理费用作为生产成本列入变动成本中。（　）
8. 在变动成本法下，固定性制造费用作为期间费用抵减当期损益。（　）
9. 在变动成本法下，由于变动销售及管理费用在计算边际贡献前已被扣除，因此不能作为期间费用。（　）
10. 如果存货量不变，则变动成本法和完全成本法计算的税前利润是相等的。（　）
11. 混合成本分解的方法，无论是高低点法、散布图法，还是回归分析法，均含有估计的成分，只能作为一个近似值。（　）
12. 在变动成本法下，变动制造成本的计算是按销售量计算的。（　）
13. 在完全成本法下，制造成本的计算是按产品的销售量计算的。（　）
14. 在变动成本法下，销售及管理费用与制造费用一样分为变动与固定的两种，变动的销售及管理费用列入变动的制造成本。（　）
15. 变动成本法缺点之一就是"收入与费用相配比"的会计原则。（　）

四、单项选择题

1. 下列项目中,不属于非生产成本的是( )。
   A. 销售费用　　　　　　　　　B. 管理费用
   C. 制造费用　　　　　　　　　D. 财务费用
2. 下列项目中属于变动成本的是( )。
   A. 保险费　　　　　　　　　　B. 折旧费
   C. 办公用房租金　　　　　　　D. 计件工资
3. 降低变动成本的途径主要是( )。
   A. 扩大销售量　　　　　　　　B. 降低单位变动成本
   C. 降低变动成本总额　　　　　D. 扩大生产量
4. 下列属于约束性固定成本的项目是( )。
   A. 职工培训费　　　　　　　　B. 广告费
   C. 业务招待费　　　　　　　　D. 折旧费
5. 属于选择性固定成本的项目是( )。
   A. 管理人员工资　　　　　　　B. 研究开发费
   C. 折旧费　　　　　　　　　　D. 房屋租金
6. 在变动成本法下,( )应该属于变动制造成本。
   A. 变动制造费用　　　　　　　B. 变动销售费用
   C. 固定制造费用　　　　　　　D. 变动管理费用
7. 按变动成本法计算确定的单位产品成本比按完全成本法计算确定的单位产品成本( )。
   A. 更高　　　　　　　　　　　B. 更低
   C. 相等　　　　　　　　　　　D. 更准
8. 当期末存货量等于期初存货量时,采用变动成本法计算的税前利润( )完全成本法计算的税前利润。
   A. 大于　　　　　　　　　　　B. 等于
   C. 小于　　　　　　　　　　　D. 接近
9. 某工厂直接材料与直接人工之和为 25 万元,变动制造费用为 7 万元,固定制造费用为 8 万元,产品为 1600 件,其单位产品成本在变动成本法下为( )。
   A. 250 元　　　　　　　　　　B. 200 元
   C. 156.25 元　　　　　　　　 D. 125 元
10. 边际贡献 = 销售收入 - ( )。
    A. 变动制造成本　　　　　　　B. 变动非生产成本
    C. 变动成本　　　　　　　　　D. 固定制造成本

五、多项选择题

1. 传统的财务会计将制造成本分为( )。
   A. 直接材料　　　　　　　　　B. 直接人工

C. 管理费用 D. 制造费用
2. 下列属于变动成本项目的有（ ）。
A. 营业税 B. 生产用电费
C. 照明用电费 D. 银行借款利息
E. 折旧费
3. 下列属于固定成本项目的有（ ）。
A. 按直线法提取的折旧费 B. 按产量提取的折旧费
C. 管理人员的工资 D. 进货运费
E. 办公用房租金
4. 混合成本分解通常采用的方法有（ ）。
A. 高低点法 B. 公式法
C. 散布图法 D. 回归分析法
5. 两种成本法都应计算的期间成本包括（ ）。
A. 管理费用 B. 销售费用
C. 固定制造费用 D. 变动销售费用及管理费用
6. 在计算边际贡献前扣除的变动成本包括（ ）。
A. 变动制造费用 B. 变动销售费用
C. 变动管理费用 D. 变动生产成本
7. 变动成本法的局限性是（ ）。
A. 不符合公认会计准则成本概念 B. 不能适应定价决策的需要
C. 不能提供清晰的成本信息 D. 变动及固定成本的划分具有假定性
8. 对固定性制造费用通常采取的处理方法是（ ）。
A. 在变动成本法下，将其列入产品成本 B. 在变动成本法下，将其列入期间费用
C. 在完全成本法下，将其列入产品成本 D. 在完全成本法下，将其列入期间费用
9. 不会引起两种成本法确定的税前利润发生差额的因素有（ ）。
A. 变动生产成本 B. 固定生产成本
C. 销售收入 D. 变动销售及管理费用
10. 在完全成本法下，列入当期利润表的固定制造费用的大小取决于（ ）因素。
A. 期初存货水平 B. 期末存货水平
C. 当期发生的变动制造费用水平 D. 当期发生的固定制造费用水平

六、问答题

1. 变动成本与固定成本有什么区别？

2. 变动成本法和完全成本法有什么区别?

3. 两种成本法所计算确定的当期利润为什么不一致?

4. 为什么说变动成本法最符合费用与收益相配比的原则?

5. 变动成本法的优点有哪些?其局限性是什么?

6. 成本按习性分类有何意义?

7. 变动成本法与完全成本法在计算期间利润方面有何规律性？

七、计算分析题

1. 目的：通过识图加深对成本习性的了解。

资料：从 A~D，系成本与数量关系中最常见的四种坐标图，其纵轴为成本，横轴为业务量，如图 1-2-1 所示。

以下是成本费用发生的业务：

(1) 房屋建筑物按直线法计提折旧。
(2) 产品生产耗用直接材料。
(3) 运输车辆按货物运输的吨公里计提折旧。
(4) 电费支出：开始一段时间在一定的用电量范围内，电费支出为固定费用，但超出一定用电量后，电费支出每增加一定量用电，就相应增加一定的电费。
(5) 修理费：每 10 台机器需用一名维修工人，10~20 台需用二人，依次类推。
(6) 按合同规定，支付办公用房租金 10 万元。

要求：根据以上 6 项成本费用发生的业务，按编号分别将其填入图 1-2-1 的各括号内。

2. 目的：通过练习，掌握高低点法对混合成本分解的方法。

资料：某企业制造费用与产品产量的资料，如表 1-2-1 所示。

表 1-2-1 　　　　　　　　制造费用与产品产量表

月　份	1	2	3	4	5	6
制造费用（元）	15600	15000	20000	19800	18400	22200
生产量（件）	130	100	145	130	120	180

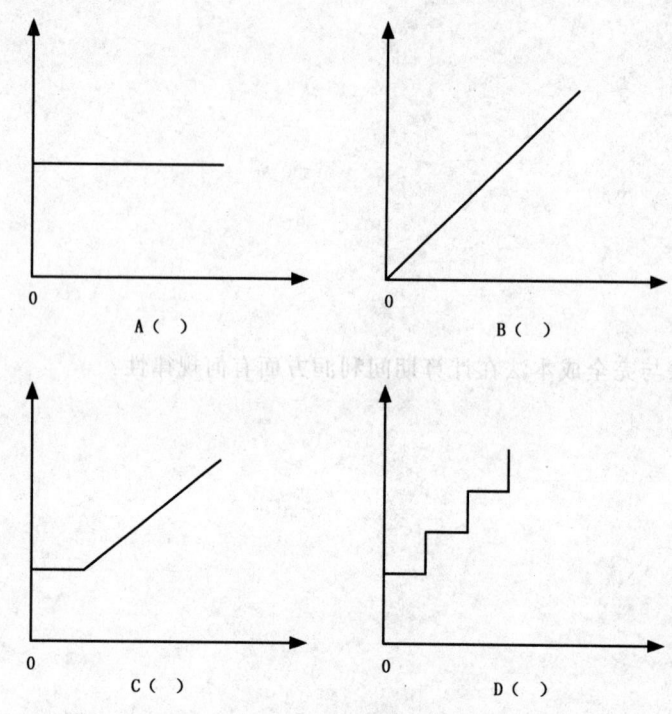

图1-2-1 各种成本模型图

要求：
(1) 采用高低点法将混合成本分解为固定成本和变动成本。
(2) 当生产量为200件时其总成本为多少，采用直线方程式表示。

3. 目的：通过练习，掌握散布图法对混合成本分解的方法。
   资料：续题2的资料。
   要求：采用散布图法画出坐标图。

4. 目的：通过练习，掌握回归分析法对混合成本分解的方法。
   资料：某企业混合成本资料如表1-2-2所示。

表1-2-2　　　　　　　　　回归分析法函数计算表

月　份	工作小时（x）	修理成本（y）	x^2	xy
1	160	1200		
2	120	960		
3	180	1440		
4	170	1390		
5	190	1330		
6	220	1670		
合　计	$\sum x =$	$\sum y =$	$\sum x^2 =$	$\sum xy =$

要求：采用回归分析法将混合成本分解为固定成本和变动成本。

5. 目的：通过练习，掌握完全成本法和变动成本法下产品成本及期间费用的计算方法。
   资料：某企业只生产一种A产品，2014年有关业务量与成本资料如下：

期初存货量	0	直接材料	122500 元
本年生产量	5000 件	直接人工	57500 元
本年销售量	4000 件	变动制造费用	27500 元
期末存货量	1000 件	固定制造费用	40000 元
单位产品售价	90 元/件	变动销售费用	10500 元
		固定销售费用	6000 元
		变动管理费用	7000 元
		固定管理费用	4000 元

要求：分别采用完全成本法和变动成本法计算该企业的产品生产成本和期间费用，如表 1-2-3 所示。

表 1-2-3　　　　　　　　　产品生产成本和期间费用计算表　　　　　　　　　　单位：元

项目		完全成本法		变动成本法	
		总成本	单位成本	总成本	单位成本
产品成本	直接材料				
	直接人工				
	制造费用				
	变动制造费用				
	合计				
期间费用	固定制造费用				
	销售费用				
	管理费用				
	合计				

6. 目的：通过练习，掌握完全成本法和变动成本法的税前利润计算方法。

资料：续题 5 资料。

要求：根据资料，按完全成本法及变动成本法分别编制利润表，如表 1-2-4 所示。

表 1-2-4　　　　　　　　　　　　　利　润　表

2014 年 12 月　　　　　　　　　　　　　　　　　　　　　　　　　　　　单位：元

按完全成本法编制	按变动成本法编制
营业收入	营业收入
营业成本	变动成本
期初存货成本	变动生产成本
本期生产成本	变动销售及管理费用
可供销售的生产成本	变动成本合计
减：期末存货成本	边际贡献
已销产品成本	减：固定成本
营业毛利	固定制造费用
减：期间费用	固定销售及管理费用
	固定成本合计
税前利润	税前利润

7. 目的：通过练习，进一步掌握完全成本法和变动成本法的计算方法。

资料：某企业只生产一种 A 产品，2012～2014 年连续 3 年有关生产销售和成本资料如表 1-2-5 所示。

其他有关资料：2012 年年初产品存货量为 0。

要求：

（1）计算各年的期初、期末存货量。

（2）计算各年单位产品的变动成本和单位产品固定成本。

（3）按完全成本法和变动成本法分别编制 3 年的利润表（分年度编制）。如表 1-2-6、表 1-2-7、表 1-2-8 所示。

表 1-2-5　　　　　　　　　　　　产销量及成本费用明细表　　　　　　　　　　　　单位：元

年份	生产量（件）	销售量（件）	售价（元/件）	生产成本		销售及管理费用	
				变动	固定	变动	固定
2012	5000	5000	90	207500	40000	17500	10000
2013	5000	4000	90	207500	40000	14000	10000
2014	5000	6000	90	207500	40000	21000	10000

表 1-2-6　　　　　　　　　　　　单位成本计算表　　　　　　　　　　　　　　　　单位：元

年份	期初存货（件）	生产量（件）	销售量（件）	期末存货（件）	单位产品生产成本		
					变动成本	固定成本	合计
2012	0			0			
2013							
2014							

表 1-2-7　　　　　　　　　　　　利润表（按变动成本法编制）　　　　　　　　　　单位：元

摘　要	2012 年	2013 年	2014 年	合计
营业收入				
变动成本				
变动生产成本				
变动销售及管理费用				
变动成本合计				
边际贡献				
减：固定成本				
固定制造费用				
固定销售及管理费用				
固定成本合计				
税前利润				

表1-2-8　　　　　　　　利润表（按完全成本法编制）　　　　　　　　　　　单位：元

摘　　要	2012年	2013年	2014年	合计
营业收入				
营业成本				
期初存货成本				
本期生产成本				
可供销售的生产成本				
减：期末存货成本				
已销产品生产成本				
营业毛利				
减：期间费用				
税前利润				

（4）根据利润表中计算结果，简单分析说明在两种成本法下税前利润的差异。

8. 目的：通过练习，掌握在两种成本法下税前利润的计算方法。

资料：某企业只生产一种A产品，2012～2014年连续3年有关生产、销售和成本资料，如表1-2-9所示。

表1-2-9　　　　　　　　A产品的生产、销售和成本表　　　　　　　　　　　单位：元

| 年份 | 生产量（件） | 销售量（件） | 售价（元/件） | 生产成本 | | 销售及管理费用 | |
				变动	固定	变动	固定
2012年	4500	5000	90	186750	36000	17500	10000
2013年	5000	4000	90	207500	36000	14000	10000
2014年	6000	5500	90	249000	36000	19250	10000

其他有关资料：2012年年初产品存货量为500件，其单位产品变动成本为41.5元，单位产品固定成本为9元。

要求：

（1）根据以上资料计算各年单位产品的变动成本和单位产品固定成本。

（2）按完全成本法和变动成本法分别编制3年的利润表（分年度编制），如表1-2-10、表1-2-11、表1-2-12所示。

表1-2-10　　　　　　　　　　单位成本计算表　　　　　　　　　　　　　　　单位：元

| 年份 | 期初存货（件） | 生产量（件） | 销售量（件） | 期末存货（件） | 单位产品生产成本 | | |
					变动成本	固定成本	合计
2011年	—	—	—				
2012年							
2013年							
2014年							

表 1-2-11　　　　　利润表（按变动成本法编制）　　　　　　　　　单位：元

摘要	2012年	2013年	2014年	合计
营业收入				
变动成本				
变动生产成本				
变动销售及管理费用				
变动成本合计				
边际贡献				
减：固定成本				
固定制造费用				
固定销售及管理费用				
固定成本合计				
税前利润				

表 1-2-12　　　　　利润表（按完全成本法编制）　　　　　　　　　单位：元

摘要	2012年	2013年	2014年	合计
营业收入				
营业成本				
期初存货成本				
本期生产成本				
可供销售的生产成本				
减：期末存货成本				
已销产品生产成本				
营业毛利				
减：期间费用				
税前利润				

（3）根据利润表计算结果，简要分析说明两种成本法下利润的差异。

9. 目的：通过练习，掌握两种成本计算法在计算期间利润时的差异。

资料：某企业2014年9~12月份生产A产品，产销量及存货量资料如表1-2-13所示。

表 1-2-13　　　　　　　产销量及存货量明细表　　　　　　　　　　单位：件

摘要	9月	10月	11月	12月
期初存货量	1500	2000	3000	3000
本期生产量	7500	9000	9000	7000
本期销售量	7000	8000	9000	10000
期末存货量	2000	3000	3000	0

其他有关资料：单位产品售价50元，单位变动生产成本20元，单位变动销售及管理费用2元，月固定制造费用63000元，月固定销售及管理费用17000元，8月份的单位固定制造费用8元。

要求：

(1) 根据以上资料，按两种成本计算方法计算各月的单位产品成本，如表1-2-14所示。

(2) 根据以上资料，编制利润表（假设存货采用先进先出法），确定各月的税前利润，如表1-2-15、表1-2-16所示。

表1-2-14　　　　　　　　　　　单位成本计算表　　　　　　　　　　　　　单位：元

单位成本＼月份	9月初	9月份	10月份	11月份	12月份
单位产品变动生产成本					
单位产品变动销售及管理费用					
单位产品固定制造费用					
完全成本法下单位产品成本					
变动成本法下单位产品成本					

表1-2-15　　　　　　　　　利润表（按完全成本法编制）　　　　　　　　　单位：元

项目＼月份	9月	10月	11月	12月
营业收入				
营业成本				
期初存货成本				
本期生产成本				
可供销售的生产成本				
减：期末存货成本				
已销产品销售成本				
营业毛利				
减：期间费用				
税前利润				

表1-2-16　　　　　　　　　利润表（按变动成本法编制）　　　　　　　　　单位：元

项目＼月份	9月	10月	11月	12月
营业收入				
变动成本				
变动生产成本				
变动销售及管理费用				
变动成本合计				
边际贡献				
减：固定成本				
固定制造费用				
固定销售及管理费用				
固定成本合计				
税前利润				

(3) 根据利润表中所计算确定的税前利润，分析说明在两种成本计算法下所计算的税前利润差异。

第三章

预 测 分 析

一、名词解释

1. 预测

2. 定性预测分析法

3. 定量预测分析法

4. 销售预测

5. 成本预测

6. 利润预测

7. 本量利预测

8. 保本点

9. 保利点

10. 安全边际

11. 资金预测

二、填空题

1. 预测一般按其长短可分为＿＿＿＿、＿＿＿＿、＿＿＿＿。短期预测通常是指＿＿＿＿的预测；长期预测通常是指＿＿＿＿的预测；中期预测是指＿＿＿＿的预测。
2. 预测分析一般包括以下几个步骤：＿＿＿＿、＿＿＿＿、＿＿＿＿、＿＿＿＿和＿＿＿＿。
3. 预测分析的基本方法＿＿＿＿、＿＿＿＿。
4. 定量分析法可分为＿＿＿＿、＿＿＿＿。
5. 销售预测分析的方法有＿＿＿＿、＿＿＿＿、＿＿＿＿、＿＿＿＿。
6. 历史成本预测法主要有＿＿＿＿、＿＿＿＿。
7. 本量利预测分析的基本数学模型为利润 = ＿＿＿＿ × ＿＿＿＿ - ＿＿＿＿。
8. 单一品种保本点的计算方法有＿＿＿＿和＿＿＿＿。
9. 多品种保本点的计算方法有＿＿＿＿、＿＿＿＿和＿＿＿＿。
10. 边际贡献是指＿＿＿＿减去＿＿＿＿后的余额。
11. 安全边际是指企业现有或预计的＿＿＿＿与＿＿＿＿之间的差额。

12. 保本点是指坐标图中_____线和_____线的交叉点。

13. 资金预测是在_____、_____和_____基础上根据企业未来发展变化的趋势而作出一种对资金需要量的预测。

三、判断题

1. 预测通常可分为短期预测和长期预测。长期预测一般指5年以内的预测。（　　）
2. 预测分析方法可分为定性预测分析、定量预测分析、趋势预测分析。（　　）
3. 算术平均法的优点是计算简单，因此，当被预测产品的市场销售比较复杂多变时，可采用此法。（　　）
4. 加权移动平均法在权数设置时，通常近期资料的权数取大一些，远期资料的权数取小一些。（　　）
5. 预测分析是决策分析的基础，是决策科学化的先决条件。（　　）
6. 目标成本应是同行业中最先进的，并且是本企业所追求的目标。（　　）
7. 销售预测可采用高低点法进行预测分析。（　　）
8. 保本点图中的保本点是固定成本线与变动成本线的交叉点。（　　）
9. 边际贡献是指销售收入总额减去变动成本总额。（　　）
10. 边际贡献率加变动成本等于1。（　　）
11. 在销售量不变情况下，保本点越低盈利区三角形面积就越大。（　　）
12. 所谓安全边际率，是指安全边际量（额）与现有或预计销售量（额）的比率。（　　）
13. 不论保本分析还是保利分析，凡计算有关销售量指标时，均以单位边际贡献为分母。（　　）

四、单项选择题

1. 对计划年度内经济发展前景所进行的预测，称为（　　）。
   A. 短期预测　　　　　　　　B. 中期预测
   C. 长期预测　　　　　　　　D. 经济预测
2. 预测分析的基本方法可分为（　　）。
   A. 定量分析法和数量分析法　　B. 数量分析法和因果分析法
   C. 因果分析法和趋势分析法　　D. 定量分析法和定性分析法
3. 在成本预测中，运用移动加权平均法的条件是，企业具有详细的（　　）。
   A. 固定成本总额和单位变动成本的历史资料
   B. 产品成本的历史资料
   C. 固定成本总额的历史资料
   D. 单位变动成本的历史资料
4. 适用于销售急剧上升的销售预测方法是（　　）。
   A. 移动加权平均法　　　　　B. 指数平滑法
   C. 回归直线法　　　　　　　D. 对数直线法

5. 历史成本预测法主要有(　　)。
A. 高低点法和回归分析法　　　　B. 高低点法和因果分析法
C. 算术平均法和回归分析法　　　D. 回归分析法和平滑指数法
6. 边际贡献在单一产品销售情况下等于(　　)。
A. 销售收入总额减固定成本总额　B. 销售收入总额减变动成本总额
C. 变动成本总额减固定成本总额　D. 变动成本总额加固定成本总额
7. 边际贡献率加变动成本率为(　　)。
A. 等于 0　　　　　　　　　　　B. 大于 1
C. 等于 1　　　　　　　　　　　D. 小于 1
8. 保本点是直角坐标图中(　　)的交叉点。
A. 总收入线与固定成本线　　　　B. 总收入线与变动成本线
C. 变动成本线与固定成本线　　　D. 总收入线与总成本线

五、多项选择题

1. 预测的一般步骤包括(　　)。
A. 确定预测目标　　　　　　　　B. 收集分析信息
C. 选择预测方法　　　　　　　　D. 检查验证
2. 成本预测常用的方法有(　　)。
A. 加权平均法　　　　　　　　　B. 高低点法
C. 市场调查法　　　　　　　　　D. 回归分析法
3. 运用指数平滑法，采用较小的平滑指数，其理由是使(　　)。
A. 近期实际数对预测结果的影响大　B. 近期实际数对预测结果的影响小
C. 近期预测数对预测结果的影响大　D. 能反映观察值长期的变动趋势
4. 保本点的计算有如下几种方法(　　)。
A. 固定成本总额除以边际贡献率
B. 固定成本总额除以（销售单价－单位变动成本）
C. 固定成本总额除以边际贡献
D. 固定成本总额除以变动成本总额
5. 资金需要量中以下(　　)项目随销售收入的变化而变化。
A. 货币资金、应收账款、存货　　B. 应付账款、应交税费
C. 长期负债、所有者权益　　　　D. 长期投资、无形资产

六、问答题

1. 什么是销售预测分析？销售预测分析是否仅指销售量的预测？

2. 什么是趋势分析法？试说明各种具体方法的适用性？

3. 成本预测分析有哪些主要方法？试说明各种方法的适用性？

4. 什么是平滑指数法？加权因子的取值范围是怎样的？

5. 为什么说成本预测分析是成本管理的主要环节？

6. 什么是保本点？保本点对于企业的经营决策有何意义？

7. 通过保本点分析图可以了解本量利之间哪些规律性联系？

8. 为什么说边际贡献是管理会计中一个重要指标？

9. 简述保本点与保利点的联系。

七、计算分析题

1. 目的：要求掌握简单移动平均法和加权移动平均法进行销售量预测。

资料：某家用电器商店 1~6 月份电风扇销售量如表 1-3-1 所示。

表 1-3-1　　　　　　　　　　1~6 月份电风扇销售明细表

月　份	1	2	3	4	5	6	合计
销售量（台）	200	180	240	280	380	500	1780

要求：

(1) 应用简单移动平均法预测 7 月份的销售量。

(2) 应用加权移动平均法预测 7 月份的销售量。

（采用三个月移动）

2. 目的：要求掌握指数平滑法的预测方法。

资料：续题 1 资料。

要求：应用指数平滑法预测 7 月份的销售量（假设原来预测 6 月份销售量为 580 台，$\alpha = 0.7$）。

3. 目的：通过练习，掌握回归分析法的预测方法。

资料：某电气公司各年的销售资料，如表 1-3-2 所示。

表 1-3-2　　　　　2010 年~2014 年销售额明细表　　　　　　　　　单位：元

年　份	销售额
2010	250000
2011	280000
2012	260000
2013	300000
2014	350000

要求：采用回归分析法预测 2015 年的销售额。

4. 目的：通过练习，掌握销售预测的趋势分析法。

资料：假定某企业今年上半年各月的实际销售收入，如表 1-3-3 所示。

表 1-3-3　　　　　　　　　1~6 月份销售收入明细表　　　　　　　　　单位：元

月　份	1	2	3	4	5	6
实际销售额	12000	11000	14000	13000	13500	15000

又假定该企业 6 月份的预测数为 14000 元。

要求：分别采用以下方法预测 7 月份的销售额。

(1) 移动加权平均法（令 $\sum w = 1$，$w_1 = 0.01$；$w_2 = 0.04$；$w_3 = 0.08$；$w_4 = 0.12$；$w_5 = 0.25$；$w_6 = 0.5$）。

(2) 指数平滑法（$\alpha = 0.6$）。

(3) 回归分析法。

5. 目的：掌握成本预测的基本方法。

资料：某企业最近5年产品的产销量及成本历史资料，如表1-3-4所示。

表1-3-4 2010~2014年生产量及成本明细表 单位：元

年份	产量（x）（件）	单位变动成本（b）	固定成本总额（a）	总成本
2010	100	15	3000	4500
2011	120	17	3300	5340
2012	110	16	2900	4660
2013	140	18	3200	5720
2014	200	20	4000	8000

要求：如2015年预计产量为220台，采用不同方法预测甲产品的总成本和单位成本。

（1）高低点法。

（2）移动加权平均法（令$\sum w = 1$，$w_1 = 0.03$，$w_2 = 0.07$，$w_3 = 0.15$，$w_4 = 0.25$，$w_5 = 0.5$）。

（3）回归分析法。

6. 目的：通过练习，掌握资金需要量预测的方法。

资料：某企业预测其2015年度预计销售额为2300000元，该企业2014年度销售额为1800000元，2014年12月31日的资产负债表（简表），如表1-3-5所示。

表1-3-5 资产负债表

2014年12月31日 单位：元

资产	金额	负债及所有者权益	金额
流动资产		流动负债	
货币资金	18000	应付账款	144000
应收账款	90000	应交税费	108000
存货	270000		
固定资产		所有者权益	
固定资产原价	465000	实收资本	500000
减：累计折旧	90000	盈余公积	40000
无形资产	100000	未分配利润	61000
资产总计	853000	负债及所有者权益	853000

其他有关资料：

（1）假定厂房、设备等利用率尚未达到饱和状态。

（2）预计折旧提取额为45000元。

（3）预计零星资金需要量为25000元。

要求：采用销售百分比法预测资金追加的数额，如表1-3-6。

表 1-3-6 资产负债表（销售百分比法）
2014 年 12 月 31 日　　　　　　　　　　　　　　　　　　　单位：元

资产		负债及所有者权益	
货币资金		应付账款	
应收账款		应交税费	
存　货		实收资本	（不适用）
固定资产		盈余公积	（不适用）
无形资产	（不适用）	未分配利润	（不适用）
资产总计 A/S_0		负债及所有者权益总计 L/S_0	

7. 目的：练习边际贡献的计算。

资料：假定每个企业都只产销一种产品，甲、乙、丙、丁四个企业分别在过去1年的生产和销售情况如表1-3-7所示。

表 1-3-7　　　　　　　　边际贡献及有关指标计算法　　　　　　　　单位：元

企业	销售数量（件）	销售收入总额	变动成本总额	单位边际贡献	固定成本总额	税前利润
甲	10000		20000	10		5000
乙	2000	60000			12000	14000
丙		80000		15	15000	30000
丁	4000	100000	60000		20000	

要求：计算并填列表中空格。

8. 目的：练习边际贡献率的计算。

资料：以下是四个企业分别在1年中的生产和销售情况，假定每个企业产销平衡，且只产销一种产品，如表1-3-8所示。

表 1-3-8　　　　　　　　边际贡献率及有关指标计算表　　　　　　　　单位：元

企业	销售收入总额	变动成本总额	边际贡献率（%）	固定成本总额	税前利润
甲	20000	5000		5000	10000
乙	30000			6000	9000
丙	40000		40	7000	
丁	50000	42000		8000	

要求：计算列表中的空格。

9. 目的：练习保本点预测分析及其图示法。

资料：某企业预计下年度销售甲产品1000件，每件售价200元，单位变动成本120元，固定成本总额40000元。

要求：

(1) 计算保本点销售量和销售额。

(2) 计算安全边际额和安全边际率。

(3) 计算下年度预计利润额。
(4) 绘制保本点图。
10. 目的：练习多品种产品综合保本点的计算。

资料：某企业产销 A、B、C 三种产品，计划预期销售量及成本、单价如表 1-3-9 所示。

表 1-3-9　　　　　　　　　　　　　　　　　　　　　　　　　　　　　　单位：元

摘　　要	A 产品	B 产品	C 产品
预期销售量	1000 件	2000 件	3000 件
销售单价	40	30	20
单位变动成本	18	15	15
固定成本总额	9500		

要求：采用加权平均边际贡献率法完成以下计算。
(1) 计算计划期综合保本销售额。
(2) 分别计算三种产品的保本销售额和保本销售量。

第四章 经营决策

一、名词解释

1. 经营决策

2. 差量分析法

3. 差量收入

4. 差量成本

5. 边际贡献分析法

6. 机会成本

7. 剩余边际贡献

8. 本量利分析法

9. 边际收入

10. 边际成本

11. 沉没成本

12. 付现成本

13. 联产品

14. 产品最优组合

二、填空题

1. 所谓经济决策，就是企业管理者为了实现一定的_____，借助于科学的理论和方法，进行必要的_____、_____和_____，进而从可供选择的诸方案中，选取_____的过程。经济决策是企业_____的核心内容。

2. 经济决策可分为_____和_____两类。

3. 经营决策是指企业管理者为了有效地组织现有的_____，合理地利用企业现有_____，以期取得最佳_____而进行的决策。

4. 在任何企业中，为了科学地进行经营决策分析，一般应按以下五个步骤进行：_____、_____、_____、_____、_____。其中，_____是经营决策分析中的重要环节，_____是经营决策分析中的关键环节。

5. 在经营决策过程中最终要选出最优方案。选优的标准从经济上看，主要是指在一定环境和条件下，要使企业的_____达到最佳状态。

6. 经营决策方法主要包括：_____、_____、_____。

7. 管理会计中的差量是指不同备选方案之间的差别，这种差别一般要涉及两个重要概念：_____和_____。其中，_____是指两个备选方案的预期收入的差异数；_____是指两个备选方案的预期成本的差异数。

8. 在使用差量分析法计算备选方案差量收入和差量成本时，必须保证决策方案保持一致。在此前提下，若差量收入大于差量成本，_____方案较优；若差量收入小于差量成本，_____方案较优。

9. 由于在企业经营决策中一般不改变生产能力，固定成本总额通常是固定不变的，因而在决策分析中将其视为_____而不予考虑。故只需对产品提供的_____进行分析就可以确定哪个方案最优。

10. 边际贡献是销售收入减去_____之后余额。

11. 边际贡献总额大小既取决于_____因素，又取决于_____因素。

12. 在经营决策分析中，必须以备选方案提供的边际贡献_____的大小，或_____所创造的边际贡献大小作为选优标准，而不能以产品所提供的_____边际贡献的多少来判断一个方案的优劣。通常情况下，边际贡献总额_____的方案，也就是越优的方案。

13. 在经营决策中运用本量利分析法，就是根据各个备选方案的_____、_____、_____三者之间的依存关系来确定在什么情况下哪个方案较优的专门方法。

14. 当各个备选方案的预期收入相等时，就可以将各个备选方案的收入视为_____，而在决策分析时不予考虑。此时，利用本量利分析法的关键就在于确定_____或_____。

15. 所谓"成本平衡点"就是两个备选方案的_____相等时的业务量。找出了成本平衡点，就可以确定在什么业务量范围内哪个方案越优。

16. 采用先进的生产工艺，产品的质量和数量会大大提高，但需使用技术先进或是高精尖端的专用设备，其结果是_____降低而_____增加；采用普通的加工设备，其带来的结果往往是_____上升而_____得到相对节约减少。单位产品中_____与产量成反比例增减变化。

17. 在经营决策中，只需考虑各个备选方案_____的单位变动成本和固定成本。至于各个备选方案中_____的单位变动成本和固定成本，应该视为无关成本而不予考虑。

18. 在零部件自制或外购选择中，若需用量已经确定，由于不存在不同需用量范围内自制或外购零部件生产成本相互关系随之而改变的问题，因此，采用_____比较适合。

19. 由于自制或外购零部件的预期收入是相同的，因此，在进行差量分析时，无须计算_____，只是计算出_____，并从中选择成本较低的方案。

20. 在一般情况下，特别是生产能力比较充裕情况下，自制零部件并不需要考虑_____。但如果自制时需要增加专属设备，那么专属设备_____则属于决策分析中的相关成本。如果企业的生产设备并不自制零部件而是转作其他用途，并能够获取边际贡献或租金收入，说明自制方案存在着_____，并应将其作为_____在决策分析中加以认真考虑。

21. 联产品在生产过程中某一环节才能分离出来，在分离之前所发生的成本称为_____；对分离之后的产品继续加工所发生的成本称为_____。

22. 联产品在进一步加工前所发生的联合成本中，无论是变动成本或是固定成本，在决策分析中均属_____而不予考虑。因此，决策中的关键问题是在于分析研究联产品在进一步深加工之后所增加的_____是否能够超过所增加的_____。如果_____大于_____，则进一步加工的方案较优；如果_____小于_____，则直接出售联产品较优。

23. 边际贡献的作用首先是弥补_____，其次是获取_____。

24. 产品最优组合决策就是通过计算分析，作出各个产品应该生产多少才能使这些_____获得合理而充分的利用，并且能够获得最大_____。产品最优组合决策适用于_____企业。

25. 产品最优售价既不是企业最高的产品售价，也不是其水平最低的产品售价，而是能够促使企业获得_____的产品售价。

26. 所谓边际收入，是指在一定销售量基础上增加一个单位销售量所增加_____；所谓边际成本，是指在一定产量基础上增加一个单位产量所增加_____；边际收入减去边际成本之后的差额称为_____。

27. _____和_____都不随着产量的变化而变化。在这种情况下，由于单位产品应分摊_____会随着产量的增加而减少，使得企业产品单位成本会随着产量的增加而相应下降。

28. 在单位售价不断降低情况下，若边际收入_____边际成本，边际利润是_____，说明降低售价有利可图；若边际收入_____边际成本，边际利润是_____，说明降低售价并无实际意义；若边际收入_____边际成本，边际利润是_____，说明降低售价会使企业减少盈利。由此推断，降低售价的最大限度是_____和_____相等，_____为零。也就是说，最优产品售价应该是边际收入_____边际成本时候的产品售价。

三、判断题

1. 经营决策中任何一种方法都只能解决生产经营中的一类问题，或者说，任何一类生产经营问题都只能由一种方法解决。（　　）

2. 本量利分析法主要是在进行企业生产所需零部件是自制还是外购的决策时使用。（　　）

3. 在经营决策中，凡是亏损的产品就应该停产。（　　）

4. 只要是亏损的产品能够提供边际贡献就必须要继续生产而不管其边际贡献总额大小。
（　　）
5. 如果企业外购零部件之后会使企业现有制造零部件的机器设备通过出租来获取租金收入的话，那么，企业采用自制零部件这一做法肯定存在着机会成本问题。（　　）
6. 产品最优组合决策就是确定各种产品应该生产多少的决策。（　　）
7. 一般说来，企业采用先进生产工艺之后，单位变动成本应该降低而固定成本总额应该增加。（　　）
8. 一般情况下，若两个产品单位边际贡献计算对比结果是前者大于后者，那么，两个产品边际贡献总额计算对比结果肯定也是前者大于后者。（　　）
9. 如果企业设备有剩余生产能力，且客户又提出了追加订货要求，此时，应该看追加订货边际贡献总额在扣减专属固定成本之后是否存在剩余。如果存在，企业就应该接受订货。（　　）
10. 若一个备选方案单位工时边际贡献大于另一个备选方案，就应该是较优方案；同样道理，若一个备选方案单位边际贡献大于另一个备选方案，也应该是较优方案。（　　）
11. 在经营决策中，进行任何两个备选方案差量分析都必须计算两个方案的差量收入和差量成本，并通过差量损益性质判断作出选择。（　　）
12. 利用图解法确定产品最优组合时，由各约束条件直线所围成的共同区域就是产品组合的可行性区域。在阴影区内的任何产品组合都是可行的。（　　）
13. 边际成本是每增加一个单位产量所增加的总成本，在某种意义上讲就是差量成本。
（　　）
14. 产品最优售价是指企业能够获取最大利润的售价，并非是指企业产品最高售价。
（　　）
15. 产品最优售价应该是边际收入等于或接近于边际成本时候的产品售价。（　　）

四、单项选择题

1. 经营决策一般是指不涉及固定资产投资，且只涉及1年以内的有关经济活动。在下列经济活动中不属于经营决策范围的是(　　)。
   A. 在生产多种产品情况下，如何实现产品最优组合
   B. 在需要支付专属固定成本情况下，对零部件自制还是外购进行选择
   C. 选择产品最优售价
   D. 由于投产新产品，需要增加固定资产和流动资产投资

2. 在经营决策中若使用差量分析法进行甲、乙两个备选方案选择，其差量收入大于差量成本则说明(　　)。
   A. 甲方案较优　　　　　　　　B. 乙方案较优
   C. 甲、乙两个方案都较优　　　D. 根本无法判断

3. 在经营决策中，如遇到两种不同产品生产选择问题，其计算结果是甲产品单位边际贡献多于乙产品，此时应该采取的做法是(　　)。
   A. 选择甲产品　　　　　　　　B. 选择乙产品
   C. 甲、乙两种产品都生产　　　D. 根本无法确定

4. 有一批联产品存在两个处置方案，一个是直接出售，一个是继续加工后出售。继续加工成本为3000元，加工后出售收入11000元；直接出售收入7000元。其差量损益为（　　）。
   A. 1000 元　　　　　　　　　　　B. 3000 元
   C. 5000 元　　　　　　　　　　　D. 7000 元

5. 当企业利润实现最大化时，边际收入和边际成本的关系是（　　）。
   A. 边际收入大于边际成本　　　　B. 边际收入小于边际成本
   C. 边际收入等于边际成本　　　　D. 边际收入和边际成本无关

6. 若把不同产量作为不同方案来处理，那么边际成本就是不同方案所形成的（　　）。
   A. 差量成本　　　　　　　　　　B. 差量收入
   C. 差量损益　　　　　　　　　　D. 边际贡献

7. 在存在专属固定成本情况下，经营决策主要是通过比较不同备选方案（　　）来进行方案选优。
   A. 边际贡献总额　　　　　　　　B. 剩余边际贡献总额
   C. 单位边际贡献　　　　　　　　D. 单位剩余边际贡献

8. 在不存在专属固定成本情况下，经营决策主要是通过比较不同备选方案（　　）来进行方案选优。
   A. 边际贡献总额　　　　　　　　B. 剩余边际贡献总额
   C. 单位边际贡献　　　　　　　　D. 单位剩余边际贡献

9. 剩余边际贡献和边际贡献之间差异主要在于（　　）。
   A. 变动成本　　　　　　　　　　B. 固定成本
   C. 专属成本　　　　　　　　　　D. 联合成本

10. 当企业利用剩余生产能力生产新产品时，如果不存在专属固定成本的话，应该以（　　）作为选择标准。
    A. 边际贡献总额　　　　　　　　B. 剩余边际贡献总额
    C. 单位边际贡献　　　　　　　　D. 单位剩余边际贡献

11. 在经营决策分析中，必须以备选方案提供的边际贡献总额的大小，或单位工时所创造的边际贡献大小作为选优标准，而不能以产品所提供的单位边际贡献的多少来判断一个方案的优劣，其原因是（　　）。
    A. 单位产品销售数量不同
    B. 由于单位产品售价不同，造成无法利用单位产品边际贡献指标在各种产品之间进行比较
    C. 在单位工时内所创造出产品数量不同
    D. 产品增加后其边际贡献大小主要取决于剩余生产能力多少

12. 某一企业生产甲、乙、丙三种产品，其单位边际贡献都存在且都较高。现在，甲产品发生亏损，其最好解决方案应该是（　　）。
    A. 甲产品停产，生产甲产品机器设备转而生产乙产品
    B. 甲产品停产，生产甲产品机器设备转而生产丙产品
    C. 甲产品停产
    D. 甲产品继续生产

13. 某企业同时生产多种产品，但其中有一种存在较高边际贡献的产品发生了亏损，其

原因是该产品( )。
- A. 生产成本过高
- B. 所获边际贡献不足以补偿固定成本
- C. 市场销售状况不佳
- D. 存在严重质量问题

14. 亏损产品是否应该继续生产关键在于该产品是否存在( )。
- A. 边际贡献
- B. 销售收入
- C. 销售利润
- D. 边际收入

15. 某企业为了满足客户追加订货需要专门增加了下列一些成本开支，其中，属于专属固定成本的项目是( )。
- A. 为了接受这批订货需支付职工加班工资
- B. 由于追加这批订货需增加耗电费用
- C. 由于和客户签订长期合作协议，为此需新建厂房和购置新机器设备
- D. 为了及时满足客户要求需增加一台新机器设备

16. 某企业生产所用活塞过去一直需要外购解决，其购入单价500元；现在本企业一生产车间有剩余生产能力生产该种产品，其单位变动成本420元，专属固定成本16000元。根据这些条件计算活塞自制或外购成本平衡点应该是( )。
- A. 100个
- B. 200个
- C. 300个
- D. 400个

17. 某企业使用同一台机器生产甲、乙两种产品，但两种产品不能同时生产。若机器最大生产量1000机器工时，固定成本总额4000元，甲、乙产品单位定额工时分别为2小时、4小时，单位售价分别为16元、28元，单位变动成本分别为13元、24元，则两种产品差量收益应该是( )。
- A. 400元
- B. 500元
- C. 600元
- D. 700元

五、多项选择题

1. 经营决策的主要特征是( )。
- A. 一般只涉及企业1年以内的有关经济活动
- B. 投资金额少
- C. 一般并不考虑货币时间价值问题
- D. 必须考虑货币时间价值

2. 经营决策采用的方法主要有( )。
- A. 差量分析法
- B. 边际贡献法
- C. 本量利分析法
- D. 净现值法

3. 下列关于差量分析法表述中正确的是( )。
- A. 决策分析时，只考虑那些对备选方案预期收入和预期成本发生影响的项目
- B. 对于那些不随决策的产生而产生，也不随决策的改变而改变的因素在决策中一律给予剔除
- C. 这个方法所作出的结论，只是从两个备选方案中选择一个较优的方案，而这个方案并不意味着是最佳的方案

D. 在差量分析中存在着机会成本问题，并要给予认真研究

4. 采用边际贡献法评价各备选方案优劣时，所使用的边际贡献的含义是指（　　）。
   A. 边际贡献总额　　　　　　　　B. 单位工时边际贡献
   C. 边际贡献增减额　　　　　　　D. 单位边际贡献

5. 某企业所用一种机器设备在负担相同金额固定成本条件下，既可以生产甲产品，也可以生产乙产品，但两种产品不能同时生产。已知甲产品单位售价40元，单位变动成本15元；乙产品单位售价50元，单位变动成本27元。机器最大生产能力1000机器工时，甲、乙产品单位机器工时分别是25小时和20小时。若现在决定生产乙产品，则会发生的情况是（　　）。
   A. 存在机会成本，金额是1000元
   B. 存在机会成本，金额是1150元
   C. 选择乙产品正确，因为乙产品边际贡献总额大于甲产品
   D. 选择甲产品正确，因为甲产品单位边际贡献大于乙产品

6. 某企业生产所用活塞过去一直需要外购解决，其购入单价500元；现在本企业一生产车间有剩余生产能力生产该种产品，其单位变动成本420元，专属固定成本16000元。根据这些条件计算活塞自制或外购成本平衡点时应该出现的结论是（　　）。
   A. 活塞需要量为200个时，自制或外购方案都较优
   B. 活塞需要量大于200个时，自制方案较优
   C. 活塞需要量小于200个时，外购方案较优
   D. 活塞需要量在200个左右时，自制或外购都较优

7. 亏损产品决策由于并不涉及现有生产能力和固定成本总额变动，因此在分析其变动成本之后，就能决定亏损产品是否应该（　　）。
   A. 停产　　　　　　　　　　　　B. 继续生产
   C. 直接出售　　　　　　　　　　D. 直接报废

8. 在生产工艺选择中，一般会出现以下情况（　　）。
   A. 采用先进生产工艺，单位变动成本降低而固定成本总额增加
   B. 采用普通加工工艺，单位变动成本上升而固定成本总额减少
   C. 当产品生产量较大时，采用较为先进的生产工艺就比较有利一些
   D. 备选方案中相同的单位变动成本和固定成本应该视为无关成本而不予考虑

9. 联产品在分离后是立即出售还是经过继续加工再行出售，在这个问题的决策中应该注意的是（　　）。
   A. 联产品在进一步加工前所发生的联合成本在决策分析中属于无关成本而不予考虑
   B. 联合成本包括变动成本或是固定成本
   C. 决策中的关键问题是分析研究联产品在进一步深加工之后所增加的预期收入是否能够超过所增加的可分成本
   D. 可分成本属于联产品在进一步加工之后所发生的在决策中必须考虑的相关成本

10. 产品最优售价应该是指（　　）。
    A. 产品最高售价
    B. 能够促使企业获得最大利润的售价
    C. 是边际收入等于或接近于边际成本时候的产品售价

D. 能够获取最大销售收入的售价

六、问答题

1. 经营决策的程序包括哪些基本步骤？

2. 经营决策的方法主要有哪些？

3. 什么是差量分析法？如何应用差量分析法进行备选方案选择？

4. 什么是本量利分析法？本量利分析法的关键是什么？如何确定它？

5. 什么是边际贡献分析法？应用边际贡献分析法对备选方案进行选择应该使用什么样的选优标准？

6. 在需要量确定和需要量不确定情况下应如何进行零部件自制或外购决策？

7. 联产品出售或进一步加工决策中的关键是什么？怎样在两者之间作出选择？

8. 决定亏损产品是否应该停产的关键是什么？

9. 采用先进生产加工工艺和采用普通生产加工工艺之后对单位变动成本和固定成本增减变化产生什么样影响？

10. 如何进行产品最优组合决策？

11. 如何进行产品最优售价决策？

七、计算分析题

1. 目的：练习在需要量确定情况下零部件自制还是外购选择。

   资料：某企业在正常生产经营情况下每年需用 W 零部件 18000 件，如从市场购进，其市场平均售价每个 60 元。企业有能力安排辅助生产车间自行生产。经会计部门和生产技术部门初步估算后，预计每个零部件生产成本构成如下：

直接材料	40 元
直接人工	10 元
制造费用	
其中：变动制造费用	8 元
固定制造费用	6 元
单位零件成本	64 元

   该企业辅助生产车间若不生产零部件，生产设备并无其他用途。同时，该企业自制零部

件需增加一台专用设备并为此每年增加专属固定成本40000元。

要求：采用差量分析法作出该企业零部件自制或外购的选择。

2. 目的：练习在需要量确定情况下零部件自制还是外购选择。

资料：某企业在正常生产经营情况下每年需用 A 零件 25000 件，现在企业出现剩余生产能力并有两种办法可供选择：一是从市场直接采购，每个进价 140 元，但生产车间剩余生产设备通过出租可获租金收入 70000 元；二是安排企业生产车间剩余生产能力自行生产，其单位零件生产成本构成情况经初步估算如下：

直接材料	70 元
直接人工	20 元
制造费用	
其中：变动制造费用	30 元
固定制造费用	20 元
单位零件成本	140 元

要求：采用差量分析法作出该企业零件自制或外购的选择。

3. 目的：练习在需要量不确定情况下零件自制还是外购选择。

资料：某企业生产所需用 F 零件既可以自制，也可以从企业外购购买。若从市场直接采购，每个零件市场售价 500 元；若安排企业生产车间剩余生产能力自行生产，其单位零件生产成本构成情况经初步估算如下：

直接材料	190 元
直接人工	130 元
制造费用	
其中：变动制造费用	100 元
固定制造费用	90 元
单位零件成本	510 元

同时，该企业采用自制零件的话，还需增加专属固定成本 16000 元。

要求：通过本量利分析法确定该企业在什么情况下零件采用自制方案为优，又在什么情况下采用外购方案为优，同时绘出本量利分析图。

4. 目的：练习联产品出售或进一步加工的选择。

资料：某企业通过加工一种化工原料可以分离出 A、B、C 三种联产品。三种联产品在联产过程结束时既可以直接出售，也可以进一步加工后出售。三种联产品的产量、销售单价、进一步加工后成本等项资料，如表 1-4-1 所示。

表 1-4-1　　　　A、B、C 产品的产量、售价和成本表　　　　单位：元

产品	产量（公斤）	立即出售 单价	加工后出售 单价	联合成本	可分成本 单位变动成本	可分成本 专属固定成本
A 产品	80	12	16	400	4	80
B 产品	20	8	18	200	10	400
C 产品	400	24	50	8000	10	0

要求：采用差量分析法对该企业A、B、C三种联产品是立即出售，还是加工后出售作出选择。

5. 目的：练习联产品出售或进一步加工的选择。

资料：某化工厂通过加工一种化工原料可以分离出甲、乙两种联产品。两种联产品在联产过程结束时既可以直接出售，也可以进一步加工后出售。两种联产品的产量、销售单价、进一步加工后成本等项资料，如表1-4-2所示。

要求：采用差量分析法对该企业甲、乙两种联产品是立即出售，还是加工后出售作出选择。

6. 目的：练习开发新产品选择。

资料：某企业现有设备生产能力是20000机器工时，尚有30%的剩余生产能力。企业准备利用这些剩余生产能力开发甲、乙两种新产品。两种新产品市场销售均不受限制，有关产品售价和成本资料，如表1-4-3所示。

表1-4-2　　　　　　甲、乙产品产量、售价和成本表　　　　　　　　　　单位：元

产品	产量（公斤）	立即出售单价	加工后出售单价	联合成本	可分成本	
					单位变动成本	专属固定成本
甲产品	10000	5	10	5000	4	20000
乙产品	8000	7	13	10000	3	10000

表1-4-3　　　　　　甲、乙产品售价和成本表　　　　　　　　　　单位：元

项目	甲产品	乙产品
单位产品定额工时（小时）	3	1
单位售价	55	35
单位变动成本	15	20
固定成本总额	4000	4000
专属固定成本		2000

要求：根据以上资料采用边际贡献法作出开发哪种新产品更为有利的决策。

7. 目的：练习开发新产品选择。

资料：某企业设计生产能力是20000机器工时，尚有30%的剩余生产能力。企业准备利用这些剩余生产能力开发甲、乙两种新产品。两种新产品市场销售均不受限制，有关产品售价和成本资料，如表1-4-4所示。

表1-4-4　　　　　　甲、乙产品售价和成本表　　　　　　　　　　单位：元

项目	甲产品	乙产品
单位产品定额工时（小时）	4	3
单位售价	80	60
单位变动成本	56	39
固定成本总额	4000	4000

要求：根据以上资料分别采用边际贡献总额和单位工时边际贡献指标作出开发哪种新产品更为有利的决策。

8. 目的：练习亏损产品是否停产选择。

资料：某企业生产甲、乙、丙三种产品，上年度年终决算后三种产品盈利情况，如表1-4-5所示。

表1-4-5　　　　　　　　甲、乙、丙产品营业利润表　　　　　　　　　　单位：元

项　目	甲产品	乙产品	丙产品	合　计
销售收入	90000	84000	90000	264000
变动成本	70000	69600	81000	220600
边际贡献	20000	14400	9000	43400
固定成本	12500	12500	15000	40000
营业利润	7500	1900	-6000	3400

要求：根据上述资料对该企业亏损丙产品是否应该停产作出选择。

9. 目的：练习不同加工工艺的选择。

资料：某企业准备加工一种轴承，有两种加工工艺可供选择：一种是采用普通的加工工艺，即主要使用普通车床加工，其年固定成本2000元，产品单位变动成本180元；另一种是采用先进的加工工艺，即主要使用数控车床，其年固定成本10000元，产品单位变动成本将比普通工艺降低80元。这种轴承的单位售价240元。

要求：采用本量利分析法作出如下决策：企业在什么情况下采用普通工艺加工为宜？在什么情况下采用先进加工工艺较优。

10. 目的：练习不同加工工艺的选择。

资料：某企业准备加工一种产品，有甲、乙、丙三种加工工艺可供选择。三种加工工艺年固定成本是：甲工艺700万元、乙工艺600万元、丙工艺800万元；三种加工工艺单位变动成本是：甲工艺5万元、乙工艺6万元、丙工艺2万元。

要求：采用本量利分析法作出企业在什么情况下采用甲工艺加工为宜？在什么情况下采用乙或丙加工工艺较优？

11. 目的：练习产品最优组合的选择。

资料：某企业生产甲、乙两种产品，其相关资料，如表1-4-6所示。

约束条件是：材料消耗最高用量为4500千克；动力消耗最高用量为7500千瓦。

要求：采用图解法对该企业如何有效利用现有材料和动力消耗资源实现甲、乙两种产品的最优生产组合作出选择。

表1-4-6　　　　甲、乙产品售价及成本、边际贡献和销售量表　　　　　　单位：元

项　目	甲产品	乙产品
单位售价	50	30
单位变动成本	40	24
单位边际贡献	10	6
单位材料消耗定额（千克）	4	1
单位动力消耗定额（千瓦）	2	3
最大销售量（件）	1000	2000

12. 目的：练习产品最优组合的选择。

资料：某企业生产甲、乙两种产品，其相关资料如表1-4-7所示。

表1-4-7　　　　甲、乙产品售价、成本、边际贡献及销售量表　　　　单位：元

项目	甲产品	乙产品
单位售价	40	30
单位变动成本	30	22
单位边际贡献	10	8
每件A设备加工时间（小时）	1	0.4
每件B设备加工时间（小时）	0.4	0.8
最大销售量（件）	无限制	200

约束条件是：A设备最大生产能力为3000小时；B设备最大生产能力为2400小时。

要求：采用图解法对该企业如何有效利用现有设备资源实现甲、乙两种产品的最优生产组合作出选择。

13. 目的：练习产品最优售价的选择。

资料：某企业生产一种产品，原单位售价14元、单位变动成本60元、固定成本总额6000元、销售量100件。若单位售价继续下降，销售量将随即增加，预计其单位售价和销售量相关变化资料，如表1-4-8所示。

表1-4-8　　　　　　　　单位售价和销售量表　　　　　　　　单位：元

单位售价	140	130	120	110	100	90	80
销售量（件）	100	200	300	400	500	600	700

要求：通过边际收入和边际成本的计算分析，对该企业最优单位售价作出选择。

第五章

投资决策

一、名词解释

1. 投资决策

2. 货币时间价值

3. 终值

4. 现值

5. 复利

6. 年金

7. 后付年金

8. 投资风险价值

9. 风险报酬额

10. 风险报酬率

11. 资金成本

12. 现金流量

13. 净现值

14. 现值指数

15. 内含报酬率

16. 贴现率

二、填空题

1. 企业任何一项投资决策都会涉及两个方面的内容：_____ 和 _____。
2. 投资决策程序是_____、_____、_____、_____。
3. 投资决策中应该考虑的重要因素是_____ 和 _____。
4. 货币时间价值是指货币经历一定时间的_____所增加的价值；也称为_____。货币时间价值并不包含_____和_____因素。货币时间价值有两种表现形式：一种是相对数形式，即_____或_____；另一种是绝对数形式，即_____。
5. 货币时间价值的计算会涉及_____和_____两个指标。
6. 所谓终值就是某一特定金额按规定利率和期间折算的_____，相当于存款的_____；所谓现值就是指某一特定金额按规定利率和期间折算的_____，相当于存款的_____。就一笔款项来说，终值和现值的差额称_____，也就是货币时间价值。
7. 货币时间价值的计算方法主要有_____、_____和_____。
8. 复利是指不仅_____要计算利息，而且_____也要计算利息。也就是说，在每期期末结算利息一次，并随即把_____并入本金，作为下一期计算利息的基础。其中，复利终值的计算公式为_____。复利现值的计算公式为_____。
9. 由于复利现值是指以后年份收入或支出资金的现在价值，因此，可用倒求的方法计算。复利现值计算是复利终值计算的_____，由终值求现值，称为_____。在_____时所用的利率叫贴现率或_____。
10. 年金的计算方法主要是_____、_____、_____和永续年金四种。其中，_____在金融、企业财务以及管理会计中有着非常广泛的使用，所以，又称为普通年金。
11. 后付年金终值是指一定时期内每期期末等额收付款项的_____之和。其计算公式是_____。后付年金现值是指一定时期内每期期末等额收付款项的_____之和。或者说，普通年金现值是指为在每期期末取得相等金额的款项，_____需要投入的金额。其计算公式是_____。
12. 投资风险价值是指投资者因冒风险进行投资可以获得的_____。投资风险价值有_____和_____两种表现形式。其中，_____是指投资者因冒风险进行投资而获得的超过_____的额外报酬；_____是指投资者因冒风险进行投资而获得的超过_____的额外报酬率。
13. 尽管风险报酬计算是一个比较复杂的程序和过程，但其计算过程主要包括_____、_____、_____、_____、_____、_____六个重要步骤。
14. 标准离差越大，_____越大；标准离差率越大，_____越大。
15. 投资决策中所指现金流量通常是指和其直接相关的_____和_____的

数量。

16. 投资决策所涉及现金流量包括_____、_____、_____三项主要内容。

17. 初始现金流量的主要构成内容包括：_____、_____、_____；营业现金流量主要构成内容包括：_____、_____；终结现金流量的主要内容包括：_____、_____。

18. 资金成本是指企业_____和_____资金而支付的费用或代价，其内容主要包括_____和_____。

19. 资金成本在投资决策分析中通常被看做是投资项目_____率，也就是"极限利率"。任何投资项目如果预期获利水平不能达到这个报酬率都将_____；相反，如能超过这个报酬率，那么这个方案就能够被_____。因此，资金成本是投资项目的_____。

20. 加权平均资金成本的高低除取决于_____这一重要因素外，还取决于_____这一重要因素。

21. 在投资决策分析方法中，若按是否考虑货币时间价值问题，可分为贴现分析方法和非贴现分析方法两类。其中，贴现分析方法也称_____方法，是把_____、_____和_____这三个基本因素相互联系起来进行投资方案分析评价的方法，主要包括_____、_____和_____；非贴现分析方法也称_____方法，是把不同时期_____看做是等效的非贴现分析评价方法，主要包括_____和_____。

22. 投资回收期是指以投资项目的_____来收回该项投资所需的时间。一般说来，投资回收期越短，投资所冒_____就会越小，投资方案就越有利；反之，投资回收期越长，投资所冒_____越大，投资方案越不利。

23. 如果每年的营业现金净流量相等，则投资回收期计算公式是_____；如果每年营业现金净流量不相等，那么，计算投资回收期要根据每年年末尚未收回的投资额加以确定，其计算公式是_____。

24. 平均投资报酬率是指投资方案在其寿命周期内_____与_____之比。

25. 净现值是指按资金成本所计算_____减去_____之后的余额。净现值法的决策规则是：在只有一个备选方案采纳与否的决策中，净现值为正数，则说明该投资方案的_____大于_____，该方案可行；反之，则不可行。在有多个备选方案的互斥选择决策中，应该选用净现值是正值_____。净现值_____，方案越优。

26. 现值指数是投资项目_____和_____之比。现值指数法的决策原则是：在只有一个备选方案采纳与否决策中，若现值指数_____，就应该接受这个方案。反之，就放弃这个方案。在有多个备选方案的互斥选择决策中，应该采用_____超过最多的备选方案。现值指数_____，方案越优。

27. 内含报酬率是使投资项目净现值_____的贴现率。内含报酬率的决策原则是：在只有一个备选方案采纳与否的决策中，内含报酬率_____资金成本或最低投资报酬率，就采纳该方案，反之则放弃。在有多个备选方案的互斥选择决策中，应选择内含报酬率大于或等于资金成本或最低投资报酬率_____的方案。内含报酬率_____，方案越优。

28. 在对企业现有固定资产进行更新或改造的选择中，必须分析研究两者_____和_____。如果两个方案所带来的销售收入是相同的，那么在决策分析中只需比较两个方案_____；若两个方案所涉及固定资产使用年限相同，就可以直接通过计算_____对两个方案进行差量分析，并最终确定该项固定资产是实施更新有利还是进行改造更优。

三、判断题

1. 在利率和计息期数相同的情况下，复利现值系数与复利终值系数互为倒数。（　）
2. 资金在投入生产经营过程后，其价值随着时间的推移呈现几何级数增长。（　）
3. 在本金和利率相同的情况下，若只有一个计算期，则单利终值与复利终值的结果是相同的。（　）
4. 一般说来，投资人对意外损失的关切比对意外收益的关切要强烈得多。因此，人们在研究风险时，总是侧重于如何减少损失，多是从不利的角度去考察风险，并经常把风险看做是不利事件发生的可能性。（　）
5. 企业的资金在投入生产经营过程后使其产生增值。也就是说，时间价值是在生产经营过程中产生的，而不是在对外投资活动中所产生的。（　）
6. 对于多个投资方案而言，无论各方案的期望投资报酬率是否相同，标准离差率最大的方案一定是风险最大的方案。（　）
7. 根据风险和收益对等的理论，高风险的投资项目，必然会获得高收益。（　）
8. 标准离差反映风险的大小，因此，可用来比较各种不同投资规模方案的风险程度。（　）
9. 资金成本就是投资成本。（　）
10. 沉没成本是过去实际发生并按支出额入账的历史成本或账面成本，由于关系到投资项目盈利计算的准确性问题，因此，在进行投资分析时必须认真加以考虑。（　）
11. 在只有一个备选方案的投资决策中，只要现值指数≥1，此投资方案就可以采纳。（　）
12. 净现值法和内含报酬率法都可以揭示各投资方案本身能够达到的投资报酬率水平。（　）
13. 若内含报酬率≥资金成本，则投资方案既是可行的，同时又能得到较高利润。（　）
14. 当评价相互排斥的投资方案时，应该着重观察比较各个投资方案的内含报酬率，而此时投资方案的净现值大小并不重要。（　）
15. 若某项投资只涉及1个年度，并在年初和年末发生，则该项投资从时间上分析应属于分次投资活动。（　）
16. 只有在经营期内才会出现营业现金净流量。（　）
17. 由于现金流入量减现金流出量是现金净流量，故所有投资项目都应按照这个公式进行现金净流量计算。（　）
18. 投资项目经营期内任何1年的营业现金净流量都是净利润、折旧、摊销额和垫支流

动资金收回额之和。（   ）

19. 某固定资产投资项目经营期最后 1 年营业现金净流量 500 万元，固定资产残值 50 万元，垫支流动资金收回额 50 万元，据此推断，现金流量净额是 600 万元。（   ）

20. 由于存在所得税因素影响，因此，在计算营业现金净流量时的利润是指净利润。（   ）

21. 当采用非贴现指标投资报酬率和投资回收期计算结果与净现值和内含报酬率等贴现指标产生矛盾的时候，应当以贴现指标的结论为主要决策依据。（   ）

22. 在投资决策中计算现金流量时，可以把营业收入和营业支出都看成在年末发生。（   ）

23. 在对两个相互排斥投资方案进行分析对比时，内含报酬率高的方案就是最好的方案。（   ）

四、单项选择题

1. 某君把 1000 元存入银行，银行存款利率为 3%。若按复利计算，此君 5 年后可从银行取出的本利和是（   ）。
   A. 1125 元 B. 1150 元
   C. 1159 元 D. 1194 元

2. 某企业准备在 5 年后用 40000 元购买一台设备。若银行存款利率为 5%，则这个企业现在应该存入银行现金（   ）。
   A. 29840 元 B. 31320 元
   C. 32880 元 D. 34520 元

3. 某企业拥有资金 1200 万元拟投入报酬为 8% 的投资机会，问经过多少年才可使现有资金增加 1 倍？此问题解决应该使用（   ）。
   A. 复利终值系数 B. 复利现值系数
   C. 年金终值系数 D. 年金现值系数

4. 现有资金 1200 万元欲在 19 年后使其达到原来的 3 倍，问选择投资机会的报酬率是多少？此问题解决应该使用（   ）。
   A. 复利终值系数 B. 复利现值系数
   C. 年金终值系数 D. 年金现值系数

5. （   ）是每隔一定相同时期收入或支出相等金额的款项。
   A. 单利 B. 复利
   C. 年金 D. 本金

6. 某君欲由银行代付 3 年房租，每年租金 10000 元，若银行存款利率为 3%，现应在银行存入现金（   ）。
   A. 9150 元 B. 9700 元
   C. 28280 元 D. 37170 元

7. 年金的表现形式很多，若在每期期末发生的年金称作（   ）。
   A. 后付年金 B. 先付年金
   C. 递延年金 D. 永续年金

8. 在期望值相同的情况下，标准离差越大的投资项目，其风险（　　）。
   A. 越大　　　　　　　　　　　　　B. 越小
   C. 两者无关　　　　　　　　　　　D. 无法判断

9. 在对多个备选方案进行分析决策时，标准离差率越小的方案，其风险（　　）。
   A. 越大　　　　　　　　　　　　　B. 越小
   C. 两者无关　　　　　　　　　　　D. 无法判断

10. 投资者甘愿冒风险进行投资的重要原因是（　　）。
    A. 可获得额外报酬
    B. 可获得利润回报
    C. 可获得相同于货币时间价值的报酬率
    D. 可获得风险报酬率

11. 资金成本具有产品的某些属性，表现为资金的消耗，但资金成本又不同于一般的账面成本，而属于（　　）。
    A. 预测成本　　　　　　　　　　　B. 变动成本
    C. 固定成本　　　　　　　　　　　D. 混合成本

12. Sun 公司曾经计划建一条生产线并为此支付咨询费 5 万元，后来放弃了该项目。现在旧事重提，则该笔咨询费现在应作为（　　）处理。
    A. 沉没成本　　　　　　　　　　　B. 历史成本或账面成本
    C. 营业成本　　　　　　　　　　　D. 管理成本

13. 某公司拥有一项土地使用权，价值 70 万元。若出租则每年可获租金收入 300 万元。现在准备在此建设厂房，则会出现下列问题（　　）。
    A. 存在机会成本，金额 300 万元　　B. 存在机会成本，金额 230 万元
    C. 存在机会成本，金额 70 万元　　　D. 不存在机会成本

14. 在投资项目现金流量计算中所出现的经营成本节约额应该看做（　　）。
    A. 回收金额　　　　　　　　　　　B. 现金流入
    C. 现金流出　　　　　　　　　　　D. 投资额

15. 投资项目的起点和终点之间的时间应该称作（　　）。
    A. 计算期　　　　　　　　　　　　B. 经营期
    C. 建设期　　　　　　　　　　　　D. 试运营期

16. 某一固定资产投资项目原始投资额 100 万元，投产后第 1～8 年每年营业现金净流量 25 万元，第 9～10 年每年营业现金净流量 20 万元。本项目投资回收期应该是（　　）。
    A. 4 年　　　　　　　　　　　　　B. 5 年
    C. 6 年　　　　　　　　　　　　　D. 7 年

17. 在下列投资决策评价指标中，数值越小越好的指标是（　　）。
    A. 净现值　　　　　　　　　　　　B. 投资回收期
    C. 内含报酬率　　　　　　　　　　D. 投资报酬率

18. 当某一投资方案净现值＞0 时，其内含报酬率（　　）。
    A. 一定是 0　　　　　　　　　　　B. 小于 0
    C. 大于折现利率　　　　　　　　　D. 等于折现利率

19. 能使投资方案净现值等于零的贴现率是(   )。
   A. 资金成本 B. 资金利润率
   C. 现值指数 D. 内含报酬率
20. 在每年营业现金净流量不等情况下，须使用内插法近似计算内含报酬率。此时，为了缩小计算误差，要求两个净现值临近值：净现值 m 和净现值 n 所对应的折现率，即两折现率之差不得大于(   )。
   A. 4% B. 5%
   C. 6% D. 7%

五、多项选择题

1. 在下列项目中，属于投资决策范围的项目是(   )。
   A. 购置机器设备 B. 扩建厂房和营业用楼
   C. 决策亏损产品是否转产 D. 确定产品最优售价
2. 在下列各成本项目中，属于投资决策相关成本范畴的项目应该是(   )。
   A. 付现成本 B. 沉没成本
   C. 机会成本 D. 差量成本
3. 由于货币在不同的时期内其价值量是不一样的，因此，在采用(   )指标进行决策分析时必须要使用"现值"概念进行计算。
   A. 边际贡献 B. 净现值
   C. 现值指数 D. 内含报酬率
4. 年金应满足的条件是(   )。
   A. 等额性 B. 时间间隔1年
   C. 连续性 D. 每期期末发生
5. 在投资决策中，用来衡量投资项目风险大小的指标是(   )。
   A. 标准离差 B. 风险报酬率
   C. 机会成本 D. 标准离差率
6. 关于风险报酬，下列表述中正确的是(   )。
   A. 风险报酬有风险报酬额和风险报酬率两种表达方式
   B. 投资者所冒风险越大，获得的风险报酬应该越高
   C. 风险报酬额是投资者因冒风险进行投资而获得的超过时间价值的那部分价值
   D. 风险报酬率是风险报酬额与投资额的比率
7. 在下列项目中，能够作为投资方案现金流量的项目是(   )。
   A. 营业收入 B. 固定资产折旧
   C. 残值收入 D. 垫支流动资金
8. 资金成本的作用主要是(   )。
   A. 选择资金来源拟定筹资方案的依据 B. 评价投资方案可行性主要经济指标
   C. 衡量企业经营业绩的最低尺度 D. 解决企业经营管理问题的重要手段
9. "原始投资额÷每年营业现金净流量"的计算结果应该是(   )。
   A. 投资回收期 B. 年金现值系数

C. 内含报酬率 D. 年金终值系数

10. 在进行投资项目可行性分析时,若评价指标之间的结果出现了矛盾,应根据主要评价指标的结论为准,这些主要指标是( )。

A. 净现值 B. 投资回收期
C. 内含报酬率 D. 投资报酬率

11. 下列项目中,构成一个备选方案投资额内容的是( )。

A. 固定资产投资 B. 流动资金垫支
C. 无形资产投资 D. 支付开办费

12. 下列属于固定资产投资现金流入的项目是( )。

A. 营业现金净流量 B. 固定资产投资和流动资金垫支
C. 垫支流动资金收回 D. 营业成本节约额

13. 设计投资方案时,必须将会计账面经营成本折算成所需要的付现成本。此时,应扣减的项目是( )。

A. 固定资产折旧 B. 借款利息
C. 无形资产摊销 D. 固定资产投资

14. 在固定资产投入使用后经营期内任何1年,其营业现金净流量应是( )。

A. 原始投资额 B. 固定资产投资和资本化利息之和
C. 本年现金流入和现金流出差额 D. 本年净利润、折旧、利息与摊销额之和

15. 某项投入使用的固定资产经济年限期满时,其发生的现金流量主要是( )。

A. 固定资产投资收回额 B. 收回流动资金垫支额
C. 固定资产残值 D. 当年营业现金净流量

16. 若贴现率和内含报酬率相等,则此时净现值必然不是( )。

A. 净现值 >0 B. 净现值 <0
C. 净现值 =0 D. $0 \leqslant$ 净现值 $\leqslant 1$

17. 若投资项目净现值 <0,表明投资项目( )。

A. 带来亏损,同时是不可行项目
B. 投资报酬率 <0,同时是不可行项目
C. 投资报酬率未达到规定贴现率要求,同时是不可行项目
D. 投资报酬率未达到规定贴现率要求,但此项目可以执行

18. 确定一个投资方案是否可行的标准主要是( )。

A. 内含报酬率 > 资金成本或最低投资报酬率
B. 净现值 $\geqslant 0$
C. 投资回收期 < 投资项目经营期的 $\frac{1}{2}$
D. 现值指数 $\geqslant 1$

19. 下列表述中正确的是( )。

A. 净现值是未来报酬总现值与原始投资额现值之差
B. 若现值指数 $\geqslant 1$,说明投资方案既没有利润也没有亏损
C. 若净现值 >0,那么,现值指数 <1

D. 若净现值＞0，说明投资方案既是可行同时又是盈利的

六、问答题

1. 投资决策的基本程序是什么？

2. 什么是货币时间价值？其表现形式是什么？

3. 为什么在投资决策中要考虑投资风险价值？有哪两种表现形式？

4. 投资项目的风险程度用什么指标来衡量？风险报酬计算的基本步骤有哪些？

5. 什么是资金成本？为什么说资金成本是投资决策中确定投资项目取舍的标准？

6. 什么是现金流量？现金流量的构成内容主要是哪些项目？

7. 为什么在投资决策中要采用现金流量指标作为衡量投资项目经济效益的基础性指标，而不采用净利润指标？

8. 净现值计算的基本步骤是什么？该指标对备选方案的决策原则是什么？

9. 内含报酬率的实质是什么？内含报酬率计算需要哪些基本步骤？该指标的决策原则是什么？

10. 什么是投资回收期法？什么是平均投资报酬率法？为什么说两者是评价备选方案优劣的第二位方法？

11. 更新固定资产年均成本和改造固定资产年均成本的计算有什么不同之处？

七、计算分析题

1. 目的：练习单利终值和单利现值计算。

资料：A 企业于 2014 年初投资 100000 元进行生产线建设，该项目在 2016 年年初完工并投入使用；2016 年、2017 年、2018 年、2019 年年末现金流入量分别是 20000 元、30000 元、40000 元和 50000 元；生产线投资报酬率为 10%；不考虑流动资产投资问题。

要求：

（1）按单利法计算 2016 年年初投资额的终值。

（2）按单利法计算各年现金流入量 2016 年年初的现值之和。

2. 目的：练习复利终值计算。

资料：W 企业投资于某项目，投资额 4000 万元，投资期 5 年，投资报酬率 8%。

要求：计算 5 年后复利终值是多少？

3. 目的：练习复利现值计算。

资料：M 企业准备将闲置资金投资于某项目，该项目投资报酬率 8%，准备在 3 年后拿到本息额 5000 万元。

要求：计算现在应投入本金多少钱才合适？

4. 目的：练习复利终值计算。

资料：A 企业拥有资金 1200 万元，拟投入报酬率为 8% 的投资机会。

要求：计算需要经过多少年才可使现有资金增加 1 倍？

5. 目的：练习复利终值计算。

资料：N 企业现有资金 1200 万元，欲在 19 年后使其达到原来的 3 倍。

要求：计算选择投资机会的最低投资报酬率应该是多少？

6. 目的：练习复利现值计算。

资料：某企业拟在 5 年后获得本利和 1000 万元，投资报酬率为 10%。

要求：计算现在应投入多少资金？

7. 目的：练习后付年金终值计算。

资料：5 年内每年底存入银行 10 万元，银行存款利率为 8%。

要求：计算第 5 年年末本和利是多少？

8. 目的：练习后付年金终值计算。

资料：拟在 5 年后还清 10 万元债务，从现在起每年年末等额存入银行一笔款项，银行存款利率为 10%。

要求：计算每年年末需存入银行多少资金？

9. 目的：练习后付年金现值计算。

资料：某君欲由银行代付 3 年房租，每年租金 1 万元，银行存款利率为复利 10%。

要求：计算现在应一次性存入银行多少现金？

10. 目的：练习复利和后付年金计算。

资料：某企业需用一台设备，买价 15000 元，使用寿命 10 年；如果租用，则每年年末需支付租金 2200 元，除此之外的其他情况相同。该企业资金成本是 8%。

要求：计算说明该企业购买设备和租用设备哪个方式更为合适。

11. 目的：练习后付年金计算。

资料：X 企业准备购置一台设备，目前有 A、B 两种设备可以进行选择。A 设备价格比 B 设备高出 50000 元，但每年可节约维修保养费用 10000 元。若 A、B 设备经济使用寿命确定为 6 年，企业资金利润率是 8%。

要求：在 A、B 两种设备中作出购买选择。

12. 目的：练习后付年金现值计算。

资料：某企业现在投入一笔资金，计划在 8 年后每年年末得到 6000 万元，连续获得 10 年，投资报酬率是 7%。

要求：计算该企业现在应一次投入资金的数额是多少？

13. 目的：练习风险报酬计算。

资料：W 企业准备以 5000 万元投资规模建设一座现代化模具厂。根据所收集资料提供重要数据如表 1-5-1 所示。

表1-5-1　　　　　　　　　　　企业经济状况表　　　　　　　　　　　　　　单位：万元

经济状况	概率	预计年净收益	风险报酬系数
繁荣	0.2	1200	
一般	0.5	1000	0.06
衰退	0.3	600	

要求：
（1）计算该投资方案期望报酬率。
（2）计算该投资方案标准离差和标准离差率。
（3）计算该投资方案投资风险报酬额。

14. 目的：练习风险报酬计算。

资料：R企业有两个较好的投资获利机会，投资额都是2000万元。甲项目是一个高科技项目，其市场竞争非常激烈，风险也较大，但如果项目成功，会有较高的利润回报并占有一定的市场优势。乙项目是一个技术改造项目，生产销售比较平稳。甲、乙两个项目的有关资料，如表1-5-2所示。

要求：根据以上资料计算甲、乙两个投资项目风险报酬额，并依此作出选择。

表1-5-2　　　　　　　　　R企业甲、乙项目经济状况表

经济状况	发生概率	投资报酬率（%）		风险报酬系数	
		甲项目	乙项目	甲项目	乙项目
繁荣	0.3	90	20		
正常	0.4	15	15	0.08	0.03
萧条	0.3	-50	10		

15. 目的：练习综合资金成本计算。

资料：S企业资金总额4000万元，其中：普通股资金1700万元，资金成本16%；债券资金600万元，资金成本12%；借款800万元，资金成本11%；留存收益900万元，资金成本15.5%。

要求：计算S企业综合资金成本是多少？

16. 目的：练习净现值法和内含报酬率法。

资料：W企业资金成本是10%，现有3个固定资产投资方案有关资料，如表1-5-3所示。

表1-5-3　　　　　　　　　企业甲、乙、丙固定资产投资方案表　　　　　　　　　单位：万元

年数	0	1	2
甲方案	-5000		9000
乙方案	-5000	4000	4000
丙方案	-5000	7000	

要求：
（1）计算3个方案净现值并选择最佳方案。

（2）计算3个方案内含报酬率并选择最佳方案。

17. 目的：练习内含报酬率法。

    资料：M企业3个固定资产投资方案有关资料如表1-5-4所示。

表1-5-4　　　　　M企业甲、乙、丙固定资产投资方案表　　　　　单位：万元

年数	0	1	2	3
甲方案	10000	12600		
乙方案	4000	2000	2000	2000
丙方案	800		1200	

要求：若M企业资金成本是25%，请使用内含报酬率法对3个投资项目的可行性作出判断。

18. 目的：练习内含报酬率法。

    资料：某企业进行一项生产设备更新决策，有关资料如表1-5-5所示。

表1-5-5　　　　　生产设备更新决策资料表　　　　　单位：万元

项　目	旧设备	新设备
固定资产原值	100000	340000
变现价值	40000	
预计经济年限	10	10
每年营业现金净流量	28200	89000

要求：若企业资金成本是10%，请用内含报酬率法对继续使用旧设备还是购买新设备作出分析判断。

19. 目的：练习现金流量计算和差量分析法。

    资料：某企业现有一台旧设备，尚能继续使用4年，预计净残值2400元，若出售可得变价收入20000元；使用该设备每年营业收入500000元，营业成本325000元。企业准备购买新设备代替旧设备。新设备价值90000元，在其经济寿命4年期满后预计残值收入5000元；新设备使用后将使营业成本每年增加25000元。企业所得税率25%，直线法计提折旧，资金成本8%。

    要求：

    （1）计算新旧设备原始投资额及其差额。

    （2）计算新旧设备年折旧及其差额。

    （3）计算新旧设备年净利润及其差额。

    （4）计算新旧设备残值差额。

    （5）计算新旧设备各年营业现金净流量及其差额。

    （6）计算新旧设备净现值差额，并直接使用差量分析法对是否更新设备作出决策。

20. 目的：练习净现值法。

    资料：某企业为扩大现有生产能力，准备购置一条新的生产线代替原有的生产线。有关方案资料，如表1-5-6所示。

表 1-5-6　　　　　　　　　　生产线更新方案资料表　　　　　　　　　　单位：万元

项目	继续使用旧生产线	购置新生产线
生产线原值	330	4200
生产线现值	100	
经济年限	10	10
残值	30	200
折旧计算方法	直线法	直线法
利润总额	700	1000
所得税率（%）	25	25
资金成本（%）	10	10

要求：计算继续使用旧生产线和购置新生产线的净现值，并决策是否进行生产线的更新。

21. 目的：练习现金流量计算和净现值法。

资料：某固定资产投资项目投资额 800 万元，工程建设期 2 年，每年年初等额支付工程款；第 3 年开始使用，经济年限 8 年；投产开始时需垫支流动资金 200 万元。假设企业所得税率 30%，资金成本 10%，生产线无残值，所提出固定资产投资方案如下：

甲方案：投产后每年营业收入 700 万元，营业成本 400 万元；采用直线法计提折旧。

乙方案：投产后每年营业收入 700 万元，营业成本第 1 年 400 万元，以后每年递减 5%；采用年数总和法计提折旧。

要求：

（1）确定两个方案现金流量；

（2）计算两个方案净现值，同时选择最佳方案。

22. 目的：练习净现值法。

资料：振华公司有甲、乙两个固定资产投资项目可供选择。两个投资项目所需固定资产投资额都是 400000 元，使用期限都是 6 年。甲项目期满残值估计 15000 元，乙项目期满残值估计 10000 元。该企业资金成本 12%。甲、乙两个项目在使用期内每年营业现金净流量情况，如表 1-5-7 所示。

表 1-5-7　　　　　　　　　甲、乙项目营业现金净流量情况表　　　　　　　　　单位：元

年数	甲项目		乙项目	
	净利润	折旧	净利润	折旧
1	75000	55000	100000	55000
2	75000	55000	90000	55000
3	75000	55000	80000	55000
4	75000	55000	70000	55000
5	75000	55000	60000	55000
6	75000	55000	50000	55000
合计	450000	330000	450000	330000

要求：根据上述资料计算甲、乙两个项目净现值并作出项目选择。

23. 目的：练习平均投资报酬率、投资回收期、净现值、现值指数及内含报酬率指标的计算。

资料：龙华公司欲进行固定资产投资，现有甲、乙两种方案可供选择，资金成本14%，有关资料如表1-5-8所示：

表1-5-8　　　　　　　　　固定资产投资方案有关资料表　　　　　　　　单位：万元

年　数		0	1	2	3	4	5
甲方案	固定资产投资	-260					
	营业现金净流量		110	110	110	110	110
	现金流量合计	-260	110	110	110	110	110
乙方案	固定资产投资	-200					
	垫支流动资金	-50					
	营业现金净流量		90	95	100	110	120
	固定资产残值						10
	收回流动资金						50
	现金流量合计	-250	90	95	100	110	180

要求：
(1) 计算平均投资报酬率。
(2) 计算投资回收期。
(3) 计算净现值。
(4) 计算现值指数。
(5) 计算内含报酬率。

24. 目的：练习平均投资报酬率计算。

资料：某企业为扩大经营需购置一台设备，买价20万元。由于自有资金不足拟向银行贷款解决问题。草拟借款合同规定：借款年利率10%，4年后还本付息。设备投入使用后每年可增加盈利9万元。企业要求盈利扣除归还借款本息后的年平均投资报酬率至少为14%，借款利息按单利法计算。

要求：请计算分析该项固定资产购置是否可行。

25. 目的：练习现值指数计算。

资料：宏远集团欲在某旅游区与当地联合经营饭店，总投资额2000万元，当年建设当年投入运营，经营期30年；当地投资600万元，解决流动资金问题，集团投资1400万元，解决固定资产投资问题；营业现金净流量第1年300万元，以后每年450万元；当地建议按投资比例收入分配实行三七分成，包括经营期满时收回的流动资金及固定资产残值50万元；资金成本是14%。

要求：请计算宏远集团投资现值指数并说明集团投资是否可行。

26. 目的：练习固定资产更新改造决策分析。

资料：红星机械厂有一台机器已经陈旧，现有两种方案可选择：进行技术改造或实施更新。如现在进行技术改造需要支付相关成本20000元，并预计第5年年末还需要开支

8000元大修一次，改造后机器使用期限10年，期满残值收入5000元，改造后每年付现成本18000元；若采用机器更新可将旧机器当即作价出售，旧机器估计售价7000元，购置新机器成本60000元，新机器使用期限也是10年，且在购置后第5年年末进行大修一次，但大修费用只需2500元，使用期满残值收入估计5000元，每年付现成本10000元。该企业资金成本18%。

要求：若不考虑折旧，采用净现值法作出该机器是进行技术改造还是实施更新的决策分析。

27. 目的：练习固定资产更新改造决策分析。

资料：某企业一台旧设备如现在改造需成本开支12000元，尚可继续使用4年，期满无残值。若重新购置需开支18000元，但能使用6年，期满无残值。若两种选择所涉及产品销售量、售价和付现成本都完全相同，企业资金成本12%，所得税率25%。

要求：对该设备是进行技术改造还是实施更新作出决策分析。

第六章

全面预算

一、名词解释

1. 全面预算

2. 业务预算

3. 财务预算

4. 专门决策预算

5. 弹性预算

6. 零基预算

二、填空题

1. 全面预算是以_____为基础，是_____具体化，是_____具体形式。
2. 全面预算的意义主要是表现在_____、_____、_____和_____。
3. 编制全面预算，企业应成立一个_____。
4. 全面预算的基本体系通常是由三个部分组成，包括_____、_____和_____。
5. _____是编制全面预算的关键。
6. 专门决策预算主要有_____、_____和_____。
7. 财务预算的主要内容包括_____、_____和_____。
8. 在编制单位成本预算时，还要编制_____的预算。
9. 编制弹性预算必须确定_____，规定_____。
10. 零基预算的特点是不考虑_____，一切从_____。
11. 滚动预算的编制要求 1 年 12 个月中，开头几个月的预算要_____、_____，后几个月可以_____。
12. 滚动预算的优点是能保持预算的_____性、_____性。

三、判断题

1. 各种预算一定要以生产预算为前提，并以生产预算为起点。（　）
2. 预算的编制一般按年分季编制。（　）
3. 货币是编制全面预算的唯一量度。（　）
4. 目标利润一经确定，再根据市场供求情况确定目标成本，据此编制销售预算、生产预算、财务预算等。（　）
5. 企业财务主管主要负责预算的规划，以及有关预算的资料的汇总和修订。（　）
6. 从某种意义上说，财务预算是一种"总预算"。（　）
7. 在编制制造费用预算时，还要编制现金支出表，但应将制造费用中的折旧额予以剔除。（　）
8. 预算利润表中的净收益应与目标利润相一致，如有差异，应予以调整。（　）
9. 弹性预算与固定预算的区别在于是否按业务量的变化进行调整。（　）
10. 编制弹性预算时，其业务量范围可确定在正常生产能力的 100%～150%。（　）
11. 零基预算是指"以零为基数编制的预算"的简称。（　）
12. 滚动预算的预算期始终是 12 个月。即使是跨年度编制，其预算期也是 12 个月。（　）
13. 零基预算一般要对各项预算方案进行成本效益分析。（　）
14. 全面预算是一个完整的体系，各种预算应围绕现金预算并进行综合平衡。（　）

四、单项选择题

1. （　　）是编制全面预算的关键。
   A. 生产预算　　　　　　　　　　B. 销售预算
   C. 财务预算　　　　　　　　　　D. 零基预算

2. （　　）不属于固定预算。
   A. 生产预算　　　　　　　　　　B. 销售预算
   C. 弹性预算　　　　　　　　　　D. 零基预算

3. 负责全面预算资料汇总、修订的部门是（　　）。
   A. 销售部门　　　　　　　　　　B. 财务部门
   C. 生产部门　　　　　　　　　　D. 上级主管部门

4. 直接材料采购预算是以（　　）为基础编制，并同时考虑其期初、期末存货的水平。
   A. 生产预算　　　　　　　　　　B. 财务预算
   C. 销售预算　　　　　　　　　　D. 专门决策预算

5. 直接人工预算是以（　　）为基础编制的。
   A. 生产预算　　　　　　　　　　B. 制造费用预算
   C. 销售预算　　　　　　　　　　D. 财务预算

6. 现金预算不包括（　　）。
   A. 购置固定资产　　　　　　　　B. 支付利息
   C. 发放股利　　　　　　　　　　D. 固定资产折旧额

7. （　　）是控制企业日常经营活动的主要依据。
   A. 现金预算　　　　　　　　　　B. 预计利润表
   C. 销售预算　　　　　　　　　　D. 全面预算

8. 在编制弹性预算时，首先应确定适当的（　　）。
   A. 目标利润　　　　　　　　　　B. 业务量
   C. 单位产品成本　　　　　　　　D. 现金的余额

9. 编制制造费用预算采用变动成本法时，制造费用应按（　　）划分。
   A. 可辨认性　　　　　　　　　　B. 经济用途
   C. 成本习性　　　　　　　　　　D. 费用分配率

10. 直接材料预算还应附上（　　）。
    A. 生产预算　　　　　　　　　　B. 现金支出表
    C. 现金收入表　　　　　　　　　D. 现金收支

11. 编制生产预算时，其首先要确定的项目是（　　）。
    A. 预计生产量　　　　　　　　　B. 目标利润
    C. 预计销售量　　　　　　　　　D. 预计期末存货量

12. 编制销售预算时，还应包括预计现金收入表，其现金收入除了本期的销售收入所得现金外，还应包括（　　）。
    A. 应收账款　　　　　　　　　　B. 上季度应收账款
    C. 应付账款　　　　　　　　　　D. 本季度应收账款

13. 预计资产负债表时间的填写应是（   ）。
   A. 预算期 B. 预算期初
   C. 预算期中 D. 预算期末

五、多项选择题

1. 全面预算不仅有货币作为量度，而且还包括（   ）。
   A. 销售量 B. 生产量
   C. 直接人工小时 D. 材料消耗量
2. 全面预算的作用是（   ）。
   A. 明确奋斗目标 B. 控制日常活动
   C. 协调各部门工作 D. 考核工作业绩
3. 全面预算编制的原则是（   ）。
   A. 实事求是的原则 B. 全面、完整的原则
   C. 权责发生制 D. 科学、合理的原则
4. 全面预算的基本体系包括（   ）。
   A. 财务预算 B. 业务预算
   C. 专门决策预算 D. 滚动预算
5. 在销售额预算中，预算期间预计的现金收入包括（   ）。
   A. 预算期销售收入总额 B. 前期应收销货款的现金收入
   C. 预算期销售收入 D. 本期销售收入中的现金收入
6. 下列预算中，除（   ）以外，其他预算一般都按权责发生制编制。
   A. 预计现金收入表 B. 预计现金支出表
   C. 现金预算 D. 制造费用预算
7. 编制生产预算时，预计生产量是根据（   ）计算的。
   A. 预计销售量 B. 预算期预计材料采购量
   C. 预算期末预计存货量 D. 预算期初预计存货量
8. 直接人工预算中，预计直接人工成本是根据（   ）计算的。
   A. 预计生产量 B. 单位产品直接人工小时
   C. 每小时平均工资率 D. 预计销售量
9. 制造费用预算中，预计现金支出中的固定费用应包括（   ）。
   A. 维修费用 B. 租赁费用
   C. 保险费用 D. 折旧费用
10. 编制单位产品成本预算，是为编制（   ）作准备。
    A. 销售预算 B. 生产预算
    C. 预计利润表 D. 预计资产负债表
11. 单位产品成本预算中的单位产品变动成本是根据（   ）计算的。
    A. 直接材料 B. 直接人工
    C. 变动制造费用 D. 固定制造费用
12. 现金预算通常包括以下几部分（   ）。

A. 现金收入 B. 现金支出
C. 资金融通 D. 应收账款

13. 与现金收支有关的预算有(　　)。
A. 销售预算 B. 生产预算
C. 制造费用预算 D. 直接材料采购预算

14. 弹性预算的编制中，其弹性利润预算应考虑成本的习性，所以是根据(　　)数据编制。
A. 对各方案进行成本效益分析 B. 费用的预算数可以脱离现状
C. 在上年的费用水平基础上进行修订 D. 零基预算都由专职部门编制

六、问答题

1. 为什么销售预算是编制全面预算的关键？

2. 现金预算中哪些项目数据与各预算有关？

3. 弹性预算中的业务量如何确定？

4. 零基预算比起传统预算有哪些优势？

七、计算分析题

1. 目的：通过练习，掌握销售预算的编制方法。

资料：某企业 2014 年度，生产和销售一种产品，根据预测，A 产品各季度销售分别为 1200 件，1100 件，1300 件，1400 件，单位产品售价为 80 元。每季度销售收入的 80% 为现销。赊销的均在下季度收现。上年末的应收销货款为 180000 元。

要求：根据以上资料编制销售预算，如表 1－6－1 所示。

表 1－6－1　　　　　　　　　　销　售　预　算

2014 年度　　　　　　　　　　　　　　　　　　单位：元

项　目		1 季度	2 季度	3 季度	4 季度	全年合计
预计销售量（件）						
单位产品售价（元/件）						
预计销售额（元）						
预计现金收入计算表	期初应收账款					
	1 季度销售收入					
	2 季度销售收入					
	3 季度销售收入					
	4 季度销售收入					
	现金收入合计					

2. 目的：通过练习，掌握生产预算的编制方法。

资料：根据题 1，某企业各季度的期末存货量为下一季度销售量的 10%，预算期末存货量为 150 件，预算期初的存货量为 120 件。

要求：根据以上资料编制生产预算，如表 1－6－2 所示。

表 1－6－2　　　　　　　　　　生　产　预　算

2014 年度　　　　　　　　　　　　　　　　　　单位：件

项　目	1 季度	2 季度	3 季度	4 季度	全年合计
预计销售量					
加：预计期末存货量					
预计需要量合计					
减：预计期初存货量					
预计生产量					

3. 目的：通过练习，掌握直接材料采购预算的编制方法。

资料：根据题1，某企业所购材料于当季支付70%，其余30%在下季度支付。各季度末材料库存按下一季度生产需要量的20%计算。预计期初材料库存量为2200千克，预计期末材料库存量为2850千克。单位产品材料消耗定额为10千克。单位材料价格为每千克5元。年初应付账款为2200元。

要求：根据以上资料编制直接材料采购预算，如表1-6-3所示。

表1-6-3　　　　　　　　　　　　直接材料采购预算

2014年度　　　　　　　　　　　　　　　　　　　　　　　单位：元

项目		1季度	2季度	3季度	4季度	全年合计
预计生产量（件）						
单位产品材料耗用量（千克/件）						
材料需要量（千克）						
加：期末材料库存量（千克）						
预计材料需要量（千克）						
减：期初材料库存量（千克）						
预计材料采购量（千克）						
单位材料价格（元/千克）						
预计材料采购金额（元）						
预计现金支出	应付账款					
	一季度购料款					
	二季度购料款					
	三季度购料款					
	四季度购料款					
合计						

4. 目的：通过练习，掌握直接人工预算编制的方法。

资料：根据题1，各季度预计生产量分别为：1190件，1120件，1310件，1410件。单位产品直接人工小时为2小时，每小时平均工资率为6元。

要求：根据以上资料编制直接人工预算，如表1-6-4所示。

表1-6-4　　　　　　　　　　　　直接人工预算

2014年度　　　　　　　　　　　　　　　　　　　　　　　单位：元

项目	1季度	2季度	3季度	4季度	全年合计
预计生产量（件）					
单位产品直接人工小时					
需用直接人工小时					
每小时平均工资率					
预计直接人工成本					

5. 目的：通过练习，掌握制造费用预算编制方法。

资料：根据题1，预计预算期变动制造费用分配率为2.5，固定制造费用为15085元。其他有关资料，见表1-6-5。

要求：根据资料编制制造费用预算，如表1-6-5所示。

表1-6-5 制造费用预算

2014年度

单位：元

	项 目	单位产品费用分配率		全年费用额		备 注
变动费用	间接人工	1.2				
	间接材料	0.7				
	维护费用	0.3				全年生产量
	水电费用	0.2				5030件
	其 他	0.1				
	合 计	2.5				
固定费用	租赁费用					
	保险费用					
	折旧费用					折旧费用为
	管理费用					5020元
	合 计			15080		
	项 目	1季度	2季度	3季度	4季度	全面合计
预计现金支出	预计生产量（件）	1190	1120	1310	1410	5030
	单位产品费用分配率					
	变动费用现金支出					
	固定费用现金支出					
	减：折旧					
	制造费用现金支出					

6. 目的：通过练习，掌握单位产品成本预算编制方法。

资料：根据题1，A产品直接材料消耗定额为10千克，单位价格为5元，直接人工为2定额工时，直接人工工资率为6元/工时，变动制造费用分配率为1.25元/工时。预计A产品期末存货量为150件。

要求：根据以上资料，编制A产品单位成本预算和期末存货预算，如表1-6-6所示。

7. 目的：通过练习，掌握现金预算的编制方法。

资料：某企业预算期初现金余额为12000元，全年预计现金收入为397600元，采购直接材料现金支出为255555元，支付直接人工现金为60360元，支付制造费用现金为22635元，支付销售及管理费用现金为11450元，购置设备现金支出为42000元。企业规定现金必须保持足够的支付能力，为此要求每季现金余额为10000元以上。如遇现金短缺向银行借入，银行利息率为6%。

要求：根据以上资料及表中资料编制现金预算，如表1-6-7所示。

表1-6-6　　　　　　　　　单位产品成本和期末存货预算
2014年度

项　目	价格标准	用量标准	合　计
直接材料	元/千克	千克	
直接人工	元/工时	工时	
变动制造费用	元/工时	工时	
单位变动生产成本	—	—	
期末存货预算	期末存货量		件
	单位变动生产成本		元/件
	期末存货成本		

表1-6-7　　　　　　　　　　　现　金　预　算
2014年度　　　　　　　　　　　　　　　　　　　　　　　单位：元

项　目	1季度	2季度	3季度	4季度	全年合计
期初现金余额	12000				12000
加：现金收入					397600
可动用现金合计					
减：现金支出					
采购直接材料					255555
支付直接人工					60360
支付制造费用					22635
支付销售及管理费用	2850	2960	2820	2820	11450
购置固定资产			42000		42000
现金支出合计					
现金缺余（缺：负数）					
从银行借入现金					
偿还借款					
支付利息					
期末现金余额					

说明：表内各季度现金收入、支出数可根据习题1-5银行借入现金假设为季度初借入，利息季末支付。

8. 目的：通过练习，掌握预计利润表的编制方法。

资料：某企业预算年度各季的销售量分别为1200件，1100件，1300件，1400件，销售单价为80元。各季的生产量分别为1190件，1120件，1310件，1410件，单位产品变动生产成本为64.50元/件。单位产品的销售及管理费用的分配率为1.25。固定制造费用为15080元，固定销售及管理费用为5200元。利息支出为900元。所得税率为20%。

要求：根据以上资料编制预计利润表，如表1-6-8所示。

表1-6-8　　　　　　　　　　　预 计 利 润 表

2014年度

单位：元

项　目	1季度	2季度	3季度	4季度	全年合计
销售收入					
减：变动成本					
变动生产成本					
销售及管理费用					
变动成本合计					
边际贡献					
减：固定成本					
固定制造费用					
销售及管理费用					
利息支出					
期间成本合计					
税前利润					
所得税（20%）					
净利润					

9. 目的：通过练习，掌握预计资产负债表的编制方法。

资料：某厂资产、负债和所有者权益项目的数据如下：

单位：元

项　目	年初数	期末数
现金	12000	16700
应收账款	20000	22400
材料存货	11000	14250
库存商品存货	7740	9675
固定资产	280000	322000
累计折旧	56255	61275
应付账款	22000	21195
实收资本	200000	200000
盈余公积	52485	102555

要求：根据以上资料编制预计资产负债表，如表1-6-9所示。

表1-6-9　　　　　　　　　　预计资产负债表

2014年12月31日　　　　　　　　　　　　　　　单位：元

资　产	年初数	期末数	负债及所有者权益	年初数	期末数
流动资产			流动负债		
现金			应付账款		
应收账款					
材料存货					
产成品存货					
流动资产合计			流动负债合计		
固定资产					
固定资产原价			实收资本		
减：累计折旧			留存盈余		
固定资产合计			所有者权益合计		
资产总计			负债及所有者权益总计		

10. 目的：通过练习，掌握弹性预算编制方法。

资料：某企业生产一种 A 产品，有关销售、生产和成本资料如下：

(1) 销售量范围 4000~6000 件，间距为 500 件。

(2) 单位产品售价为 90 元。

(3) 单位变动成本为 45 元。

(4) 固定成本为 46000 元。

要求：根据以上资料编制弹性预算，如表 1-6-10 所示。

表1-6-10　　　　　　　　　　弹性利润预算　　　　　　　　　　单位：元

销售量（件）					
销售收入					
变动成本					
边际贡献					
固定成本					
税前利润					

11. 目的：通过练习，掌握编制多品种弹性利润预算的方法。

资料：某企业生产多品种产品，有关销售、生产和成本资料如下：

(1) 销售收入范围为 2000000~4000000 元。

(2) 销售收入的间距为 500000 元。

(3) 加权平均变动成本率为 55%。

(4) 固定成本为 250000 元。

要求：根据以上资料编制多品种弹性利润预算，如表 1-6-11 所示。

表 1-6-11　　　　　　　　　　　　　弹性利润预算　　　　　　　　　　　　　　单位：元

销售收入					
变动成本					
边际贡献					
固定成本					
税前利润					

12. 目的：通过练习，掌握滚动利润预算编制方法。

资料：某企业 2015 年度预计销售量，如表 1-6-12 所示。单位产品售价为 90 元，单位产品变动成本为 41.5 元，单位产品变动销售及管理费用 3.5 元，固定制造费用 40000 元，固定销售及管理费用 20000 元，所得税税率 20%。

表 1-6-12　　　　　　　　　　　　　2015 年预计销售量　　　　　　　　　　　　　单位：件

月份	1	2	3	4	5	6	7	8	9	10	11	12
销售量	410	400	420	420	400	410	400	420	430	400	440	450

要求：根据以上资料，编制滚动利润预算，如表 1-6-13 所示。

表 1-6-13　　　　　　　　　　　　　滚动利润预算　　　　　　　　　　　　　　单位：元

（编制时间 2014 年 12 月份）

项 目	1 季度			2 季度	3 季度	4 季度	全年合计
	1 月	2 月	3 月				
销售收入							
变动成本							
变动制造成本							
变动销售及管理费用							
变动成本合计							
边际贡献							
减：固定成本							
固定制造费用							
固定销售及管理费用							
固定成本合计							
税前利润							
减：所得税							
税后利润							

13. 目的：通过练习，掌握概率预算编制方法。

资料：某企业 2015 年预算期，只生产一种产品，预计可能实现的销售量为：4500 件、5000 件、6000 件，这三种预计销售量的概率分别为：0.2、0.6、0.2，其他有关资料，如表 1-6-14 所示。

表1-6-14　　　　　　　　　某企业销售、成本及其概率状况表　　　　　　　　　　单位：元

销售量		单位产品售价	单位变动成本		酌量性固定成本	约束性固定成本
数量	概率		金额	概率		
4500	0.2	90	42	0.2	4500	15000
			45	0.5		
			47	0.3		
5000	0.6	90	42	0.2	5000	15000
			45	0.5		
			47	0.3		
6000	0.2	90	42	0.2	6000	15000
			45	0.5		
			47	0.3		

要求：

（1）根据以上资料编制利润概率预算表，如表1-6-15所示。

（2）编制利润预算概率区间范围表，如表1-6-16所示。

表1-6-15　　　　　　　　　　　利润概率预算表　　　　　　　　　　　　　单位：元

组合序号	销售量（件）	单价	销售收入	单位变动成本	变动成本总额	边际贡献	酌量性固定成本	约束性固定成本	联合概率	税前利润（利润期望值）
1	4500	90								
2										
3										
1	5000	90								
2										
3										
1	6000	90								
2										
3										
期望值										

表1-6-16　　　　　　　　　　　利润预算概率区间范围　　　　　　　　　　　单位：元

项　目	预期值	概率范围100%	概率范围90%	概率范围80%
销售收入				
变动成本总额				
边际贡献				
固定成本总额				
税前利润				

第七章

标准成本控制

一、名词解释

1. 标准成本

2. 标准成本控制

3. 成本差异

4. 直接人工工资率差异

5. 直接人工效率差异

6. 例外管理

7. 基本标准成本

8. 平均标准成本

二、填空题

1. 成本控制按时间可分为_____、_____和_____。
2. 标准成本一般有四种，即_____、_____、_____和_____。
3. 产品的标准成本是由产品的_____、_____和_____所组成。
4. 直接人工标准价格是指单位标准工作时间支付的_____，因此，也称_____。
5. 实际成本大于标准成本为_____，即_____。
6. 数量差异 =（_____ - _____）× _____。
7. 价格差异 =（_____ - _____）× _____。

三、判断题

1. 标准成本是一种事前成本。　　　　　　　　　　　　　　　　　　（　　）
2. 标准成本控制首先要制定一个标准成本。　　　　　　　　　　　　（　　）
3. 直接材料标准价格是指库存材料的平均价格。　　　　　　　　　　（　　）
4. 制造费用标准成本是指变动制造费用，不包括固定制造费用。　　　（　　）
5. 材料的价格差异通常由采购部门负责。　　　　　　　　　　　　　（　　）
6. 材料的数量差异一般由生产部门负责。　　　　　　　　　　　　　（　　）
7. 直接人工成本差异必须由劳动人事部门负责。　　　　　　　　　　（　　）
8. 凡是出现不利的成本差异，不管数额大小都应进行调查并采取相关措施加以改进。
　　　　　　　　　　　　　　　　　　　　　　　　　　　　　　　（　　）
9. 凡是出现有利的成本差异，就不必进行调查。　　　　　　　　　　（　　）
10. 不论出现有利还是不利成本差异，都必须追查原因，采取措施。　（　　）

四、单项选择题

1. 标准成本的控制，一般采用（　　）进行控制。
 A. 基本标准成本　　　　　　　　　B. 理想标准成本
 C. 平均标准成本　　　　　　　　　D. 正常标准成本
2. 直接人工成本差异，一般应由（　　）部门负责。
 A. 采购部门　　　　　　　　　　　B. 生产部门

C. 劳动人事和生产部门 D. 劳动人事部门

五、多项选择题

1. 直接材料的标准成本是由（　　）因素决定的。
   A. 材料标准用量
   B. 材料实际用量
   C. 材料标准价格
   D. 材料实际价格

2. 直接材料的成本差异是由（　　）因素决定的。
   A. 材料标准用量
   B. 材料数量差异
   C. 材料标准价格
   D. 材料价格差异

3. 直接人工成本差异是由（　　）因素决定的。
   A. 直接人工工资率差异
   B. 直接人工实际工资率
   C. 直接人工效率差异
   D. 直接人工标准工资率

4. 变动制造费用差异是由（　　）因素决定的。
   A. 变动制造费用耗费差异
   B. 变动制造费用分配率
   C. 变动制造费用效率差异
   D. 变动制造费用能力差异

5. 例外管理只是对（　　）情况必须采取措施，加以改进。
   A. 不利成本差异
   B. 实质性成本差异
   C. 经常性成本差异
   D. 重要性成本差异

六、问答题

1. 标准成本的制订为什么采用正常标准成本？

2. 固定制造费用差异由哪些因素组成？

3. 例外管理的目的是什么？如何确定例外事项？

七、计算分析题

1. 目的：通过练习，掌握直接材料成本差异的计算方法。

   资料：某企业生产 A 产品耗用材料资料，如表 1-7-1 所示。

   表 1-7-1　　　　　　　　　　A 产品材料耗用资料表

项　　目	实　际	标　准
每件产品耗用甲材料（千克）	20	18
每千克甲材料价格（元）	30	32
完工 A 产品数量（件）	1500	

   要求：列式计算材料成本差异和材料数量差异以及材料价格差异。

2. 目的：通过练习，掌握直接人工成本差异的计算方法。

   资料：某企业生产 A 产品耗用人工成本资料，如表 1-7-2 所示。

   表 1-7-2　　　　　　　　　　A 产品人工耗用资料表

项　　目	实　际	标　准
每件产品耗用人工工时（小时）	10	9
每小时工资率（元）	6.5	6
完工 A 产品数量（件）	1500	

   要求：列式计算人工成本的总差异和直接人工工资率差异以及直接人工效率差异。

3. 目的：通过练习，掌握变动制造费用差异的计算方法。

   资料：某企业生产 A 产品耗用变动制造费用资料，如表 1-7-3 所示。

   表 1-7-3　　　　　　　　　A 产品变动制造费用耗用资料表

项　　目	实　际	标　准
变动制造费用（元）	75000	64800
平均耗用工时（小时）	10	9
完工 A 产品数量（件）	1500	

   要求：列式计算变动制造费用总差异和变动制造费用耗费差异以及变动制造费用效

率差异。

4. 目的：通过练习，掌握固定制造费用成本差异的计算方法。

资料：某企业 2014 年度固定制造费用及其他有关资料如下：

固定制造费用预算数	175000 元
固定制造费用实际发生数	180000 元
预计全年生产能力	35000 工时
全年实际耗用总工时	32000 工时
单位标准工时	20 工时
全年完工 A 产品	1500 件

要求：计算固定制造费用耗费差异和能力差异以及固定制造费用的效率差异。

5. 目的：通过练习，掌握直接人工工资率、直接人工效率和直接人工成本总差异之间的关系。

资料：某企业生产 A、B、C 三种产品，其人工成本资料，如表 1-7-4 所示。

表 1-7-4　　A、B、C 产品人工耗用资料及计算表　　单位：元

项　目	A 产品	B 产品	C 产品
标准人工工资率	7	6	8
实际人工工资率	8.5	（　）	9
标准工时（小时）	2000	1500	（　）
实际工时（小时）	（　）	1400	（　）
直接人工工资率差异	3300	-700	2300
直接人工效率差异	1400	-600	-1600

要求：列式计算并填列上表所空的数据。

6. 目的：通过练习，掌握直接材料成本差异与直接人工成本差异的计算方法。

资料：某企业生产 A 产品，其直接材料与直接人工的标准成本资料，如表 1-7-5 所示。

表 1-7-5　　A 产品直接材料、直接人工资料表　　单位：元

项　目	数量标准	价格标准	标准成本
直接材料	8.2 千克	20 元/千克	164
直接人工	2.6 工时	6.5 元/工时	16.9

假设 5 月份实际发生的业务如下：

（1）采购直接材料 20480 千克，实际支付 430000 元。

（2）购进材料 20480 千克全部用于生产，完工 A 产品 2560 件。

（3）当月共耗用直接人工 6400 工时，实际支付人工成本 40960 元。

要求：

（1）计算本月直接材料数量差异与价格差异。

（2）计算本月直接人工工资率差异与直接人工效率差异。

7. 目的：通过练习，掌握实际成本与标准成本总差异的计算方法。

资料：某企业 2014 年共生产 A 产品 18000 件，其实际成本与标准成本有关资料，如表 1 - 7 - 6 所示。

表 1 - 7 - 6　　　　　　　A 产品直接材料、直接人工和
变动间接费用资料表

单位：元

项目	数量	价格	标准成本	实际成本
直接材料				
标准	10 千克	8.5 元/千克	85	—
实际	10.5 千克	8.6 元/千克	—	90.3
直接人工				
标准	4.5 工时	6.2 元/工时	27.9	—
实际	4.2 工时	7 元/工时	—	29.4
变动间接费用				
标准	4.5 工时	8.7 元/工时	39.15	—
实际	4.2 工时	9.6 元/工时	—	40.32
单位产品成本	—	—	152.05	160.02

要求：列式计算成本总差异并分析指出成本总差异的构成。

第八章

存货控制

一、名词解释

1. 存货

2. 存货控制

3. 储存成本

4. 存货供应期

5. 经济批量

6. 订货成本

7. 购置成本

8. 缺货成本

二、填空题

1. 存货控制的一般要求有_____、_____和_____。
2. 存货控制的内容，按其在生产经营过程中的不同作用，可分为_____、_____和_____。
3. 存货控制的一般方法有_____、_____、_____和_____。
4. 企业的存货成本包括_____、_____、_____和_____。
5. 经济订货量是指企业通过合理的进货时间和进货批量，使存货的_____与_____之和达到最低水平。
6. 经济订货量的公式是：Q =_____。
7. 订货总成本的公式是：T =_____。
8. 经济批量法的直角坐标图中，_____的最低点，恰好与_____和_____两线的交叉点处在同样位置。
9. ABC 分类法中，A 类存货实行_____管理，B 类存货实行_____管理，C 类存货实行_____管理。
10. ABC 分类法中，A 类存货从其品种数来说仅占全部存货的_____左右，而从其金额来看，一般要占全部存货总金额的_____左右。

三、判断题

1. 企业的存货主要包括原材料、燃料、在产品、低值易耗品和固定资产等。（ ）
2. 为减少订货成本就应将存货储存得多一些，这也符合经济订货量的原则。（ ）
3. 降低存货总成本的唯一办法是降低购置成本。（ ）
4. 保险性存货是企业为了应付突发的意外情况，而储存的存货，这类存货一般储存量较少。（ ）
5. 各种存货控制方法并不是相互孤立互不关联的，而是可以交叉使用的。（ ）
6. 假定是市场物价不变，也设有订货数量折扣情况下，购置成本通常保持相对稳定，因而购置成本居于存货控制中的无关成本。（ ）
7. 影响存货最优水平的基本因素是订货成本和储存成本。（ ）
8. 当全年订货量确定的情况下，订货成本与储存成本之间的关系为互为消长。（ ）
9. ABC 分类法，一般的方法是对数量少价值高的存货严加控制，对数量多价值小的存

货适当放宽控制。 （　　）

10. 存货的供应期越长，订货次数就越少，其订货成本就越小，而储存成本则越大。
（　　）

四、单项选择题

1. 存货控制的主要目的是(　　)。
   A. 降低产品成本　　　　　　B. 降低直接人工
   C. 降低进货成本　　　　　　D. 降低单位产品成本

2. 一般来说，(　　)是属于存货控制中的无关成本。
   A. 购置成本　　　　　　　　B. 订货成本
   C. 储存成本

3. 订货成本中也有无关成本，如下列项目中的(　　)。
   A. 差旅费　　　　　　　　　B. 邮电费
   C. 合同公证费　　　　　　　D. 采购人员工资

4. 下列储存成本中属于无关成本的有(　　)。
   A. 仓储费用　　　　　　　　B. 仓库折旧费
   C. 存货保险费　　　　　　　D. 存货资金占用的利息

5. 存货的控制，主要是使存货达到(　　)。
   A. 最低储存水平　　　　　　B. 合理储存水平
   C. 最高储存水平

6. 存货 ABC 分类法，其基本点是(　　)。
   A. 全面控制　　　　　　　　B. 有效控制
   C. 重点控制

7. 最低经济订货量是指(　　)。
   A. 订货成本最低时的订货量
   B. 储存成本最低时的订货量
   C. 订货成本与储存成本之和最低时的订货量

8. 在全年订货总量确定的情况下，订货成本与储存成本之间的关系表现为(　　)。
   A. 二者同增　　　　　　　　B. 互为消长
   C. 二者同减　　　　　　　　D. 保持平衡

9. 在经济批量模型图中，随订货量增长其成本相应增加的是(　　)直线。
   A. 总成本　　　　　　　　　B. 订货成本
   C. 储存成本

10. ABC 分类法中，属于品种数多，资金占用额少的是(　　)。
    A. A 类　　　　　　　　　　B. B 类
    C. C 类

五、多项选择题

1. 存货成本主要包括(　　)。

A. 购置成本　　　　　　　　B. 订货成本
C. 储存成本　　　　　　　　D. 生产成本
2. 订货成本中属于相关成本的有（　　）。
A. 差旅费　　　　　　　　　B. 入库搬运费
C. 运输费　　　　　　　　　D. 采购人员工资
3. 储存成本中属于相关成本的有（　　）。
A. 仓储费用　　　　　　　　B. 仓库人员工资
C. 存货残损金额　　　　　　D. 仓库折旧费
4. 经济批量的确定应根据以下有关资料（　　）。
A. 全年需要总量　　　　　　B. 存货的单价
C. 单位存货年度平均储存成本　D. 平均每次订货成本
5. 如果存货的供应期越长，则（　　）。
A. 进货次数越少　　　　　　B. 每次采购存货的数量越多
C. 存货的资金占用越多　　　D. 存货的储存量越大

六、问答题

1. 经济批量法的主要原理是什么？

2. ABC 分类控制法怎样对存货进行分类与控制？

3. 常用的存货控制方法主要有哪几种？

4. 存货控制有哪些内容？

七、计算分析题

1. 目的：通过练习，掌握经济订货量的确定方法。

   资料：某企业甲材料全年需要量为 10800 件，单价 40 元，每次订货成本为 300 元，储存成本为存货成本的 20%。

   要求：

   （1）计算确定经济订货量。

   （2）在经济订货量确定后用高于及低于该订货量 10%、20% 的进货量列表检测，如表 1-8-1 所示。

表 1-8-1　　　　　　　　各种订货量全年总成本检测表　　　　　　　　单位：元

行次	项目	各种订货量				
1	每次订货量（件）	720	810	900	910	1080
2	订货次数（次）					
3	平均库存量（件）					
4	全年订货成本					
5	全年储存成本					
6	全年存货总成本					

2. 目的：通过练习，掌握在数量折扣条件下经济批量的计算方法。

   资料：根据题 1 资料，若甲材料在采购批量 2000 件时，供应单位给予折扣 1%；若采购批量 4000 件时，折扣 2%；6000 件时折扣 3%；若采购批量在 10000 件以上，可折扣 5%。

   要求：计算比较在订货数量折扣条件下选择何种批量最为合适。本题需要列表计算，如表 1-8-2 所示。同时用文字加以说明。

表1-8-2　　　　　　　　　订货数量折扣条件进货总成本计算表　　　　　　　　　单位：元

数量折扣	进货单价	进货批量（件）	进货批次（次）	全年购置成本	订货成本 P（A/Q）	储存成本 C（Q/2）	进货总成本
0							
1%							
2%							
3%							
5%							

3. 目的：通过练习，掌握缺货条件下，经济批量和最优缺货量的计算。

资料：根据题1资料，假设在缺货条件下，年单位缺货成本1元。

要求：

（1）计算在缺货条件下经济订货量。

（2）计算在缺货条件下最优缺货量和全年的进货总成本。

4. 目的：练习影响经济订货量有关因素的计算分析。

资料：根据题1资料，假设甲材料全年进货量从10800件增加到12960件，其他条件均不变。

要求：

（1）计算年度订货量变动条件下经济批量的确定。

（2）分析说明年度订货量变动对经济批量的影响程度。

5. 目的：练习经济订货量有关影响因素的计算分析。

资料：根据题1资料，假设甲材料一次订货成本从300元增加到360元时，其他条件均不变。

要求：

（1）计算一次订货成本变动条件下经济订货量、经济批次及订货总成本的确定。

（2）分析说明一次订货成本变动条件下对经济订货量的影响程度。

6. 目的：练习影响经济订货量有关因素的计算分析。

资料：根据题1资料，假设单位平均储存成本从8元增加到9.60元时，其他条件均不变。

要求：

（1）计算单位平均储存成本变动时经济订货量、经济批次及订货总成本的确定。

（2）分析说明单位平均储存成本变动条件下，对经济批量的影响程度。

7. 目的：练习多因素变动对经济订货量的影响。

资料：根据题1资料，假设甲材料全年订货量增加2160件，每次订货成本减少30元，每件储存成本增加2元。

要求：

（1）计算多种因素变动情况下的经济订货量、经济批次及订货总成本。

（2）分析说明多种因素变动情况下对经济批量等影响程度。

8. 目的：通过练习，掌握存货控制的ABC分类法。

资料：某企业需用 12 种材料，各材料编号、年需要量、单价和金额，如表 1-8-3 所示。

要求：
（1）按 ABC 分类法将 12 种存货分类。
（2）说明上述分类的依据是什么？

表 1-8-3　　　　　　材料需要量及单位价格明细表　　　　　　单位：元

编　号	年需要量（千克）	单位价格（元/千克）	金　额
1	1000	1.50	1500
2	800	2	1600
3	80	500	40000
4	200	300	60000
5	2000	15	30000
6	1500	16	24000
7	3000	0.70	2100
8	4000	0.80	3200
9	500	150	75000
10	380	80	30400
11	800	14	11200
12	600	13	7800

第九章

作业成本法

一、名词解释

1. 作业成本法

2. 作业

3. 成本动因

4. 资源成本动因

5. 作业成本动因

6. 作业管理

7. 成本对象

8. 单位级作业

9. 批次级作业

10. 产品级作业

11. 维持级作业

二、填空题

1. 作业成本法的基本思想是在资源和产品之间引入一个中介_____，基本原则是作业消耗_____，产品消耗_____；生产导致_____的发生，作业导致成本的发生。

2. 作业成本系统的设计按如下具体步骤进行：_____、_____、_____。

3. 采用作业成本法，在作业确定后，还须将作业组织划分为相互排斥的作业类别，主要有：_____、_____、_____和维持级作业四种类型。

4. 作业量的计量单位主要有三类：_____、持续动因和_____。三类作业动因中，_____的精确度最差，但其执行成本最低；_____的精确度最高，但其执行成本最高；_____成本的精确度和成本额居中。

5. 作业的认定有两种形式：一种是企业根据产品的总生产流程，_____进行分解；一种是通过与员工或者经理进行交谈，_____确定他们所从事的工作，并逐一认定各项作业。

三、判断题

1. 传统成本计算所采用的是单一数量分配基准，作业成本计算采用多种成本动因作为分配基准。

2. 资源动因是指资源被各种作业消耗的方式及其原因,是指作业成本分配到产品中去的标准。（　　）

3. 在作业成本法下,产品成本是指完全成本,包括与生产产品相关的、合理的、有效的费用,并按照作业类别设置成本项目。（　　）

4. 作业成本法能完全消除主观分配因素。（　　）

5. 企业的生产过程既是作业消耗资源、产品消耗作业的过程,又是产品价值的形成过程。（　　）

6. 成本动因是驱动产生成本和费用产生的各种因素,它通常可分为两种:资源动因和作业动因。（　　）

7. 作业动因是将作业中心的成本分配到产品或劳务的标准,它反映了作业中心对资源的耗用情况。（　　）

8. 作业成本法是传统成本计算法的演变,其主要特点是先按资源动因分配费用,计算各作业中心成本,再按作业动因分配作业成本,计算产品成本。（　　）

9. 在作业成本法下,制造费用的分配主要以与产出量相关的因素为分配基础。（　　）

10. 在作业成本法下,辅助生产部门的成本在分派到具体的产品或劳务之前也是先分配至生产部门的。（　　）

11. 机器工时可作为分配机器维护成本的合理动因。（　　）

12. 作业成本管理涉及的仅仅是生产成本而不包括期间费用。（　　）

四、单项选择题

1. 作业成本法适用于具有以下特征的企业（　　）。
   A. 间接生产费用比重较小　　　　B. 作业环节较少
   C. 生产准备成本较高　　　　　　D. 产品品种较少

2. 作业成本法的缺陷主要是（　　）。
   A. 实施成本较高　　　　　　　　B. 实施效果较差
   C. 成本决策相关性较弱　　　　　D. 间接费用的分配与产出量相关性较弱

3. 作业成本法与传统成本法的区别之一是作业成本法（　　）。
   A. 存在较多的同质成本库　　　　B. 存在较少的同质成本库
   C. 间接费用分配基础不一定是成本动因　　D. 成本决策相关性较弱

4. 按照作业的执行方式,可将作业分为（　　）。
   A. 主要作业和次要作业　　　　　B. 必需性作业和酌量性作业
   C. 重复作业和不重复作业　　　　D. 后勤作业和质量作业

5. 在下列项目中,不属于按受益对象分类的作业是（　　）。
   A. 单位级作业　　　　　　　　　B. 协调级作业
   C. 批次级作业　　　　　　　　　D. 维持级作业

6. 使用作业成本法计算技术含量较高、生产量较小的产品时,其单位成本与使用传统成本法计算的结果相比,会（　　）。
   A. 高出一些　　　　　　　　　　B. 降低一些

C. 同样相等 D. 出现不定结果
7. 作业成本法所采用的成本动因（　　）。
A. 不考虑辅助作业 B. 只考虑某些生产作业
C. 将作业与产品直接联系在一起 D. 将作业与产品间接联系在一起
8. 下列属于增值作业的项目是（　　）。
A. 原材料储存作业 B. 原材料等待作业
C. 包装作业 D. 质量检查作业
9. 与数量相关的动因不包括（　　）。
A. 产量 B. 直接人工工时
C. 机器工时 D. 生产工人人数
10. 在作业成本法下通常难以找到合适的成本动因来将_____作业所消耗的资源分配至产品（　　）。
A. 车间管理 B. 直接人工
C. 质量检验 D. 机器调试

五、多项选择题

1. 成本动因选择主要考虑的因素有（　　）。
A. 成本计量 B. 成本动因与所耗资源成本的相关程度
C. 成本库 D. 成本中心
2. 下列说法正确的是（　　）。
A. 作业量决定资源的耗用量
B. 最终产品产出量决定着作业量
C. 资源耗用量与最终产品产出量有直接关系
D. 成本库的作业就是成本动因
3. 与作业成本法相比，有关传统成本计算方法在下列说法中错误的是（　　）。
A. 传统成本法低估了产量大而技术复杂程度低的产品成本
B. 传统成本法高估了产量大而技术复杂程度低的产品成本
C. 传统成本法低估了产量小而技术复杂程度高的产品成本
D. 传统成本法高估了产量小而技术复杂程度高的产品成本
4. 下面关于作业成本法中说法正确的是（　　）。
A. 作业成本法有利于提高成本信息质量，完全克服传统成本分配主观因素影响
B. 作业成本法有利于分析成本升降的原因
C. 作业成本法有利于完善成本责任管理
D. 有利于成本的预测和决策
5. 作业成本法适用于具有以下特征的企业（　　）。
A. 间接生产费用比重较大 B. 企业规模大、产品品种多
C. 作业环节多且易辨认 D. 生产准备成本较高
E. 计算机技术较高
6. 下列有关产量成本计算制度表述正确的是（　　）。

A. 以人工成本、人工工时作为间接费用分配的基础
B. 往往会夸大高产量产品的成本而缩小低产量产品的成本
C. 整个工厂仅有一个或几个间接成本集合且通常缺乏同质性
D. 主要适用于产量是成本主要驱动因素的传统加工业
E. 间接成本的分配以成本动因为基础

7. 在下列各项中，属于直接成本的是( )。
    A. 构成产品实体的原材料   B. 车间照明用电费
    C. 车间生产工人工资   D. 车间管理人员工资
    E. 销售部门员工工资

8. 决定企业采用作业成本计算方法的影响因素有( )。
    A. 企业生产组织特点   B. 企业生产工艺过程特点
    C. 成本会计人员的素质   D. 企业对成本管理的要求
    E. 企业所处行业的特点

9. 作业成本法与传统成本法相比( )。
    A. 有较多的间接成本库
    B. 按成本动因分配生产费用
    C. 间接生产费用的分配基础常为非财务变量
    D. 提供较精确的成本信息
    E. 成本决策相关性较强

10. 作业成本法的运用与以下制造环境密切相关( )。
    A. 专业化生产方式   B. 电脑辅助设计产品
    C. 弹性制造系统   D. 适时制生产方式
    E. 自动化生产工艺

六、问答题

1. 作业成本系统设计的基本步骤是什么？有什么具体的工作内容？

2. 作业确定后，须将作业组织划分为相互排斥的作业类别主要是哪些？

3. 企业设计并推行作业成本法时，应注意的问题是什么？

4. 将作业成本分配到成本对象的主要方法是什么？

七、计算分析题

1. 目的：练习作业成本法计算成本的方法。

资料：某企业生产 A、B 两种产品。A、B 两种产品 2014 年 10 月份的有关成本资料如表 1-9-1 所示。

表 1-9-1　　　　　　　　A、B 两种产品的成本计算资料表　　　　　　　　单位：元

产品名称	产量（件）	单位产品机器小时	直接材料单位成本	直接人工单位成本
A 产品	100	1	50	40
B 产品	200	2	80	30

该厂每月制造费用总额为 50000 元，与制造费用相关的作业有 4 个，有关资料如表 1-9-2 所示。

要求：（1）用作业成本法计算 A、B 两种产品的单位成本。

（2）以机器小时作为制造费用的分配标准，采用传统成本计算法计算 A、B 两种产品的单位成本。

表1-9-2　　　　　　　A、B两种产品制造费用作业资料表　　　　　　　　　　　单位：元

作业名称	成本动因	作业成本	作业量		
			A产品	B产品	合　计
质量检验	检验次数	4000	5次	15次	20次
订单处理	生产订单份数	4000	30份	10份	40份
机器运行	机器工时	40000	200工时	800工时	1000工时
设备调整准备	调整准备次数	2000	6次	4次	10次
合　　计	—	50000	—	—	—

2. 目的：练习作业成本法计算成本的方法。

资料：某企业生产甲、乙两种产品，其中甲产品900件，乙产品300件，其作业情况数据如表1-9-3所示。

表1-9-3　　　　　　　甲、乙两种产品的作业成本计算资料表　　　　　　　　　单位：元

作业项目	资源耗用	动因分析	甲产品作业量	乙产品作业量	合　计
材料处理	18000	移动次数	400次	200次	600次
材料采购	25000	订单件数	350件	150件	500件
使用机器	35000	机器工时	1200工时	800工时	2000工时
设备维修	22000	维修工时	700工时	400工时	1100工时
质量控制	20000	质检次数	250次	150次	400次
产品运输	16000	运输次数	50次	30次	80次
合　　计	136000				

要求：按作业成本法计算甲、乙两种产品的成本，并填制表1-9-4内相关内容。

表1-9-4　　　　　　　　甲、乙两种产品的成本计算表　　　　　　　　　　　　单位：元

作业项目	成　本	作业量	分配率	甲产品	乙产品
材料处理	18000	600次			
材料采购	25000	500件			
使用机器	35000	2000工时			
设备维修	22000	1100工时			
质量控制	20000	400次			
产品运输	16000	80次			
合计总成本	136000				
单位成本					

3. 目的：练习作业成本法。

资料：某服装制造企业采用作业成本法核算产品成本。该企业某月发生直接材料成本32000元，其中甲产品耗用18000元，乙产品耗用14000元；直接人工成本19000元，其

中甲产品应负担 11000 元，乙产品应负担 8000 元；制造费用 56000 元，经分析该企业的作业情况如下表 1-9-5 所示。

表 1-9-5　　　　　　甲、乙两种产品的作业成本计算资料表　　　　　　单位：元

作业中心	资源分配	成本动因	作业量	
			甲产品	乙产品
材料整理	14000	处理材料批数	10 批	30 批
质量检验	10000	检验次数	10 次	15 次
机器调试	20000	调试次数	80 次	120 次
使用机器	12000	机器工时	20 工时	80 工时

要求：
（1）计算各作业中心的分配率。
（2）假定该企业的当月产量为甲产品 500 件，乙产品 400 件，期初期末在产品为零，计算这个月的完工产品总成本和完工产品单位成本。

第十章

责任会计

一、名词解释

1. 责任会计

2. 责任中心

3. 成本中心

4. 利润中心

5. 投资中心

6. 内部转移价格

7. 业绩报告

8. 投资报酬率

9. 剩余收益

二、填空题

1. 责任会计是为了适应_____的要求,在企业内部建立若干_____,并对它们分工负责的经济活动进行_____、_____、_____与_____的一整套会计制度。责任会计的实质是企业为了强化_____而实施的一种_____制度,是把_____同各级有关_____紧密联系起来的信息控制系统。

2. 责任会计制度建立应该遵循原则是_____、_____、_____。

3. 一致性是指各责任单位_____必须同_____保持一致。它要求各责任单位的_____应该建立在企业_____基础之上,是企业总目标的_____和_____。同时,各责任单位所组织日常生产经营活动要符合企业_____安排,保证企业_____的最终实现。

4. 可控性是指责任单位只能对其在职权范围内可以控制的_____负责,即责任者只能对其控制的_____、_____和_____进行负责。在_____和_____中,只能包括责任者能够控制的项目,而对于不能控制的项目则应排除在外,或只能作为_____列示,以保证责、权、利三者关系的有机结合。同时,遵循可控性,要求企业管理者要把全部成本按照其习性划分成_____和_____两个部分,并在此基础上确定每个细分之后的成本项目应该具体由谁负责。

5. 责任会计制度的基本内容是_____、_____、_____、_____、_____。

6. 确定责任中心是_____的基础。所谓责任中心就是指由专人承担规定的经济责任并行使相应职权的_____。根据不同的责任中心的控制范围和责任对象特点,责任中心可以分为三类:_____、_____和_____。

7. 成本中心是责任人只对其责任区域内发生的_____负责的一种责任中心。由于成本发生的单位一般没有收入或仅有一些少量无规律的收入,因此责任中心只能控制成本而不能控制_____和_____。在这种情况下,成本中心只需对发生的_____负责,无须对_____和_____承担任何责任。

8. 对成本中心进行考评的主要内容是其_____。

9. 管理会计中的责任成本与财务会计中的产品成本有所不同，这种区别主要体现在成本计算的_____、_____和_____不同。

10. 管理会计和财务会计在成本计算对象方面的不同表现在：产品成本是以_____为成本计算对象来归集和分配费用；而责任成本是以_____为成本计算对象来归集和分配费用。

11. 管理会计和财务会计在成本计算原则上的不同表现在：产品成本的计算原则是费用使哪个_____受益就应由哪个_____来承担；而责任成本计算原则是费用使哪个责任者负责就应由哪个_____来承担。

12. 管理会计和财务会计在成本计算目的上的不同表现在：产品成本旨在计算各种所发生的成本和收益，反映_____的执行情况，是企业实行_____的重要手段；而责任成本旨在计算各_____应负责控制的成本，反映_____的执行情况，是企业进行和贯彻_____的重要手段。

13. 产品成本和责任成本的联系表现在：两者所归集的成本都是企业生产经营过程中的实际耗费，在一定时期内，产品成本和责任成本_____相等。

14. 企业各成本中心在期末必须编制_____，并以此作为对其进行业绩考评的依据。在业绩报告中，若预算数大于实际数表示成本_____；若预算数小于实际数表示成本_____。

15. 利润中心是责任人对其责任区域内的_____和_____均要负责的责任中心。作为利润中心的责任人既能控制其_____，同时又能控制其_____。通常情况下利润中心不能控制其自身的_____。和成本中心相比，利润中心属于具有_____和有独立收入来源的较高责任层次。利润中心相对于成本中心来讲具有更大的_____。

16. 利润中心有两种形式：_____和_____。

17. 自然形成的利润中心既可以向企业_____提供产品和劳务，也可以直接向企业_____销售产品或提供劳务，赚取收入和利润。

18. 人为划分的利润中心不直接_____，只对企业内部_____提供产品或劳务，但需要按照_____进行内部结算。

19. 任何一个成本中心都能通过确认_____而成为人为划分的利润中心。利润中心就其利润对上级负责，实际也就是对其_____和_____负责。

20. 投资中心是指责任人对其责任区域内_____、_____及_____均要负责的责任中心。投资中心同时也是_____，但它的_____和_____比一般的利润中心要大得多。由于它不仅需要控制成本、收入和利润，而且还要控制其所占有的全部投资，因此，它在经营管理和_____方面拥有着更加充分的自主权。

21. _____属于企业最高层次的责任中心。

22. 对投资中心的业绩考评除成本、收入和利润之外，还应包括_____。对投资效果的考评主要是通过_____和_____两项指标来进行。

23. 一般说来，要提高投资中心投资报酬率，可以通过_____、_____和_____等途径来实现。

24. 内部转移价格是指企业内部各责任中心由于相互提供产品或劳务而进行相互之间_____或_____时所采用的一种价格标准。

25. 内部转移价格的种类主要是_____、_____、_____和_____。

26. 成本加成是指在企业内部各责任中心之间相互提供产品或劳务时,以所提供产品或劳务的_____加上_____作为内部转移价格。成本加成主要有两种方法:_____和_____。

27. 双重价格是在企业内部各责任中心之间相互提供产品或劳务时,供需双方分别采用不同的_____作为计价基础。主要形式有两种:_____和_____。

28. 业绩报告是企业各责任中心根据_____所编制的用以反映各责任中心_____执行情况的会计报告,是企业管理当局对各责任中心进行业绩_____和_____的重要依据。

29. 各责任中心的责任重点不同,造成各责任中心业绩报告的具体内容都存在着一定差别。但业绩报告都应该包括_____、_____和_____三种金额。

30. 利润中心编制的业绩报告一般包括_____、_____、_____三栏。利润实际数超过预算数的差异称_____;实际数小于预算数的差异称_____。

31. 投资中心编制的业绩报告和利润中心相似,除列示出销售收入、销售成本、销售利润的预算数、实际数和差异数之外,还要列示_____、_____、_____等重要指标,以便于对投资中心的业绩进行全面考核。

三、判断题

1. 根据责任中心的控制范围和责任对象特点的不同,责任中心可以分为成本中心、利润中心和投资中心三类。其中,成本中心的范围和承担的责任最大。（   ）
2. 企业内部职工个人不能构成责任实体,因此自然也就不能成为责任中心。（   ）
3. 成本中心对责任成本负责,就是对责任中心所有成本负责。（   ）
4. 对于任何一个责任中心来说,所有成本都是可控制的,不管是变动成本还是固定成本。（   ）
5. 由于投资中心肯定是利润中心,利润中心肯定是成本中心,所以投资中心肯定是成本中心,但利润中心不一定是投资中心。（   ）
6. 某项投资可能会导致个别投资中心投资报酬率提高,但不一定会导致整个企业投资报酬率提高。（   ）
7. 基层成本中心就其经营的可控成本要向上级成本中心负责;上级成本中心就其本身经营的可控成本和下级成本中心转来责任成本向利润中心负责;利润中心就其本身成本、收入、利润向投资中心负责;投资中心就其投资报酬率和剩余收益向企业总经理或董事会负责。（   ）
8. 业绩报告既包括责任预算内容,又要反映预算执行结果的实际数字。（   ）
9. 对企业各责任中心进行业绩考评必须以该责任中心业绩报告所提供会计信息为重要依据。（   ）
10. 利润中心考核的重点除成本、收入和利润外,还应该包括投资效果。（   ）

11. 采用市场价格作为内部转移价格实际上就是直接按照市场价格进行结算。（   ）
12. 采用内部转移价格并不要求各责任中心的转移价格必须保持一致，各责任中心可以选取对自己最有利的价格作为计价依据。（   ）
13. 当企业内部各责任中心之间相互提供产品或劳务时，不仅要办理相互结算，而且要办理相互转账。（   ）
14. 在一般情况下，协商售价的上限是市场价格，下限是单位变动成本。（   ）
15. 投资报酬率既能反映各投资中心盈利水平，又能揭示各投资中心经营资产使用效果，是一项综合性质量指标。（   ）
16. 企业投资中心要提高投资报酬率只能靠扩大销售收入来实现。（   ）
17. 内部转移价格在所有类型的责任中心中只能适用于成本中心和利润中心。（   ）
18. 在业绩报告中，差异数是考核和评价某个责任中心业绩优劣的重要标志。（   ）

四、单项选择题

1. 对于成本中心来讲，要求其控制和考评的成本应该是(   )。
   A. 责任成本   B. 产品成本
   C. 成本总额   D. 固定成本
2. 成本中心的责任成本是指该中心(   )。
   A. 全部成本   B. 变动成本和固定成本
   C. 可控成本   D. 可控成本和不可控成本
3. 成本的可控性与不可控性会随着条件的变化而发生相互转化，但在下列表述中错误的是(   )。
   A. 高层责任中心不可控成本对于低层责任中心来说肯定同样也是不可控成本
   B. 低层责任中心不可控成本对于高层责任中心来说肯定是可控成本
   C. 某一责任中心的不可控成本相对于另一个责任中心来说有可能是可控成本
   D. 从短期看属于不可控成本，但从长期看极有可能属于可控成本
4. 具有独立或相对独立销售收入和生产经营决策权，并对成本、收入、利润负责的责任中心是(   )。
   A. 成本中心   B. 利润中心
   C. 投资中心   D. 预算中心
5. 在下列对企业各投资中心进行考评的主要指标中，能够全面反映该投资中心经营成果，并能在一个企业不同投资中心之间进行比较，从而作出最优决策的指标是(   )。
   A. 边际贡献   B. 投资报酬率
   C. 剩余收益   D. 销售利润率
6. 在计算剩余收益指标所使用的预期投资报酬率通常情况下是按下列指标中(   )来确定。
   A. 最低销售利润率   B. 最高销售利润率
   C. 加权平均投资报酬率   D. 加权平均销售利润率
7. 在其他条件不变情况下，若甲利润中心向乙利润中心提供产品的内部转移价格比原来有所提高，那么下列各项中不可能发生的事项是(   )。

A. 甲利润中心获取更多利润 B. 乙利润中心减少利润
C. 企业利润总额增加 D. 企业利润总额不变

8. 内部转移价格中协商价格的下限是(　　)。
   A. 市场价格 B. 单位产品成本
   C. 单位变动成本 D. 固定成本

9. 能够促使各责任中心改善经营管理、降低成本、在企业内部营造竞争环境，并被认为是制订内部转移价格的最好依据是(　　)。
   A. 市场价格 B. 双重价格
   C. 协商价格 D. 成本加成

10. 当责任中心所提供产品客观上存在企业外部市场且还有剩余生产能力，其产品单位变动成本又低于市价，而采用单一内部转移价格已经无法保证各责任中心目标和企业总目标保持一致时，就应该选择(　　)。
    A. 市场价格 B. 双重价格
    C. 协商价格 D. 成本加成

11. 企业各责任中心在相互提供产品或劳务时所需进行的计价和清偿债权债务的行为被称为(　　)。
    A. 相互结算 B. 相互转账
    C. 相互清算 D. 相互偿债

12. 企业内部生产车间和材料供应科是两个责任中心。若车间发现由于材料质量存在问题而出现超定额消耗的不利差异，就应该转移给材料供应科这个责任中心来承担。此种情形属于(　　)。
    A. 相互结算 B. 相互转账
    C. 相互清算 D. 相互偿债

13. 某生产车间前后两道生产工序都是责任中心。当后道工序继续加工时发现前一道工序转来的是废品，由此带来所有损失和开支都应转给前一道工序来负责。此种情形属于(　　)。
    A. 相互结算 B. 相互转账
    C. 相互清算 D. 相互偿债

14. 责任成本的实质就是按照成本责任归属来决定其应该转给(　　)责任中心承担。
    A. 发生责任成本 B. 负担责任成本
    C. 发生产品成本 D. 承担产品成本

15. 下列项目中，关于责任成本表述错误的是(　　)。
    A. 责任成本是以责任中心为成本计算对象来归集和分配费用
    B. 责任成本计算原则是费用由哪个责任者负责就应由哪个责任者来承担
    C. 责任成本是企业进行成本控制和贯彻经济责任制的重要手段
    D. 责任成本应该作为企业对外报告重要会计数据之一

16. 在下列责任中心中，可以作为投资中心处理的是(　　)。
    A. 车间 B. 班组
    C. 职工 D. 企业

17. 在对投资中心考核时所使用的投资报酬率指标，其计算需要以下两个指标：销售利润率和( )。
   A. 资产周转率　　　　　　　　B. 资产利润率
   C. 成本利润率　　　　　　　　D. 边际贡献率
18. 若某投资中心经营资产平均占用额 900000 元，销售利润 143000 元，预期投资报酬率 12%，则该投资中心剩余收益是( )。
   A. 35000 元　　　　　　　　　B. 35600 元
   C. 35700 元　　　　　　　　　D. 35800 元
19. 内部转移价格的制订必须能够保证( )目标实现。
   A. 企业利润最大化　　　　　　B. 各责任中心利润最大化
   C. 企业资金最大化　　　　　　D. 各责任中心成本最低化

五、多项选择题

1. 在责任会计中，利润中心的形式是( )。
   A. 自然形成的利润中心　　　　B. 人为划分的利润中心
   C. 存在内部转移价格责任中心　D. 相互提供产品责任中心
2. 内部转移价格的种类主要有( )。
   A. 市场价格　　　　　　　　　B. 双重价格
   C. 成本加成　　　　　　　　　D. 协商价格
3. 对投资中心的业绩考评除了成本、收入和利润之外，还应包括投资效果，对投资效果的考评主要是通过( )指标来进行。
   A. 投资报酬率　　　　　　　　B. 剩余收益
   C. 固定资产投资额　　　　　　D. 平均固定资产占用额
4. 作为责任中心的最高层次，投资中心应该( )。
   A. 能够控制成本和收入　　　　B. 具有经营决策权
   C. 具有投资决策权　　　　　　D. 能够控制其资产
5. 若提高投资报酬率，可以通过( )途径来实现。
   A. 提高销售收入　　　　　　　B. 降低成本
   C. 减少经营资产占用　　　　　D. 增加投资
6. 在对投资中心考核时所使用的投资报酬率指标其计算结果是( )两项指标之乘积。
   A. 资产周转率　　　　　　　　B. 资产利润率
   C. 销售利润率　　　　　　　　D. 边际贡献率
7. 在下列指标中，作为责任会计中责任考核依据的是( )。
   A. 设备利用率　　　　　　　　B. 投资报酬率
   C. 销售利润率　　　　　　　　D. 职工出勤率
8. 在采用市价作为内部转移价格时，为了保证各责任中心的竞争建立在和企业总目标一致的基础上，企业内部各责任中心应该遵循( )。
   A. 如果卖方认为将其产品外销更为有利，有权将其产品外销
   B. 如果卖方产品价格和外部市场价格一致且愿意将其产品内销，则买方应该优先从内

部购买

　　C. 如果卖方产品价格高于外部市场正常价格，买方有权决定从外部购买
　　D. 如果卖方产品价格低于外部市场正常价格，买方有权决定从内部或外部购买
9. 采用协商价格后，可能出现的情况是(　　)。
　　A. 卖方按最高价格反映　　　　　　B. 买方按最低价格反映
　　C. 卖方按市价或协商价格反映　　　D. 买方按单位变动成本反映
10. 在业绩报告中应该包括的金额有(　　)。
　　A. 预算数　　　　　　　　　　　　B. 实际数
　　C. 差异数　　　　　　　　　　　　D. 定额数

六、问答题

1. 建立责任会计制度应该遵循的基本原则是什么？

2. 责任会计制度的主要内容是哪些？

3. 什么是责任中心？责任中心分为哪几类？它们之间的关系怎样？

4. 责任成本与产品成本的区别和联系是什么？

5. 什么是利润中心？利润中心分为哪几类？对利润中心进行业绩评价重点放在哪几个指标上？

6. 什么是投资中心？对投资中心业绩进行考核和评价重点放在哪几个主要指标上？

7. 什么是内部转移价格？内部转移价格主要是哪几种？

8. 合理地制订企业内部各责任单位之间内部转移价格，对于企业推行经济责任制有何重要的意义？

9. 在采用市价作为内部转移价格时，为了保证各责任中心的竞争建立在和企业总目标一致的基础上，要求责任中心应该遵循的基本原则是什么？

10. 在以协商价格作为内部转移价格时，一般要比市场价格略低一些，其原因是什么？

11. 双重价格主要形式是什么？

七、计算分析题

1. 目的：练习成本中心业绩报告基本编制方法。

资料：某企业铸造车间为成本中心，车间甲、乙两个工段也是成本中心。本月甲、乙两个工段所发生可控成本资料，如表1-10-1所示。铸造车间本月发生可控成本资料，如表1-10-2所示。

表1-10-1　　　　　　　　　　　甲乙工段可控成本资料表　　　　　　　　　　　单位：元

成本项目	甲 工 段		乙 工 段	
	实际	预算	实际	预算
直接材料	14000	13300	9000	9400
直接人工	12000	12200	3000	2900
制造费用	5000	4700	7200	7000
合　计	31000	30200	19200	19300

表1-10-2　　　　　　　　　　　铸造车间可控成本资料表　　　　　　　　　　　单位：元

成本项目	实际	预算
间接材料	6900	7300
间接人工	800	600
折　旧	4600	4300
合　计	12300	12200

要求：根据以上资料编制该成本中心业绩报告。

2. 目的：练习投资报酬率和剩余收益计算。

资料：某投资中心本期收入、利润和经营资产占用情况，如表1-10-3所示。

表1-10-3　　　　　　　收入、利润和经营资产占用情况表　　　　　　单位：万元

项　目	金　额
销售收入	100
销售利润	30
经营资产平均占用额	65
预期投资报酬率（%）	15

要求：根据上述资料计算该投资中心投资报酬率、剩余收益是多少？

3. 目的：练习投资中心业绩报告编制方法。

资料：M集团所属F企业为投资中心，本期有关成本、收入、利润和经营资产占用情况，如表1-10-4所示。

表1-10-4　　　　　　　成本、收入、利润和经营资产占用情况表　　　　　　单位：元

项　目	实际	预算
销售收入	100000	150000
销售成本	92000	139000
销售利润	8000	11000
经营资产平均占用额	40000	50000
预期投资报酬率（%）	16	16

要求：根据上述资料编制该投资中心业绩报告。

4. 目的：练习内部转移价格确定。

资料：某企业下属甲、乙两个投资中心。甲投资中心每年需要从企业外部购置 A 配件 40 万件，单位进价 48 元。现在乙投资中心可以生产这种配件，其生产能力每年为 200 万件，除满足本单位需要外还可以向企业外部销售。乙投资中心生产 A 配件成本构成资料，如表 1-10-5 所示。

表 1-10-5　　　　　　　　　　乙投资中心 A 配件成本构成表　　　　　　　　　　单位：元

成本项目	直接材料	直接人工	变动制造费用	固定制造费用	单位成本合计
金　额	18	14	6	4	42

现在该企业在研究制订两个投资中心 A 配件内部转移价格问题中，列出了 5 种内部转移价格，它们分别是：50 元、48 元、43 元、42 元、38 元。

要求：根据所提供资料在 5 种价格中作出选择，并说明其理由。

下 篇
实 训

下篇 笑術

第一部分

成本习性与变动成本法

成本习性又称成本性态,是指成本总额与业务量之间的依存关系。按照业务量对成本的影响变化,可以将全部成本划分为变动成本和固定成本两大类。变动成本是指成本总额在相关范围内随着业务总量的变动而呈线性变动的成本,如制造成本中的直接材料、直接人工费用、变动性制造费用等,它随着业务总量的变动而呈正比例变动,单位变动成本则不随业务量的变动而变动,在一定范围内是固定的。固定成本是指成本总额在一定时期和相关范围内,不受业务总量变动影响的成本,如折旧费、管理人员工资、房屋租金等,其单位固定成本会随着业务总量的变动呈反比例变动。混合成本是指介于变动成本和固定成本之间的各项成本,其发生额虽受业务量变动的影响,但变动幅度并不与业务量的变动保持严格的比例关系,不便于企业人员进行控制和决策,为此必须采用高低点法、散步图法、回归分析法等将其分解为固定成本和变动成本。

变动成本法正是基于成本习性的分类,它和完全成本法的主要区别在于计算确定产品的生产成本和存货成本时,只包括生产过程中消耗的直接材料、直接人工和变动制造费用,不包括固定制造费用。这一区别导致企业在产品成本和当期利润的计算结果、固定制造费用处理和补偿方式等方面存在诸多差异,应注意掌握两种不同成本方法对存货和税前利润的计算方法,并把握其对利润影响的变动规律。

实训一 先达数码产品有限公司成本习性分析

先达数码产品有限公司是以生产影碟机为主的中型企业,共生产 8 个系列产品。2015 年为加强公司内部成本管理,在对主要产品的核算上全面引入了变动成本法核算。公司财务经理为此对财务人员进行了大量普及宣传工作,他首先把 2014 年公司主要产品营业利润完成情况交给公司财务部成员进行分析,让每个人对此作出评价。

2014 年初公司计划生产影碟机 20 万台,预计出厂销售单价 300 元,固定成本总额 1600

万元，计划实现营业利润 1000 万元。年末实际执行结果如下：全年实际生产 25 万台，超过计划产量 5 万台，固定成本总额基本持平，销售单价未发生变动，全年该产品实际实现营业利润 1200 万元。

会计老李简单看过资料后认为，公司全年产品产量超过计划，而且利润超过计划 200 万元，超额完成计划 20%，实现产量和利润同步增长，因此可以认为，公司利润完成情况非常好。

而会计小常在学习了成本习性原理后，经过计算，他认为，公司利润是比上年有 20% 的增长，但完成情况并不是很理想，其中存在很多可以挖潜的因素。他给大家演示了其计算分析过程：

根据管理会计原理，本年度实际产量 25 万台，超过计划 25%，由于固定成本总额仍为 1600 万元左右，因此：

每台影碟机计划固定成本 = 1600 ÷ 20 = 80（元）
每台影碟机实际固定成本 = 1600 ÷ 25 = 64（元）

即实际每件产品的固定成本比计划下降 16 元，这样不考虑其他因素应增加利润：16 × 25 = 400 万元，同时考虑产品产量增加 5 万台，按照计划的单台利润 50 元，应增加利润 250 万元，两项共应增加利润 650 万元。而公司全年实际利润增长 200 万元，很明显，未能达到理想状态，说明公司在成本控制方面还有很多潜力可挖。

公司财务经理听完两人的发言后，对小常的观点给予了肯定，同时提出如下问题（见题目布置），供大家思考。

[题目布置]

1. 为什么说会计老李的观点存在问题？
2. 小常的计算结果说明公司本年营业利润应增加 650 万元，但实际只增加 200 万元，造成这一差异的原因可能有什么？
3. 小常在分析中还存在哪些不足？

[提示]

企业的全部成本按成本习性划分为变动成本和固定成本，在收入一定的情况下，成本的高低直接影响企业的利润。

固定成本是指在一定时期和相关范围内，不受业务量变动影响的成本。在相关范围内，其业务量越大，固定成本总额不变，而其单位固定成本则随着业务量的增长呈递减的变化，因而在售价不变的情况下，单位产品固定成本的降低，也就意味着利润的增加。

变动成本是指成本总额在相关范围内随着业务量的变动而呈线性正比例变动的成本。在相关范围内，其单位产品的变动成本不随业务量的变动而变动，保持一个固定不变的值。但在超出相关范围后，其变动可能表现为非正比例的增减变动关系。

企业当期生产量的大小不影响企业当期的利润水平，而主要取决于当期的销售量的大小。

实训二　安泰车辆制造有限公司混合成本的分解

安泰车辆制造有限公司是一家农用车辆制造公司，主要生产农用拖拉机、播种机等产品，其生产已全部实现了机械化。但其生产设备繁多，因而设备的日常维修养护由专门维修车间完成，耗费成本较高。该公司成本核算员小张经过长期的观察，在和其他财务部同志认真研究的基础上，判断确定公司维修费和维修业务量之间存在一定线性关系，但不成正比例关系，因而确定其为混合成本，为此，通过对本公司2009~2014年维修业务量和维修成本的数据统计，决定利用高低点法、散步图法和回归分析法对维修费进行分解，以便对未来的维修费编制弹性预算，科学地进行控制（见表2-1-1）。

表2-1-1　　　安泰车辆制造有限公司2009~2014年设备维修费　　　单位：万元

年　份	2009年	2010年	2011年	2012年	2013年	2014年
业务量（千小时）	6	8	4	7	9	5
维 修 费	11	11.5	8.5	11	12	9.5

[题目布置]

1. 假如你是核算员小张，请你利用高低点法、散布图法和回归分析法对维修费进行分解，并列出维修费的公式。
2. 如果2015年维修工时预计达到8000小时，请预计其维修成本各为多少？
3. 通过计算，你能否说明高低点法、散布图法和回归分析法各自的特点。

[提示]

现实中大量成本都不能简单地归结为变动成本或固定成本，它们有随着业务量的变化而变化的一面，但又不完全成正比例变动，因而是一种"半变动成本"或"混合成本"。对于"半变动成本"或"混合成本"，必须将其进一步分解为固定成本和变动成本，才能满足企业成本管理的需要。

当然，如果现实中我们能够实现按照原始凭证记载的费用发生数额，逐项逐次地进行分解，就可以得到最为精确的结果，但是我们也知道其分解成本巨大，实在难以采用。因而我们一般都会以汇总数字为基础，通过运用一定的方法对取得数据进行处理，从而求得混合成本中的固定成本和单位变动成本的数值，找出其内在的规律，为未来的成本确定找到依据。

实训三 重庆江陵化工制品公司成本习性分解

重庆江陵化工制品公司主要生产环氧丙锭等七个大类的化工产品，产品销路良好，生产规模日渐扩大，经济效益逐年增长。但是随着生产规模的扩大，企业成本的控制成了一大难题，为此该企业在听取了专家的意见后，在实施传统的成本核算的同时，将变动成本的理论引入到成本管理中，对产品的生产成本进行习性分析。他们首先选择第五车间作为试点，该车间主要生产环氧丙锭和丙乙醇产品，工资采用集体计件工资方式。按照生产成本与产量变动的依存关系，他们把工资薪酬、折旧费和修理费等计作固定成本，约占总成本的10%；把原材料、辅助材料、外购半成品等生产费用作为变动成本，约占总成本的65%；把水费、动力费、蒸汽费、下脚料、其他制造费用、车间管理费用（除折旧以外）计作混合成本，约占总成本的25%。

按照2014年1~5月的资料，该车间成本核算员将总成本、变动成本、固定成本、混合成本和产量分别进行了统计，结果如表2-1-2所示。其中，混合成本具体构成如表2-1-3所示。

表2-1-2 五车间成本和产量统计表 单位：万元

月　份	总成本	变动成本	固定成本	混合成本	产量（吨）
1	58.633	36.363	5.94	16.33	430.48
2	57.764	36.454	5.97	15.34	428.49
3	55.744	36.454	5.86	13.43	411.2
4	63.319	40.189	6.21	16.92	474.33
5	61.656	40.016	6.54	15.19	462.17
合　计	297.116	189.476	30.43	77.21	2206.67

表2-1-3 五车间混合成本构成表 单位：万元

月　份	蒸汽费	扣下脚料	动力费	水　费	管理费	其他制造费	合　计
1	3.32	-1.59	8.56	1.98	3.57	0.49	16.33
2	2.63	-1.55	8.63	2.59	2.49	0.55	15.34
3	0.82	-0.27	8.03	1.62	2.66	0.57	13.43
4	1.25	-0.58	8.18	2.69	4.78	0.6	16.92
5	3.38	-2.64	8.38	2.5	3.02	0.55	15.19
合　计	11.4	-6.63	41.78	11.38	16.52	2.76	77.21

该车间成本核算员根据混合成本和产量之间的依存关系，采用高低点法对混合成本进行分解，计算结果如表2-1-4所示。

表2-1-4 　　　　　　　　　　高低点业务数据表　　　　　　　　　　　　　单位：万元

项目	月份	产量（x）	混合成本（y）
最高点	4月	474.33	16.92
最低点	3月	411.2	13.43
差额		63.13	3.49

单位变动成本：$b = 3.49 \div 63.13 = 0.0553$（元）
固定成本：$a = 16.92 - 0.0553 \times 474.33 = -9.31$（万元）
混合成本：$y = -9.31 + 0.0553x$

该车间成本核算员用回归直线法分解混合成本。公式如下：

$$a = \frac{\sum y - b \sum x}{n} \qquad b = \frac{n \sum xy - \sum x \sum y}{n \sum x^2 - (\sum x)^2}$$

根据资料，我们可将有关数据列表计算，见表2-1-5。

$$b = \frac{5 \times 34171.2169 - 2206.67 \times 77.21}{5 \times 976592.2083 - 2206.67^2} = 0.0353 \text{（元）}$$

$$a = \frac{77.21 - 0.0353 \times 2206.67}{5} = -0.1371 \text{（万元）}$$

$$y = -0.1371 + 0.0353x$$

表2-1-5　　　　　　　　　五车间混合成本和产量数据表　　　　　　　　　　单位：万元

月份 n	产量 x	成本 y	xy	x^2
1月	430.48	16.33	7029.7384	185313.0304
2月	428.49	15.34	6573.0366	183603.6801
3月	411.20	13.43	5522.416	169085.44
4月	474.33	16.92	8025.6636	224988.9489
5月	462.17	15.19	7020.3623	213601.1089
n = 5	$\sum x = 2206.67$	$\sum y = 77.21$	$\sum xy = 34171.2169$	$\sum x^2 = 976592.2083$

通过两种方法计算出来的固定成本数额差距很大，会计人员感到困惑不解，不知问题出在哪里。

[题目布置]
1. 假如你是江陵化工制品公司车间成本核算员，请你帮忙验证其计算过程有无错误？
2. 你认为该车间在划分变动成本、固定成本、混合成本中有无问题？请分析说明。
3. 你认为造成两种方法分解混合成本结果出现较大差异的原因有哪些？
4. 你能否根据企业情况，提出简单可行的分解成本的建议？

[提示]
现实工作对于全部成本费用中哪些是变动成本，哪些是固定成本，哪些是混合成本的判断是个很大的难题。会计人员必须进行科学的分析，才能作出正确的职业判断。本例要求会

计人员应根据各种费用项目和产品产量客观存在的依存关系去判断划分，看其是否存在线性关系。

实训四　华东医疗设备有限公司变动成本法的运用

华东医疗设备有限公司是一家以生产医用设备为主的民营企业，该公司的主要产品为可调式医用病床，注册资本 500 万元。公司成立伊始，确立了"一要规范、二要改革、三要创新"的行业发展思想，不断规范企业制度管理，探索新的管理模式，提出了"加强成本管理，提高经济效益"的工作目标。

在行业发展思想和工作目标导引下，公司决策层对成本的管理非常重视，专门在公司成立成本核算科，招聘选拔业务能力强的人担任成本核算科长，并在车间设置成本核算员，实行车间、工厂两级核算，推动成本精细化管理。公司以现代信息技术为支撑，以准确、及时反映和控制各环节成本费用为目标，树立全员成本意识，实现对成本费用的有效控制和精细化管理，努力降低成本，切实提高企业的成本财务管理规范化、信息化水平，夯实企业基础。

公司成本核算部门对公司 2014 年生产的主要产品可调式医用病床的生产成本进行了认真分析，进一步提出了采用变动成本法进行成本管理和利润预测的建议。他们在调查中发现，车间生产成本主要包括以下一些费用项目：直接材料费、工资及附加费、车间经费。其中，车间经费包括车间管理人员工资、办公费、间接材料与辅料费、工具及低值易耗品费用、车间生产设备的折旧及修理费、劳动保护费、动力及燃料费等。他们经过分析认为，不同的设备加工一定规格的产品，其能耗、设备损耗、分摊的保养费用以及操作者劳动强度和技能要求都比较稳定，由此把设备保养费、动力费、工资及附加费、间接材料与辅料费等汇总为加工费用，这样产品的加工费用就成了有明确归属和计算方法的可变成本。剩余的其他费用项目均作为固定成本，按车间进行汇总，分摊到每个车间的每个工时，作为车间的日常费用，按照不同的产品在车间中消耗的时间不同分摊到产品成本中去。经过这一处理，产品的成本就可分为两项可变成本（直接材料费用和加工费用）和一项固定间接成本（车间日常费用）。

另外，公司的管理费用项目主要包括公司管理人员工资及附加费、房屋折旧费、水电费、业务招待费、办公费、财产保险费、印花税、车船税、房产税、土地使用税等，上述费用支出与产品加工过程无直接关系，可作为固定成本处理。公司的销售费用主要包括销售商品的运输费、装卸包装费、外聘销售人员的提成奖励等，作为变动成本控制。而财务费用数额很小，主要是一些银行手续费、结算凭证工本费和存款的利息收入，每年变动数额不大，对损益影响很小，作为固定成本管理。

通过上述分析，公司决策层增强了成本管理的信心，听从了会计人员的建议，引入变动成本法对成本进行控制分析，更好地加强公司的管理工作。

公司 2014 年实际投产可调式医用病床 3000 张，实际销售 3000 张，平均单位售价 1000 元，单位生产成本为 600 元，其中直接材料单位成本 380 元，直接人工单位成本 120 元，制造费用总额为 300000 元（其中可变的制造费用为 200000 元，固定制造费用为 100000 元），管理费用总额 300000 元，销售费用 30000 元，财务费用 –3000 元。

[题目布置]

1. 你认为该公司在成本管理方面引入变动成本法的好处有哪些？
2. 请依据该公司的成本分类，采用变动成本法计算该公司产品的单位成本、边际贡献和营业利润。
3. 采用完全成本法计算单位成本和企业的营业利润。

[提示]

变动成本法要求在计算产品的生产成本和存货的成本时，只包括产品在生产过程中所消耗的直接材料、直接人工和变动制造费用，不包括固定制造费用。而完全成本法计算产品的生产成本时，要包括固定制造费用，这是计算产品单位成本时必须注意的问题。

计算确定企业销售利润时，要注意把握完全成本法和变动成本法的主要区别。在计算过程中注意边际贡献总额不得扣除固定制造费用，但要扣除变动销售费用。

实训五　昌化鞋业制造有限公司变动成本法的运用

昌化鞋业制造有限公司是一家专业生产运动鞋的企业，该公司在日常成本核算中采用变动成本法。该公司 2014 年 4 月份生产运动鞋有关资料如表 2 – 1 – 6 所示。

表 2 – 1 – 6　　　　　　　运动鞋生产主要数据资料　　　　　　　单位：元

本月生产量（双）		5000
本月销售量（双）		4000
期初库存量（双）		
单位售价		100
全部产品制造成本：		
其中：直接材料费		25000
直接人工费		40000
制造费用		35000
	其中：变动制造费用	20000
	固定制造费用	15000
销售及管理费用：		
单位变动销售及管理费用		10
固定销售及管理费用		40000

根据上述资料，公司财务部长让会计张明丽计算期末存货成本，编制利润表，并作分析说明。

[题目布置]
1. 分别采用变动成本法和完全成本法计算 2014 年 4 月份的期末存货成本。
2. 分别采用变动成本法和完全成本法编制利润表。
3. 分析说明造成两种方法计算营业利润不同的原因。

[提示]

使用完全成本法,企业期末存货的成本包括期末存货耗费的全部直接材料、直接人工和全部的制造费用,其中包括固定制造费用。而变动成本法计算期末存货成本,应剔除固定制造费用,将其直接计入当期利润。这是完全成本法和变动成本法计算的主要区别之一,在编制利润表时也需注意。

实训六 家家福电器制造有限公司变动成本法的运用

家家福电器制造有限公司是一家专门生产家用快速电热水器的生产企业,其生产的电热水器加热快,不需储水,可实现 5 秒内使水温达到 40 度,快速、高效、省电、安全是该公司产品的最大特色。因而产品一上市,市场销路良好,产销两旺。但公司领导没有忘乎所以,对市场上不断涌现的"追随产品"形成的竞争压力,公司确立了在未来多年做"领跑者"的战略目标。在严抓质量管理,确保产品先进性的同时,狠抓产品成本的控制,并科学利用规模效应,降低产品的固定成本。同时,公司通过严格控制劳动成本、精减管理人员、提高劳动效率等措施确保自身成本在规模相同的情况下比同行低 5% 左右。

公司降低成本最有效的手段之一是扩大规模。由于电热水器重要的原材料和元器件采购成本会随生产规模的扩大而迅速下降,加工成本和平均固定成本也会降低,所以从生产的角度来看,10000~50000 台之间规模经济最为明显,单台成本可以降低 20% 以上。从销售的角度来看,10000 台以上规模效益则更显著。一是单位产品分摊的分销费用少了;二是可以在全国范围内进行大规模的促销活动;三是消费者一旦认同一个产品,就容易产生链式反应,消费者会更为认同该产品,因为这些销出去的产品本身就是最好的广告,除非该产品出了问题。正是依靠生产本身所产生的规模经济效应和严格的成本控制措施,该公司多年来在激烈的市场竞争中一直处于领跑者的位置。

公司近 3 年有关生产量和销售量等资料如表 2-1-7 所示。(为简化计算,数字保留到整数位)

表 2-1-7　　　　　　　　　家家福公司产销量及成本资料表　　　　　　　　　单位:元

项目	2012 年	2013 年	2014 年
生产量(台)	10000	15000	20000
销售量(台)	10000	12000	22000
平均单位售价	200	200	200

续表

项　目	2012 年	2013 年	2014 年
单位变动生产成本	80	80	80
固定制造费用	100000	100000	100000
固定销售费用及管理费用	150000	150000	150000

公司存货成本计价采用加权平均法。现在假如你是该公司的会计人员，请完成下面题目布置中所涉及的工作。

[题目布置]

1. 根据上述资料，分别采用完全成本法和变动成本法计算确定家家福公司 2012 年、2013 年、2014 年的营业利润，编制利润表。

2. 具体说明家家福公司分别采用完全成本法和变动成本法计算确定营业利润产生差异的原因。

[提示]

完全成本法计算利润，首先应用营业收入扣减本期营业成本，确定营业毛利。而本期营业成本等于期初存货成本加上本期生产成本减去期末存货成本，期末存货成本在没有期初存货的情况下，可以期末结存数量乘以单位变动成本和单位固定制造费用成本之和。在有期初存货的情况下，由于各期单位成本的不同，期末存货成本计算必须采用加权平均单位成本。最后用营业毛利补偿销售及管理费用后为企业的营业利润。变动成本法计算利润，首先用营业收入补偿本期销售产品的变动成本以确定边际贡献，再用边际贡献补偿固定成本，进而确定当期营业利润。

实训七　东方葡萄酒酿酒有限公司变动成本法的运用

东方葡萄酒酿酒有限公司是一家专门生产瓶装葡萄酒的生产企业，其销售收入绝大部分来自于其公司生产的干红葡萄酒。该葡萄酒由于选料精良，做工精细，口感十分纯正，非常适合东方人的口味，因而在上市后，行销全国各大城市。产品通过全国代理商的营销网络销售，其售价比同类产品稍低，具有较好的市场竞争力。2014 年，公司经过努力售出了 704000 升的葡萄酒（约 871850 瓶），营业收入达到 19800000 元。但随着人们生活水平的提高，人们对干红葡萄酒的需求量日渐增大，东方葡萄酒酿酒有限公司在保质的同时，加班生产，但公司的生产能力距离最高限——年产 1000000 瓶尚有一段距离。

公司生产部门现有员工 400 人，2014 年全年工时为 900000 小时左右，每小时工资率约为 4 元，全年发生工人人工支出 3571360 元。据测算，40% 为固定成本，其余 60% 为与产量成正比例变动的变动成本。另外，公司管理层及外聘智囊团人员的工资福利支出为 1181960

元。2014年公司购入主要原料生葡萄300000千克，总支出金额6022720元，购入各种辅助材料酒瓶、瓶塞、商标等3935140元，原料及各种辅料当年生产中全部耗用。公司全部资产的折旧费1159400元，其他制造费用527440元，全年广告费支出869000元，其他销售及管理费用660000元，借款利息825000元，公司年初、年末无库存量，其他资料忽略不计。

公司总经理为了更好地进行经营决策，以便突破现有的生产能力，改变当前盈利较低的状况，力争实现利润率10%的目标，决定采用很多公司都在使用的变动成本法进行分析。他首先将企业的全部成本划分为固定成本和变动成本两部分。依据2014年的全部资料，作出划分如表2-1-8所示。

表2-1-8　　东方葡萄酒酿酒有限公司变动成本及固定成本资料表　　单位：元

固定成本项目	金额	变动成本项目	金额
40%的人工成本	1428540	60%的人工成本	2142820
管理人员工资	1181960	原材料费用	6022720
制造费用	527440	辅助材料费用	3935140
折旧费用	1159400		
广告费用	869000		
借款利息	825000		
其他销售及管理费用	660000		
合　计	6651340	合　计	12100680

通过上述分析，总经理感觉企业利润仍然很微薄，但如何入手，使企业能够在现有生产能力下获得预期的利润目标，总经理有些为难。

[题目布置]

1. 假如你是总经理，你能运用完全成本法计算出该公司全年的营业利润吗？
2. 你对该总经理划分的固定成本和变动成本有何不同意见？
3. 如果你同意总经理的划分意见，请用变动成本法编制出利润表。
4. 你对该公司完成利润达到营业收入10%的目标，有何具体建议？

[提示]

此资料涉及数据较多，要求认真阅读分析，避免遗漏，同时注意运用完全成本法和变动成本法的概念、原理，对各项成本数据分类的合理性进行分析，并注意计算结果的准确性。同时依据变动成本法的原理，结合该公司的实际，有针对性地提出完成目标利润的建议措施。

第二部分

预 测 分 析

　　预测是人们对社会和事物未来的活动和可能产生的影响和发展趋势，事先提出的一种科学预见。预测不是一种臆想，而是以过去和现在的资料为依据，采用科学的分析方法对未来可能出现的状况的一种推断。管理会计所指的预测分析，实质是一种经济预测分析，是以过去和现在的经济状况为依据，运用各种科学的预测手段，建立预测模型，经过科学的运算对未来可能出现的事件和问题所作出的一种科学的判断。

　　预测分析是为决策分析服务的，前者是后者的基础，是决策科学化的前提条件。如果没有符合客观实际的预测分析，要作出最优化决策是根本不可能的。在实际工作中，为了合理地规划企业的经济活动，必须把预测分析与决策分析紧密联系起来加以应用，才能相得益彰。

　　决策者应该熟练运用成本预测方法，对产品成本进行预测；为保证资金的合理使用，提高资金利用效率，应弄清楚影响资金需要量的因素是哪些，并能熟练运用资金需要量预测的方法进行相关指标的预测。需强调的是，决策者应加强经济决策的预见性，减少经济决策的盲目性。

实训一　燕京蓝星汽车交易市场汽车销售预测分析

　　燕京蓝星汽车交易市场，是经市政府批准的由市综合部门组成的管委会指导的，面向全国为客户提供全方位服务的汽车交易市场。蓝星汽车交易市场的决策者们就本年度下半年的汽车交易情况进行了主客观两个方面的分析，并在此基础上就下半年的汽车销售状况进行了预测。主要预测资料如下：

　　1. 国内汽车产销状况分析

　　截至本年度6月底，国内汽车累计产、销量分别为267.7万辆和255.4万辆，同比增长27%和24%。人们普遍关心的轿车市场，累计产销量为124.6万辆和113.2万辆，产销率为90.84%，与去年同期相比分别增长36%和32%。具体情况如下：

(1) 整车销售情况。4~6月销售量连续下滑，但1~6月累计产销量与去年同期相比，仍保持高速增长。与前两年的超高速增长相比，目前的增长幅度和速度更趋于合理化。6月份全国轿车的销售量为16.7万辆，比5月份的销售量下滑近6个百分点。这是继4月份销售量首度出现下滑以来连续第3个月销售量出现下挫。尽管销量持续下滑，但下挫幅度已经明显缩小，市场正开始逐步好转。第2季度以来，汽车市场的下滑是汽车市场发展的必然趋势。当前汽车市场的变化反映了汽车需求由超高速增长到快速增长的转折。5月下旬以来汽车市场形成的低潮，是国家宏观调控的结果。9月份汽车行业产销较上月明显增长，整体市场出现回暖迹象，汽车进入传统的需求旺季。受此影响，产销量与上月相比明显回升。本月，全国汽车产销分别达到50.17万辆和49.60万辆，较上月增长13.52%和18.38%，同比分别增长15.49%和13.81%。

(2) 库存情况。截至6月底，各轿车生产厂家公开的库存数量已达到14.22万辆。如果加上经销商手中的库存，业内人士估计这一数字至少已突破20万辆，远远超过去年库存最高时的13万辆。6月份轿车销量下挫幅度虽然较5月份有明显缩小，但这不排除有不少汽车生产企业为完成上半年的销售任务，将部分库存车转嫁给经销商的做法。若排除"水分"，严格按照消费者购买量计算，6月销售量实际下挫幅度会更大。

(3) 品种结构情况。主力品牌车型趋向集中，在整个市场大环境相对低迷的上半年，市场热点并不分散。20万元以上的中高档轿车中以君威、帕萨特、雅阁等车型表现最为突出；10万元至20万元价位区间里，捷达、桑塔纳、凯越牢牢把持着销量三甲的宝座；10万元以下的经济型轿车里，老品牌吉利、夏利最受青睐。这些品牌上半年月平均销量均在7000辆以上。而纵观上半年各家企业的销售排行，上海大众仍然以明显的优势位居榜首，上海通用凭借几次成功的价格调整销量跃居第二，一汽大众保住了季军位置，而广州本田、天津汽车、长安铃木、燕京现代、吉利、奇瑞、神龙汽车分获4至10名。

(4) 降价效果明显削弱。据常年跟踪价格走势变化的网上车市总监华雪提供的数据显示，6月份汽车价格在5月份的基础上又有一定程度的下降。以国产车为例，在5月份和6月份的163种可比较车型中，价格平均下降2.57%。今年2季度相对于1季度价格下降更大，平均降幅为4.58%。今年上半年和去年上半年相比，所有车型的平均降幅达到7.25%。汽车价格降幅如此之大，而总体销量不见起色。由此可见，虽然汽车生产商、销售商大搞降价、促销，但"领情"的消费者似乎越来越少。

(5) 假日经济。预计"十一"前后回暖，专家分析由于大量的需求被上半年汽车消费环境限制，没有得到充分的释放，下半年汽车市场将会出现新的交易高潮。此外，来自上半年包括通用和大众等一系列品牌车型的降价对消费者实际购买造成的负面影响在第3季度仍将持续，但影响会逐渐缩小。所以预计"十一"前后汽车市场开始复苏，价格趋于平稳，元旦前后汽车交易情况能基本回到上半年一系列大降价以前的局面。

蓝星汽车交易市场本年度1~9月份汽车销售情况如表2-2-1所示。

表2-2-1　　　　蓝星汽车交易市场本年度1~9月份销售量资料

品牌	1月份	2月份	3月份	4月份	5月份	6月份	7月份	8月份	9月份
福美来	682	316	632	556	424	479	475	318	426
捷达	438	247	389	370	352	387	368	307	556

续表

品牌	1月份	2月份	3月份	4月份	5月份	6月份	7月份	8月份	9月份
夏利	401	319	592	541	376	305	283	273	226
神龙富康	321	135	322	277	191	182	194	113	203
奇瑞QQ	244	93				13	60	46	56
松花江	231	152	387	298	273		245	198	274
爱丽舍	201	154	158	117	132	125	127	83	78
长安奥拓	109	118	136	145	111	104	102	98	101
桑塔纳	131	69	138	191	76	65	45	95	153
帕萨特	137	66	89	109	152	118	59	130	136
高尔夫	96	33	114	190	168	194	111	64	85
燕京现代	91	64	127	100	52	151	112	93	114
国产奥迪	78	33	99	96	75	79	46	49	23
宝来	68	40	61	82	63	84	67	43	57
哈飞中意	231	195	335	322	282	216	140	266	206
高尔	64	36	89	70	62	75	14	64	90
丰田吉普	62	13	57	100	93	0	65	67	68
本田飞度	13	31	72	54	89	82	103	94	96
广州本田	56	25	73	70	82	111	128	120	123
现代	51	49	55	64	59		46	32	51
波罗	49	30	56	59	27	52	45	29	55
东风标致	49	35	53	84	32	37	25	33	49
奇瑞	45	34				100			
凯越				52	67	98	78	106	83
雪铁龙富康	387	112	281	213	221	166	129	135	181
合计	4236	2401	4318	4164	3464	3229	3074	2864	3499

2. 国家经济政策和厂家营销政策的调整

调查显示，受国家对1.6升排量以下汽车优惠补贴政策的影响，虽然有36.2%的人打算购买小排量轿车，但仍有42.1%的人保持观望态度。也就是说，小排量轿车并不是唯一的选择。

进入8月份的蓝星汽车交易市场，虽有几款新车上市，也有少数汽车价格变动，总体表现仍然维系着车市几个月以来相对平稳的势态，没有根本性的起浮变化。各种涉及汽车的消息及声音似乎也有些沉寂，即使是有一些，但其对车市的影响作用已经不像以前那么明显和突出了。蓝星8月份2864辆的交易量是自今年2月份之后较低的销量水平，但比去年同期还是有10%的增加，估计后几个月的车市走势大体也是这个样子。8月份汽车销售平均单价14.8万元，高于今年前7个月的平均价，外省消费者在蓝星购置数量占蓝星总销量的15%~20%。

3. 国内其他主要汽车交易市场销售情况

上海联合市场对59家经销商的统计结果：9月共销售汽车2471辆，总销售额为3.9亿元。与8月份相比，销售量与销售额分别上升了18.12%和12.07%，比去年同期分别增长了43.58%和39.29%。其中轿车占本市场销售总量的70.54%；客车占本市场销售总量的18%；卡车占本市场销售总量的11.45%。今年1~9月份联合市场累计销售汽车同比上升1.97%；销售额31.46亿元，同比上升14.73%。因牌照和地方性政策的关系，小排量车在上海地区一直没有很好的表现，但近几个月从联合市场的数据看到，夏利、奇瑞QQ、千里马等车的销量同期来讲均有不同程度的提高。越来越多的上海消费者开始钟情便宜且实惠的小排量车。

成都西部汽车城销售排行榜的前六名是：长安、哈飞路宝、吉利、金杯、长安奥拓、雪佛兰·赛欧，占商城本月销售总量的55.64%。与上月相比，本月销售量上升18%、销售额上升24%。目前，成都乃至四川地区车市呈现以下几个特点和趋势：①在高油价压力下，排量1.3升以下的经济型轿车的销量所占比重明显上升。同时，由于四川拥有丰富的天然气资源，双燃料汽车的销售形势非常看好。②在国庆大假来临前夕，许多人拿出多年积蓄实现自己驾驶和旅游的梦想。③4S店给有形汽车市场施加了比较大的压力，尤其是一些厂家的"销售不出4S店"的规定对有形汽车市场的销售有很大的影响。但从目前来看，有形市场更适合消费者的消费习惯。

西安市汽车自选市场本年度9月份销售各类型汽车837辆，销售额3859.14万元，与去年同期相比较分别增长了10.4%和7.2%，与上月汽车销售相比较分别增长了20.3%和10.7%。

4. 汽车销售趋势分析主要结论

今年的前三个季度，蓝星汽车交易市场的实际表现基本上和年初的预算差不多。从汽车销售量的变化、汽车价格的变动以及购车心态的变化来看，预测蓝星汽车交易市场第四季度的销量会好于前三个季度的平均情况。同时，"黄金周"的特点无一例外地形成之前一个月汽车购销的小高峰，今年的"十一"前也是如此。蓝星汽车交易市场9月份共实现汽车交易4656辆，比7、8两个月较有起色。今年1~3季度的销售量比去年同期增长10%左右。但是，随着国家对汽车行业的新政策逐渐发挥作用，仍必须谨慎对待。

[题目布置]

1. 根据蓝星汽车交易市场本年度上半年资料，利用定量分析法预测若干月份汽车销售量情况。

2. 根据定量分析法预测出的若干月份汽车销售量情况以及该月份汽车实际销售情况，用定性分析法分析产生差异的原因。

[提示]

预测分析的方法总的说来，可分为定性分析和定量分析两大类。定性分析是在预测人员具备丰富的实践经验和广泛的专业知识的基础上，根据其对事物的分析和主观判断，对预测对象的性质和发展趋势作出的推断。定量分析主要是根据有关的历史资料，运用现代数学方法对历史资料进行分析加工处理，并通过建立预测模型来对产品的未来趋势进行研究并作出推测。本事例中所采用的定量分析，可采用加权移动平均法和回归分析法。将预测出的若干月份的销售量结果与表2-2-1实际销售量进行对照，计算出预测值与实际值的差异额。至于定性分析，可从汽车产销情况、假日经济影响情况、价格波动情况、油价波动情况、燕京周边主要汽车交易市场销售情况入手分析，对产生定量分析的差异额进行分析。

实训二　天龙建材公司2015年水泥销售量的预测

天龙建材公司是一家以生产水泥、塑料和石棉瓦为主的建材企业，2014年9月，公司领导综合了各方面的信息后认为，塑料编织袋、集装袋和水泥包装袋，在原材料聚丙烯价格大幅上涨的情况下（由每吨5000元左右上涨到现在的每吨8000元左右），暂停扩大规模和削减产量，只对俄罗斯和日本的一些老客户作维持性的生产和销售。水泥包装袋也暂停对外销售，只供应给本厂内部使用，由此就需要知道明年的水泥销量才能决定水泥编织袋的计划和安排。水泥产品对价格的变动非常敏感，并且由于东北进入11月份之后也会面临着一个季节问题，即东北建筑业在冬天不可能再从事室外作业。所以天龙建材公司面临着一个选择，要么在冬季停产，但这会遭到职工和政府的强大压力，一般情况下不可能批准其停产；要么在冬季照常生产。如果在冬季生产也要面临着一个选择：储存还是销售。但要决定储存还是销售就必须明确明年的销售量大概要达到多少，据此决定库存量和库存费用，比较销售的价格等综合因素作出决策。该企业销售部门预测所需要的基本资料如表2-2-2所示。

表2-2-2　　　　　2012～2014年东北地区水泥销售情况统计表　　　　　单位：万吨

年份	沈阳	长春	吉林	四平	大庆	哈尔滨	合计
2012	3.35	15.27	10.23	5.25	10.08	4.65	48.83
2013	5.15	10.43	8.44	4.78	13.14	10.73	52.67
2014	5.35	20.73	10.42	5.65	18.20	10.47	70.82

[题目布置]

根据以上资料，请你采用下列方法预测2015年天龙建材公司东北地区的水泥销售量。
1. 加权平均法（2012年、2013年、2014年权数分别为0.2、0.3、0.5）；
2. 指数平滑法（假设平滑指数为0.7，2014年预测值为69.68万吨）；
3. 回归分析法。

实训三　富饶大地蔬菜生产基地成本的预测分析

近年来，为了解决淡季西红柿供应问题，各地大力发展大棚西红柿"反季节栽培"技术，每亩产量可达5000公斤以上。随着竞争的加剧，如何提高大棚西红柿产量并降低生产成本，成为国内各蔬菜生产基地必须研究的课题。因为成本的高低直接关系到企业的生存发展，所以降低成本，提高单位成本的利润产出率成为富饶大地蔬菜生产基地追求的目标。富饶大地蔬菜生产基地利用 2009~2014 年大棚西红柿成本与产量等相关资料，结合定性分析，对大棚西红柿 2015 年的生产成本进行了预测，提出了控制成本的一系列措施，为争取实现企业的目标利润创造条件。

富饶大地蔬菜生产基地对大棚西红柿生产成本进行预测分析的具体资料如表 2-2-3 所示。

表 2-2-3　富饶大地蔬菜生产基地 2009~2014 年大棚西红柿每亩生产成本资料　　单位：元

项目名称	2009 年	2010 年	2011 年	2012 年	2013 年	2014 年
每亩产量（公斤）	3400	4280	4800	5100	5400	6120
亩生产总成本	1020	1460	1820	2160	2913	3381
每亩物质服务费用	552.25	763.55	755.92	936	1651.28	2213.39
其中：直接生产费用	442.25	653.55	645.92	826	1541.28	2103.39
种子秧苗费	36	42	40.5	55.5	150	192
农家肥费	18	26.5	24.2	25.2	112.5	164.5
化肥费	71	90.79	88.5	86.4	128	152
农膜费	135	214.76	210.76	230.76	298	366
农药费	31	47.5	46	74	142	172
机械作业费	28	36	38	58	115	151
排灌费	12	37	36	56.08	94	147
燃料动力费	16	39	42.96	62.96	129	242
棚架材料费	95.25	120	119	177.1	372.78	516.89
间接生产费用	110	110	110	110	110	110
固定资产折旧	80	80	80	80	80	80
小农具购置修理费	20	20	20	20	20	20
其他间接费用	10	10	10	10	10	10
每亩人工费用	467.75	696.45	1064.08	1224	1261.72	1167.61

富饶大地蔬菜生产基地对近两年的成本情况进行了分析：近两年来西红柿品种的优化，使得西红柿亩产量逐年提高，市场售价降低，西红柿生产者增产不增收，特别是 2012 年以来化肥、农用地膜、农药等涨价，造成生产投入增加，这也是收入减少的原因。

富饶大地蔬菜生产基地通过成本预测，制订了 2015 年大棚西红柿的生产计划，亩产量 7000 公斤，成本控制在 4145 元左右，目标利润率 20%。要实现此目标除增加产量和控制生产成本外，还应减少期间费用的开支。2015 年，富饶大地蔬菜生产基地要将期间费用控制在每亩 3135 元之下，而 2014 年此项费用的实际开支为 3320 元，2015 年比 2014 年每亩减少开支 185 元，即减少 5.57% 的幅度。

[题目布置]

根据成本分析原则和成本预测方法中的高低点法和回归分析法,对富饶大地蔬菜生产基地大棚西红柿 2015 年成本进行预测,并对不同方法采用时产生的差异进行分析评价。

[提示]

在使用成本预测分析的常用方法时应注意:高低点法是一种简便易行的预测方法,若企业产品成本的变动趋势比较稳定,采用此法比较适宜;但如果企业的各期成本变动的幅度较大,则很难正确反映成本变动趋势。加权平均法一般适用于具有详细的固定成本总额与单位变动成本资料和数据的企业;否则,就只能采用上述高低点法。在企业的历史成本资料中,如果单位产品变动幅度较大时,采用回归分析法较为适宜。

可以从西红柿选种和育种期的管理、西红柿生育期的管理、土壤管理、肥料价格和施肥管理、季节和假日经济影响情况、地区间价格波动情况、周边主要蔬菜产地市场供应情况、大棚材料价格波动情况等入手采用定性分析法分析影响成本和利润实现的原因,以便修正定量分析结果。同时结合 2014 年西红柿平均市场批发价和零售价情况,预测 2015 年大棚西红柿成本、市场批发价和零售价情况。

实训四 博人牌服装成本的预测

京温服装公司是一个以生产销售服装为主的企业,其生产的"博人"牌服装成为小有名气的服装品牌,销售量年年攀升。但在销售量不断增长的情况下,公司的利润并未如想像地那样有同步的增长。京温服装公司近几年销售收入及利润增长情况如表 2-2-4 所示。

表 2-2-4 京温服装公司历年服装销售及利润资料 单位:万元

年份	销售收入		利润	
	金额	增长速度(增长%)	金额	增长速度(增长%)
2010	540		53	
2011	600	11	56	6
2012	680	13	58	4
2013	790	16	61	5
2014	930	18	63	3

经过对近几年会计核算资料的全面分析后发现,企业在销售量增长的同时,产品成本并未得到有效控制,其近几年博人服装成本资料如表 2-2-5 所示。

表 2-2-5　　　　　　　京温服装公司 2010～2014 年服装成本资料　　　　　　单位：万元

年份	2010	2011	2012	2013	2014
产品产量（万套）	3.5	3.7	3.6	3.8	4.5
成本总额	450	500	580	650	800
其中：变动成本总额	340	360	400	480	680
单位变动成本	100	100	110	160	160
固定成本	110	140	180	170	120

根据这种情况，公司领导及财务主管决定，要仔细分析成本形成的原因，及早编制下一年度各种预算。在下一年度的生产经营中，要严格控制各种成本的增长，并将生产成本降下来，以实现公司经济效益的增长目标。

该公司的各种预算资料主要来源于过去的有关数据及未来的预测。同时，在预算编制过程中，公司根据未来的预测并在考虑到计划期各种变动因素后，再确定计划期各种预算数。

[题目布置]

1. 根据以上资料，用高低点法对 2015 年产量为 5 万套时的成本进行预测。
2. 根据以上资料，用加权平均法对 2015 年产量为 5 万套时的成本进行预测（按距离计划期远近分别令权数 $\sum W=1$；$W_1=0.03$；$W_2=0.07$；$W_3=0.15$；$W_4=0.25$；$W_5=0.5$。）
3. 根据以上资料，用回归分析法对 2015 年产量为 5 万套时的成本进行预测。

实训五　雪莹商场库存商品保本期和保利期的预测、分析与管理

雪莹商场是一家中型零售商场，内设 9 个商品部，共计 26 个柜组，经营商品品种近 24000 个。从 2003 年开始，在雪莹商场内部开始推行库存商品保本期、保利期控制管理制度，在改善商品库存结构、加速资金周转、提高经济效益等方面起到了不可忽视的积极作用。截至 2014 年 6 月底，商场有问题商品比重下降到库存商品总额的 4% 左右，存货周转天数达到平均 40 天的水平；商品销售额由上年同期的 9800 万元增加到 1.78 亿元，实现利润 2400 万元；费用水平也较上年度有较大幅度的下降。

雪莹商场推行库存商品保本期、保利期控制管理的主要做法与经验是：

1. 定期进行库存商品保本期、保利期预测，及时传递有关信息

商场内部以各商品部为单位，将所经营的商品（代销商品不在其内）按 ABC 分类管理法进行分类。在此基础上，对其中划入 A 类和 B 类的商品，利用本商场的计算机系统建立起完善的库存商品保本期、保利期信息资料库。每月月初根据资料库提供的有关数据资料，由财务部门定期进行库存商品保本期、保利期测算，及时编制出当月的"库存商品保本期、保利期信息表"，提供给商场内部有关业务与职能管理部门，使相关部门的领导都能及时准确地了解商品储存期的实际控制情况，迅速作出准确的判断并采取相应

经营对策。

雪莹商场"库存商品保本期、保利期信息表"主要内容摘录如表2-2-6所示。

表2-2-6　　　　　　雪莹商场库存商品保本期、保利期信息表
商品部：家电部　　　　　　　　2014年6月1日

商品名称	毛利率（%）	固定费用率（%）	日变动费用率（%）	目标利润率（%）
海尔牌217升电冰箱	12.5	5	0.044	1.35
小天鹅158A全自动洗衣机	11	3.5	0.035	2.85
彩虹牌磁波炉	14.5	3.8	0.025	1.5
帅康牌92A抽油烟机	12	4.2	0.038	2.7
富康牌508型吸尘器	10.5	3.6	0.028	2.25
青岛牌智能电能表	11.5	4	0.042	1.85
商品名称	保本期（天）	保利期（天）	实际储存期（天）	定性分析
海尔牌217升电冰箱	142	111	25	正常销售商品
小天鹅158A全自动洗衣机	207	126	47	正常销售商品
彩虹牌磁波炉	392	333	156	有问题商品（售出10%）
帅康牌92A抽油烟机	183	112	125	正常销售商品
富康牌508型吸尘器	216	136	227	有问题商品（超过保本期）
青岛牌智能电能表	159	115	162	正常销售商品（库存只剩5%）

库存商品保本期、保利期的测算公式为：

$$某种商品保本期 = \frac{毛利率 - 商品销售税金及附加率 - 固定费用率}{日变动费用率}$$

$$某种商品保利期 = \frac{毛利率 - 商品销售税金及附加率 - 固定费用率 - 目标利润率}{日变动费用率}$$

2. 正确划分与处理有问题的商品

根据当月"库存商品保本期、保利期信息表"提供的相关情况，结合市场需求预测及商品销售状况，正确划分与处理有问题的商品：一是仍在保本期、保利期内的商品，若销售一个月后还是呈现"卖不动"的倾向，就划入有问题的商品行列，并采取降价削价等处理措施力争把损失降低到最低程度；二是超过保利期尚在保本期内的商品，若销售正常，只是由于进货量偏大和推销措施不力造成的，暂不列为有问题商品。但是，要采取积极有效措施促进销售。否则，将会使这部分商品超过保本期而形成实际亏损。针织部2013年8月份购进本地产"荣华"牌男女三重保暖内衣600件，测算其保本期196天，保利期127天，因零售价较低，质量也不错，不到一个月就销售出去70%，但随着"小护士""三枪"牌男女保暖内衣的强劲广告攻势的影响，本地产"荣华"牌男女三重保暖内衣已很少有人问津了。针织商品部根据市场分析，暂停"荣华"牌内衣的进货，大幅度增加"小护士""三枪"牌保暖内衣的购进量，同时对现有的库存"荣华"牌保暖内衣进行削价处理。由于进

销差价较大，削价后的差价率水平仍维持在 10% 左右。此举不仅避免了亏本损失，而且还迅速地回收了部分资金，保证了企业整体经济利益的顺利实现。

3. 加强改革，在商场内部推行奖惩制度

雪莹商场领导层要求各商品部每日登记商品销售量情况，月末进行考评兑现。对能在保利期内售完的商品，按"实际缩短天数×日利润额×10%"的办法计算兑付当月奖金；对超过保本期的商品，按"实际超过天数×日利润额×30%"的办法计算扣罚当月工资。若连续几个月仍不能销完的，则月月计罚，直到问题解决为止。同时将销售额与利润额纳入商品部考核范围，防止各商品部出现片面追求低库存、压缩商品采购量的不利倾向。

雪莹商场家电部在库存商品保本期、保利期预测与控制管理方面成绩较为突出。现摘录该商品部 2014 年 6 月份 5 种商品有关资料如表 2-2-7 所示。

表 2-2-7　　雪莹商场家电部主要商品实际储存天数测算资料表

商品名称	毛利率 （%）	固定费用率 （%）	日变动费用率 （%）	目标利润率 （%）	实际储存期 （天）
信誉牌 975 型空调机	12	5	0.04	2	46
好太太 H-35 全自动洗衣机	11	3	0.04	3	52
红日牌系列电熨斗	14	3	0.03	2	150
蓝星 L1000 型微波炉	10	3	0.03	2	218
都雅牌 S5 空气净化器	11	4	0.04	3	160

附注资料：

商品销售税金及附加率 0.8%。

信誉牌 975 型空调机付款 12 天后到达企业，超过正常到货期 5 天，由此损失利润和增加费用约 1000 元。该批商品售价 12 万元。

好太太 H-35 全自动洗衣机延期两个月付款，可节约利息费用 600 元，该批商品售价 10 万元。

红日牌系列电熨斗由于电器性能不稳定，两个月内只销售了 8%，已基本上成为滞销商品。

都雅牌 S5 空气净化器进货量较大，但销售平稳，6 月末库存量只剩 20 只。

[题目布置]

1. 测算家电部 5 种商品的保本期和保利期，并通过与实际储存期的对比做出分析说明。

2. 你对雪莹商场实行商品保本期、保利期的控制管理工作有何具体评价？能否再提出一些想法和建议？

[提示]

管理者在对企业商品进行库存情况的比较和定性分析时，应通过商品实际储存期与所预测的保本期、保利期进行对比来进行，并注意结合具体客观情况的研究后，才能将其定性为是销售正常商品还是属于有问题的商品（包括销小存大商品、滞销商品或残损商品等）。在这里，业务分析与财务分析是相辅相成的关系。

对库存商品保本期、保利期计算采用的方法，要取决于基层能提供出什么样的数据资料。重要因素必须要考虑周全，同时又要简便并易于操作。因此，在企业做工作要注重理论联系实际。

实训六 圣洁公司年度利润预测分析

圣洁公司是城市垃圾专业处理公司，其所投资开发"城市垃圾处理新技术"、"固体生活垃圾混凝土技术"、"ZS粘结剂和彩色路面砖"和"秸秆综合利用应用调查研究"通过市级科技成果鉴定。其中，"固体生活垃圾混凝土彩色路面砖"获市级高新技术成果证书。公司注册资本1500万元，银行借款260万元，投资总额1760万元。由于享受税收优惠，所得税率水平只有7.5%左右。

圣洁公司的固体生活垃圾混凝土项目于2007年2月投资建设，2008年1月投产。2008~2014年成本费用资料如表2-2-8、表2-2-9、表2-2-10、表2-2-11和表2-2-12所示。

表2-2-8　　　　　　　　圣洁公司折旧及长期费用摊销资料　　　　　　　　单位：万元

项目	原值	残值	折旧率	使用年限	年折旧额	维修费率	年维修费	保险费
建筑物Ⅰ折旧	100	10	9%	10	9	10%	0.9	0.5
建筑物Ⅱ折旧	960	96	4.5%	20	43.2	10%	4.3	2.5
生产设备折旧	450	45	18%	5	81	30%	24.3	1.5
合计	1510	151			133.2		29.5	4.5
长期费用摊销	50			5	10			

表2-2-9　　　　　　　　圣洁公司工资费用资料　　　　　　　　单位：万元

项目		2008年	2009年	2010年	2011年	2012年	2013年	2014年	合计
人均工资：	生产工人	1.2	1.38	1.59	1.83	2.1	2.41	2.78	
	一般管理人员	2.4	2.76	3.17	3.65	4.2	4.83	5.55	
	高级管理人员	9.6	11.04	12.7	14.6	16.79	19.31	22.21	
	其他				30%				
工资总额：	直接人工	49.92	57.41	66.02	75.92	87.31	100.41	115.47	552.46
	管理费用	36.96	42.50	48.88	56.21	64.64	74.34	85.49	409.02
	合计	86.88	99.91	114.90	132.13	151.95	174.75	200.96	961.48

表2-2-10　　　　　　　　圣洁公司固定费用汇总资料　　　　　　　　单位：万元

项目	2008年	2009年	2010年	2011年	2012年	2013年	2014年	合计
费用总额	480.9	529.3	538.2	571.2	607.9	630.7	642.3	4000.5
制造费用：	231.2	237.2	243.2	249.8	257.1	257.1	257.1	1732.7
水电费	54	60	66	72.6	79.9	79.9	79.9	492.3
折旧	133.2	133.2	133.2	133.2	133.2	133.2	133.2	932.4

续表

项　　目	2008年	2009年	2010年	2011年	2012年	2013年	2014年	合　计
维修费	29.5	29.5	29.5	29.5	29.5	29.5	29.5	206.5
保险费	4.5	4.5	4.5	4.5	4.5	4.5	4.5	31.5
劳动保护费	10	10	10	10	10	10	10	70
管理费用：	214.9	253.3	277.0	303.4	332.8	355.6	367.2	2104.2
工　资	37	42.5	48.9	56.2	64.6	74.3	85.5	409
办公费	48	57.6	63.4	69.7	76.7	84.3	84.3	484
差旅费	10	12.0	13.2	14.5	16.0	17.6	17.6	100.9
工会经费	0.7	0.9	1.0	1.1	1.3	1.5	1.7	8.2
培训费	10	10	10	10	10	10	10	70
教育费	0.7	0.8	1	1.1	1.3	1.5	1.7	8.1
董事会费	5	5	5	5	5	5	5	35
顾问费	8	8	8	8	8	8	8	56
交际应酬费	10	11	12	13.4	14.6	16.1	16.1	93.2
长期费用摊销	10	10	10	10	10			50
劳动保护费	1.5	1.5	1.5	1.5	1.5	1.5	1.5	10.5
科研费	70	90	99	108.9	119.8	131.8	131.8	751.3
其　他	4	4	4	4	4	4	4	28
财务费用：	20.8	20.8						41.6
利息支出	20.8	20.8						41.6
销售费用：	14	18	18	18	18	18	18	122
运输费	4	8	8	8	8	8	8	52
广告费	10	10	10	10	10	10	10	70

表2-2-11　　　　　　　　　圣洁公司成本数据表　　　　　　　　　单位：万元

项　目		2008年	2009年	2010年	2011年	2012年	2013年	2014年	合计
变动成本：	直接材料	483.8	691.2	760.3	836.4	920	1012	1012	5715.7
	直接人工	49.9	57.4	66	75.9	87.3	100.4	115.5	552.4
	运输费用	714.4	1020.6	1122.7	1234.9	1358.4	1494.3	1494.3	8439.6
	合　　计	1248.1	1769.2	1949	2147.2	2365.7	2606.7	2621.8	14707.7
固定成本：	制造费用	231.2	237.2	243.2	249.8	257.1	257.1	257.1	1732.7
	管理费用	214.9	253.3	277	303.4	332.8	355.6	367.2	2104.2
	销售费用	14	18	18	18	18	18	18	122
	财务费用	20.8	20.8						41.6
	合　　计	480.9	529.3	538.2	571.2	607.9	630.7	642.3	4000.5
总　成　本		1729.2	2298.5	2487.2	2718.4	2973.6	3237.4	3264	18708.3

表 2-2-12　　　　　　　　　圣洁公司利润数据　　　　　　　　　　　　单位：万元

项目	2008年	2009年	2010年	2011年	2012年	2013年	2014年	合计
年产量（m³）	12.6	18	19.8	21.8	24	26.4	26.4	149
营业收入	2268	3240	3564	3920.4	4312.4	4743.7	4743.7	26792.2
税款	136.1	194.4	213.8	235.2	258.7	284.6	284.6	1607.4
收入净额	2131.9	3045.6	3350.2	3685.2	4053.7	4459.1	4459.1	25184.8

圣洁公司在2014年基础上，人均年工资增长系数1.15的情况下，预测2015年销售额、保本销售额和目标利润。

圣洁公司利用本量利分析的主要内容是盈亏平衡点分析和目标利润规划。

[题目布置]

运用本量利分析法对圣洁公司2015年的销售额、保本销售额和目标利润进行预测。

[提示]

根据本量利分析的方法对圣洁公司2015年保本销售额和目标利润进行预测分析。虽然圣洁公司生产多品种产品，但是我们在此次分析中仍按全部产品分析计算。与此同时，预测2015年保本销售额和目标利润时，要在2014年费用基础上，对2015年本量利预测分析，然后进行2015年的平均值敏感性分析及2015年本量利预测。

实训七　清爽冷饮厂建设项目利润预测

刘富是某市郊区红星镇的一位个体经营者。由于他一直梦想成为一个老板，因而他随时都在寻找自己发展事业的大好时机。刘富的家就在红星镇镇政府所在地。这里有红星镇集贸市场，镇中心小学、中学。通过观察发现，每到集贸市场开市的时候，都有大批商贩到此批发商品，人员流动也很大。刘富想，若在此建立一个冷饮厂生产雪糕、冰淇淋，让过往行人，特别是学生在炎热夏天能够吃到冰凉可口的冷饮，再借助集贸市场的优势，搞冷饮的生产和批发，应该是一个不错的投资项目。

刘富通过调查走访了解到，在红星镇方圆几十公里的范围之内至今还没有一个冷饮厂，人们要想随时买到冷饮很不方便。近几年，随着农村经济的不断发展，人们的收入也在逐年提高。红星镇的人们虽说不上多么富有，但都希望生活得更方便一些，不管是成人还是儿童，都期盼着随时能够买到冰凉可口、价格实惠的雪糕或冰淇淋。刘富办冷饮厂的决心已定，厂名就叫作清爽冷饮厂。他开始着手市场调查，并搜集有关冷饮厂经营的技术资料。通过各方的调查了解，刘富搜集到以下一些有用的信息：

（1）市场需求调查方面。和红星镇毗邻的有4个乡镇，下辖45个自然村，人口约32万人。按其周围地区现有消费水平估计，在淡季，每月约有1400万支雪糕或冰淇淋的需求量，在6~10月销售旺季，每月约有2800万支左右的需求量。考虑到周边村落远近、其他竞争对手等因素，若能够保证产品质量、价格合理，市场份额可以占到 50% 左右，即在淡季需求量保持在 700 万支左右，旺季保持在 1400 万支左右。

（2）生产成本费用方面。生产必备的厂房、设备采用以下方法解决：厂房可用自家目前居住的房屋，家人可搬至原先居住的旧居。房屋及院落面积大约 500 平方米。为了降低风险，所需设备先采用租入的方法解决，全套设备年租金大约 4.8 万元左右。生产工人可到劳务市场去招聘，生产工人需要 40 人左右，按当地工资水平计算，人均月工资支付 937.5 元。生产管理人员 8 人，月工资约需 12500 元。另外还需要采购人员和销售人员各 2 名，月工资开支约为 12000 元。冷饮厂每月需交纳的固定水电费 32000 元中，生产用水电费 30000 元，另有管理费开支 3000 元，其他费用开支 5000 元。经人介绍，刘富花了 1000 元钱请了当地的一位会计师为他生产每支冰淇淋或雪糕的各种生产费用进行了估算，并汇集如表 2-2-13 所示。

表 2-2-13　　　　　　　清爽冷饮厂生产成本预测资料汇集表　　　　　　　单位：元

单位产品变动成本：

单位产品材料费用		单位产品人工费用	单位产品变动制造费用		单位产品变动成本	
成本项目	金 额		成本项目	金 额	成本项目	金 额
淀 粉	0.01	$\dfrac{937.5 \times 40}{250000} = 0.15$	水电费	30000÷250000 = 0.12	材料费用	0.31
白砂糖	0.03		煤炭费	0.04	人工费用	0.15
奶 粉	0.25		氨	0.02	变动制造费用	0.18
食用香精	0.02				销售税款	0.01
合 计	0.31		合 计	0.18	合 计	0.65

固定成本：

固定制造费用		其他固定费用		固定成本合计
技术人员工资	4000	水电费	2000	
生产管理人员	12500	管理费用	3000	30500
设备租赁费	48000÷12 = 4000	其他费用	5000	
合 计	20500	合 计	10000	

（3）生产能力估算方面。从目前的各种资源配置看，日生产能力可达到 10000 支，每月按 25 天计算，可生产 25 万支。

（4）销售价格方面。由于大厂家的产品进入周围地区不多，所以按现行同等质量的雪糕、冰淇淋的市场销售单价倒扣一定的毛利计算确定每支出厂价在 0.85 元左右。

经过近几个月的调查、了解和思考，建立这样一个冷饮厂不知是否可行，能否盈利。刘富还在犹豫之中……

[题目布置]

1. 试用本量利分析法分析刘富是否可以设立该冷饮厂？
2. 按现有预测资料，他每年能够盈利多少？
3. 若想每年获得 30 万元的利润能够实现吗？可以采取哪些措施？

[提示]

　　利润是一项综合性很强的经济指标。利润预测一般可根据企业的销售水平,应用本量利之间的相互关系,以及与边际贡献、安全边际等指标的内在关系进行预测。

　　本事例可按照以下步骤进行预测:预测单位变动成本;预测固定成本;预测销售单价;预测销售量;预测目标利润。

实训八　崔经理的困惑怎样才能解开

　　崔秀丽是一位女同志,原为荥漾市起重设备制造公司的经理,由于治理有方,成为系统内颇有名望的管理干部。

　　2014年,荥漾市起重设备制造有限公司通过资产重组方式兼并长江机械制造公司,实现了企业的跨越式发展与规模扩张。但此时的崔经理也感觉到自身的知识结构与企业的发展前景有些不相适应。等到企业稍稍稳定,她就与孙副经理交代了近期工作,之后,她便匆匆忙忙地赶到省财贸管理干部学院企业管理进修班报到去了。

　　进修班上专家、教授的精彩论述并未引起崔经理的多大兴趣,但老师所介绍的损益平衡原理及其目标利润预测与控制理论却使崔经理认真琢磨起来。

　　进修班一结束,心事重重的崔经理已无暇留恋海边的迷人风光,急急忙忙赶往售票处去领取3天前预定的火车票。

　　回家的路上,崔经理一边倚着车窗,一边认真思考:企业经过几年的业务膨胀之后,要想寻求更高层次的发展,就必须开拓新的业务范围,同时苦练内功,把生产成本尽可能地压下来。为此,她一回厂便与各业务主管部门的负责人整整花上4个半天的时间进行了详细的研究讨论,并在此基础上提出了荥漾市起重设备厂2015年目标利润的设想:实现目标利润8000万元,但固定成本总额仍控制在目前6000万元的规模以内。

　　要想完成这个指标谈何容易。现有产品荥阳牌系列起重机平均市场售价为4万元,变动成本率在40%的水平,若按崔经理提出的目标利润推算,需使起重机的销售超过5900台才有可能完成任务。但由于近年来国内起重机市场的竞争日趋激烈,再加上进口产品的冲击,别说是实现5900台,预计能有3500台的销售业绩就很不错了。烦恼多日的崔经理与主管业务的副经理张志新商量后,准备开拓小型叉车市场。这个产品的样车曾在全国机械产品博览会上受到诸多国内客户的青睐,估计会有很好的市场销路。老张通过市场调查分析,预计该种产品的全年销售量可达13000台左右,但叉车产品利润本身就较低,同时又是新品,经营风险会很大。该产品系列平均市场销售价格在10000元左右,变动成本率估计60%。

　　新品的上马已不可能压低固定成本,靠新品的销售是否可以保住目标利润,还真有些吃不准。崔经理困惑了……

　　随着几声轻轻的敲门声,崔经理办公室的门被开了一条缝,财务主管小胡走了进来。一看到小胡,崔经理眼睛一亮:不如让财务主管小胡帮忙拿个主意,人家毕竟是财务内行。

[题目布置]

如果你是这位财务主管,你将如何向崔经理进行解释?

[提示]

企业的目标利润总额的实现是靠全部产品的销售来保证的。由于固定成本总额相对不变,因此,当某些产品的销售额在补偿完固定成本后,所获得的目标利润仍不能达到要求的水平时,就需由另一部分产品的销售额来解决问题。此时,应该说已不存在补偿固定成本的问题了。

实训九 隆鑫黄金矿业股份有限公司资金需要量的预测分析

隆鑫黄金矿业股份有限公司是由隆鑫黄金集团有限公司、隆鑫招商集团公司、隆鑫莱州黄金(集团)有限公司、济南玉泉发展中心、隆鑫金洲矿业集团有限公司等五家法人单位共同发起设立的。其资产总额为31827.11万元,负债总额为17384.78万元,净资产总额为14442.33万元。公司主要经营范围为黄金开采、选冶、黄金矿山专用设备制造及建筑装饰材料的生产和销售。

2014年隆鑫公司的半年报显示,隆鑫公司上半年营业收入大幅飙升,增长11.57倍,但净利润增长有限。经多方调查之后确认,国际黄金市场需求的增长是公司主营业务增长的重要原因,公司的资源优势仍比较明显。虽然面临毛利率下降的情况,黄金业务依然具有一定的投资价值。具体市场分析如下:

(1) 需求拉动收入增长。2014年上半年,隆鑫黄金共实现主营业务收入22.49亿元,主营业务利润0.59亿元,净利润0.34亿元,分别比去年同期增长1156.87%、23.01%和5.5%。隆鑫公司主营业务收入猛增,主要源于焦家金矿精炼厂增加了外购非标准金精炼成标准金的销售,上半年外购金额达19.74亿元。而国际黄金需求的增长也是公司主营业务增长的另一个重要原因。世界黄金协会发布的调查报告显示,2014年第一季度以来,全球黄金需求强劲,主要由金饰消费、金条及金币投资与交易所交易黄金基金,带动世界市场对黄金的蓬勃需求。

(2) 收购凸显资源优势。公司通过一系列收购活动使得矿石的保有储量大幅增加,其资源优势正在凸显出来。公司收购的焦家金矿是我国大型矿山之一,现保有储量593万吨,金金属量26吨。同时,公司成功收购了金洲集团公司51%的股权。其所属的主要资产即原乳山金矿的资产和效益都有良好的表现,现保有矿石量182万吨,金金属量11.4吨。仅此两项收购,公司矿石储量达1439.8万吨,比原来增长116%。而且,金洲集团除了拥有现有矿区的采矿权外,还拥有在乳山市130多平方公里的探矿权,在探矿增储方面有很大的发展空间。此外,公司与莱西市矿业集团公司达成合作意向,双方共同出资设立隆鑫莱西黄金矿业有限公司,由隆鑫黄金控股,开发莱西山后矿区相关矿产。

(3) 原材料和能源涨价,造成成本上升。毛利率下降较大的2014年中期为6.33%,比上年同期下降了43.77%,主要原因为非标准金业务的毛利率为0.47%,从而导致公司整体毛利率的下降。同时,生产用原材料包括钢材、水泥、炸药、钢球、浮选药剂、氰化钠、锌、水等,动力包括煤、电、柴油等,价格总体上处于上升态势,造成公司生产成本出现上升趋势。目前,隆鑫矿山每处理1吨矿石采选冶及其他综合成本300元,精炼成本每克3.48元,考虑到各个矿山不同的含金品位问题,各个矿山标准金每克综合生产成本分别为:新城金矿52.67元,焦家金矿73.26元,金洲矿51.11元,莱西山后矿53.49元。

根据公司董事会的决议,2014年4月隆鑫公司共计分配现金股利4800万元。公司计划在2014年的下半年实现营业收入33.74亿元,并预计折旧的提取数为0.71亿元(其中40%用于更新设备)。根据以往经验,预计2014年下半年零星资金需要量为388448元。隆鑫黄金矿业股份有限公司2014年度上半年资产负债表和利润表如表2-2-14、2-2-15所示。

表2-2-14　　　　　　　　　　　资　产　负　债　表

编制单位:隆鑫黄金矿业股份有限公司　　2014年6月30日　　　　　　　　　　　单位:元

资　产	金　额	负债及股东权益	金　额
流动资产:		流动负债:	
货币资金	142423018	短期借款	297650000
应收票据	495185	应付票据	32072799
应收账款	3991859	应付账款	22450313
其他应收款	95925871	预收账款	6304233
预付账款	48881307	应付职工薪酬	15180040
存　货	145884043	应付股利	600000
流动资产合计	437601283	应交税费	10938393
		其他应付款	139585194
		流动负债合计	524780972
		非流动负债:	
非流动资产:		长期借款	79350000
持有至到期投资	232686	长期应付款	109541205
长期股权投资	34412898	专项应付款	60000
其中:合并价差	585027	非流动负债合计	188951205
固定资产	678529730	负债合计	713732177
工程物资	17604863	少数股东权益	90696884
在建工程	84673340	股东权益:	
固定资产清理	624137	股　本	160000000
无形资产	104819002	资本公积	288858632
长期待摊费用	1899164	盈余公积	34593965
非流动资产合计	922795820	未确认的投资损失	-6780
		未分配利润	72522225
		股东权益合计	555968042
资产总计	1360397103	负债及股东权益总计	1360397103

表 2-2-15　　　　　　　　　　　　　利　润　表

编制单位：隆鑫黄金矿业股份有限公司　　　2014 年 6 月　　　　　　　　　　　　单位：元

项　目	本月份金额	本月份累计金额
一、营业收入	（略）	2249223897
减：营业成本		2106416410
营业税金及附加		120783
销售费用		3936878
管理费用		71284313
财务费用		7468143
资产减值损失		414657
二、营业利润		59582713
营业外收支净额		-738001
三、利润总额		58844712
减：所得税		20491300
少数股东权益		4770169
加：未确认的投资损失		6780
四、净利润		33590023

隆鑫黄金矿业股份有限公司决策人员采用销售百分比法对资金需要量进行预测，即根据资金的有关项目与销售收入总额之间的依存关系，按照销售的增长或降低情况，再在原有的资金数额上相应追加或减少资金。其基本操作步骤如下：

（1）分析上半年（基期）资产负债表中资金的各个项目与销售收入总额之间的依存关系。在确定下半年（计划期）销售收入规模的基础上，测算出下半年预计的销售收入与上半年销售收入之差及同上半年销售收入的百分比。

资产类项目，如应收账款、现金、存货等流动资产项目一般都会因销售的增长而相应增加，而固定资产、长期投资等项目则根据预算期的具体情况而定。如固定资产利用率还未达到饱和状态，预算可不必添置固定资产。

负债及权益类项目，如应付账款、未交税金等项目一般会随销售收入的增长而增加，而股本一般不随销售收入的变动而变动。

（2）根据公式 $(S_1 - S_0) \times \left(\dfrac{A}{S_0} - \dfrac{L}{S_0}\right) - D - \dfrac{P_0}{S_0} S_1 (1 - d_1) + M_1$ 测算计划期需要追加的资金数额。

式中：S_0——基期销售收入

S_1——计划期销售收入

$\dfrac{A}{S_0}$——基期随着销售收入增长而增加的资产项目占销售收入的百分比

$\dfrac{L}{S_0}$——基期随着销售收入增长而增加的负债项目占销售收入的百分比

D——计划期折旧减去购置固定资产的余额

$\dfrac{P_0}{S_0}$——基期销售净利率

d_1——计划期股利发放率

M_1——计划期零星资金需要量

[题目布置]

1. 根据隆鑫黄金矿业股份有限公司 2014 年上半年资料,利用销售百分比法预测隆鑫黄金矿业股份有限公司 2014 年下半年资金追加的数量。

2. 请思考一下,资产负债表中哪些项目对预测计划期资金需要量或资金追加量影响较大,需要特别重视? 而哪些项目对预测计划期资金需要量或资金追加量影响不大或没有影响,对这样的项目应该怎样管理?

[提示]

在资产负债表中,流动资产项目是会因销售的增长而相应增加的项目。固定资产项目如果在基期不能充分利用,那么在计划期销售规模增加则可充分利用闲置设备,不增加固定资产的投资;反之,固定资产项目如果在基期充分利用,那么在计划期销售规模增加,则增加固定资产的投资。其他项目与销售增长无关,分析时不列入考虑范围。

权益项目中流动负债项目与销售增长联系密切,非流动负债和所有者权益一般不会随销售规模增加而增加。

在计算资金需求量时,以每 1 元资产减去每 1 元负债得出每增加 1 元收入需增加的资金需求量,在计算固定资产比率时,应按固定资产净值计算。而计划期折旧的提取数会随产品销售的实现而收回资金,因此,在计算需求量时应做减项处理。如果有固定资产更新改造项目,在折旧与更改支出相抵后,余额作为需求量计算的一个加项或减项。利润扣减应支付股利后的余额作为计划期资金需求追加量的一个减项。

实训十 奔腾汽车服务有限公司资金需要量的预测

奔腾汽车服务有限公司是一家以生产汽车零配件为主的民营股份制企业。该企业主要生产以汽车制动凸轮轴、紧固件为主的汽车系列产品,为东风汽车集团公司主机厂、专业厂提供配套产品,产品质量稳定可靠。企业先后通过了省部级计量验收和全面质量管理达标验收。

目前,奔腾汽车服务有限公司正在进行机构改革,各部门人员变动较大。其中,公司财务经理李毅就是新任命的。李毅上任后,对本厂整个财务工作进行了梳理。近几天来,他通过观察和分析,发现本厂在资金需要总量上与根据销售额预测的数值相当接近,近几年资料如表 2-2-16 所示。

表 2-2-16　　　　　2010 年~2014 年销售收入与资金需要资料　　　　单位：万元

年　　度	2010	2011	2012	2013	2014
销售额	2630	2740	2760	2850	3000
资金量（预测值）	1552	1644	1600	1767	1800
资金量（实际值）	1550	1635	1610	1765	1780

2015 年，企业要扩大生产经营规模，需及早做好各项资金的准备工作，不仅需要掌握资金的需求总量，还需要掌握外部筹资额和内部筹资额以及融资方式等信息。公司近 5 年资金需要量与销售额之间的关系证实，资金的需要量与销售额之间存在着一定的比例关系。由此，可用销售百分比法，根据销售收入与利润表（见表 2-2-17）及资产负债表（见表 2-2-18）各项目之间的比例关系对资金的需要量进行预测。

表 2-2-17　　　　　利　润　表（销售百分比法简表）

编制单位：奔腾汽车服务有限公司　　　2014 年 12 月　　　　　　　　　　单位：元

项　目	金　额	占销售收入的百分比
营业收入	3000	100
减：营业成本	2280	76
营业税金及附加	12	0.4
销售费用	300	10
管理费用	312	10.4
财务费用	6	0.2
利润总额	90	3
减：所得税费用	36	
净利润	54	

表 2-2-18　　　　　资　产　负　债　表（销售百分比法简表）

编制单位：奔腾汽车服务有限公司　　　2014 年 12 月 31 日　　　　　　　单位：元

项　目	金　额	占销售收入百分比	负债及所有者权益	金　额	占销售收入百分比
货币资金	50	1.7	短期借款	250	不适用
应收账款	150	5	应付账款	150	5
存　货	300	10	应付债券	100	不适用
固定资产	300	10	实收资本	200	不适用
			盈余公积	100	不适用
资产总计	800	26.7	负债及所有者权益总计	800	5

该企业所得税税率为 25%，税后留用利润的比例为 50%，2015 年预计销售收入 3600 万元。

[题目布置]

1. 编制 2015 年预计利润表，并预测 2015 年留用利润数。
2. 编制 2015 年预计资产负债表，并预测 2015 年该企业外部筹资额。
3. 若该企业 2015 年敏感资产项目中的应收账款与销售百分比提高为 10%，预计安排对外长期投资为 40000 元，敏感负债项目中应付账款与销售百分比降低为 0.5%，预计短期借款增加 55000 元。针对这些变动，该企业 2015 年资金需要量预测调整为多少？

第三部分

经 营 决 策

经营决策只影响企业1年或一个营业周期的经营活动。它侧重于从资金、成本、利润等方面研究如何充分利用企业现有经济资源，合理组织现有生产经营活动，以取得最佳经济效益的决策。企业的经营决策涉及面广泛，概括地讲主要包括生产决策和定价决策两大类。生产决策是在生产领域中有关是否生产、生产什么、怎样生产及生产多少等问题的决策，定价决策是在流通领域中有关确定销售产品价格水平的决策。可见，经营决策的主要特点是：决策目标可以在较短的时间内（一般不超过1年）实现。因此，经营决策的正确与否会迅速、直接在企业经济效益上体现出来，同时会影响企业未来发展。分析、评价经营决策方案时，必须全面考虑决策方案的相关收入、相关成本和相关产销量等因素，特别是相关成本问题，决策中包括增量成本、边际成本、机会成本、付现成本、专属成本、共同成本、重置成本、沉没成本、联合成本等许多成本概念，必须联系决策问题认真分析、研究，正确判断决策的相关成本，否则，会导致决策失误。学生必须准确掌握成本概念，灵活运用差量分析、贡献毛益分析、本量利分析、安全边际率分析和概率分析等分析方法，学习现代经营管理的新理念，才可进行科学、正确的经营决策。

实训一　沉没成本在企业经营决策中的重要应用

在企业的经营决策中，管理人员按照财务会计的利润观念计算处置沉落成本，而导致企业决策失误的现象时有发生。

事例1：

蓝星机械加工厂的成品库内，质量差的产品堆积如山。一天，厂长张卫星到成品库了解情况时看到了这种令人难堪的情形。他认为：由于这些次品的使用价值很低根本无法正常卖出，长期堆放在仓库里使得其他产品没有地方容纳，不得不以高价租用市内的营业仓库，非常不合算。所以，他有意将这些次品尽快处理掉。回厂后，他要求有关部门尽快拿出解决方案，并在周三的领导班子例会上进行研究。

在周三的例会上，负责销售的部门负责人黎毅龙提出直接作为废品处理，可得净收入约100万元。负责生产的部门负责人孙敏提出，与其直接报废处理，还不如拆卸成零件稍作加工后再出售，估计最低也能卖到500万元，但是拆卸加工费用按常规测算需约200万元左右，还是能赚300万元，况且目前企业拆卸加工能力充足，此方案比报废处理方案能多赚200万元。会上，经大家详细讨论、分析，认为生产部门负责人的方案可行且效益好。

但当生产部门的方案即将付诸实施的时候，却遭到财会部门的强烈反对，财会负责人老辛的理由是：这些已经沦为次品的产品过去曾花了400万元的成本，而且尚未提取任何的存货跌价准备。若按生产部门所提方案实施的话，不但赚不到钱，反而还要亏损100万元。因为用产品销售额500万元减去账面成本400万元之后只剩100万元的账面盈利，若再扣减追加的拆卸加工费用200万元，则只能是100万元亏损的结果。企业今年的盈利目标无法实现不说，厂长如何向上面交待都成了问题。

由于处理次品的方案遭到了财会部门的强烈反对，加之张厂长又必须考虑完成上面下达的利润指标，几位参与研究的管理人员便没有胆量去确认谁的损益判断决策是正确的。结果只好让次品在库房里继续睡大觉，占据宝贵的空间并继续浪费保管费用开支，而更被忽视的是，这些产品生产所需资金的来源是银行贷款。产品的积压意味着贷款的归还风险越来越大。

事例2：

梅花印刷制品有限公司曾在两年前花了240万元购进一种专用成套印刷设备。目前，其账面净值200万元，折旧年限12年。为简化核算，假定净残值率为0。最近，新产品展销推介会上出现了比该套设备技术性能更好的产品，虽技术寿命超不过10年，但售价仅为原来公司所购这种专用成套印刷设备价格的一半，即120万元。若生产同类产品，经估算在材料费用和人工工资开支方面，新设备将比原来的设备每年节省约30万元。省内同行美佳文化制品公司立即注意到并采用了优秀的新设备，其使用效果确实很好。

看到竞争对手采用新设备后得到了实惠，梅花印刷制品有限公司经理章炎有些坐不住了。他立即召开有关部门负责人会议，对是否购入该套设备进行相关的会计问题研究：①若购入新设备，现正在使用的专用成套印刷设备就必须淘汰，其收益估计仅够补偿清理费用。②如果原有专用成套印刷设备按现状使用，估计还能使用10年，产品生产的规模基本维持不变。其最近1年产品的利润情况如表2-3-1所示。

表2-3-1　　　　原有专用成套印刷设备生产产品的年利润情况表　　　　单位：万元

项目	金额
营业收入	1000
营业成本	920
其中：直接材料和直接人工费用	500
不包括折旧费的间接费用	400
固定资产折旧	20
营业利润	80

有关决策会上,首先还是生产部门的负责人杨国庆发了言,他认为应立即购入新设备,理由很简单:因为在今后的10年中,采用新设备比继续使用原来的设备能使产品成本节约380万元。其数据支持如表2-3-2所示。

表2-3-2　　　　　生产部门负责人主张更换设备的数据测算表　　　　　单位:万元

成本项目	使用原有设备成本	使用新设备成本	新设备有利差额
直接材料和直接人工	5000	4700	300
固定资产折旧	200	120	80
更换设备有利差额			380

对生产部门负责人的主张,财会部门负责人刘达良发表了强烈的反对意见。理由如下:①原有的设备购进后至目前为止才刚刚2年,基本还是新的,尚能继续使用,没有必要浪费这笔资金去赶时髦。②若现在废除原有设备而采用新的设备,且不考虑资金利息的话,10年间的有关核算数据如表2-3-3所示。

表2-3-3　　　　　　两套印刷设备年利润测算比较　　　　　　单位:万元

项目	继续使用原有设备	更新设备	差异
营业收入	10000	10000	
营业成本	9200	8820	-380
其中:直接材料和直接人工	5000	4700	-300
不包括折旧的间接费用	4000	4000	
固定资产折旧	200	120	-80
处理原有设备损失		200	+200
营业利润	800	980	+180

刘达良分析的结果是:不赚钱反而要亏损20万元,理由是:10年间采用新设备取得的直接材料和直接人工的节约额为300万元,在减去新设备折旧120万元及因采用新设备而处理原有设备的损失200万元之后,应为亏损20万元。若是再把由于购买新设备而向银行借款的利息开支算进来,损失数字将更大。按照现行的企业会计制度处理,若今年处理原有设备,那么今年的利润总额将会减少200万元。

如此完全相反的意见提出后,其他部门负责人在判断上也发生了分歧,而且支持财会部门负责人观点的人员居然占到了多数。公司经理章炎一时没了主意只好散会了事,等到以后再议。在后来的一段时间里,人们从更换这种设备的不少厂家那里得到了近乎一致的结论:真值得更换。梅花印刷制品有限公司的决策者们似乎明白了一些:他们又错失了设备更新的良机。

[题目布置]

根据所学管理会计知识,就两个事例中所引发争议的问题提出你认为正确的观点。同时,就这两个事例谈谈你对沉没成本的认识。

实训二 宝飞汽车配件制造公司零部件自制或外购选择决策

宝飞汽车配件制造公司属于县办企业，其产品主要提供给重庆重型汽车集团和江铃汽车制造公司，有着比较稳定的产品销售渠道。宝飞汽车配件制造公司每年需用 A350 型仪表盘 5000 个。若按以往惯例全部从市场采购的话，包括运杂费在内的每个进货成本约合 31 元左右。但是，企业车间目前有剩余生产能力可以制造这种零件。经车间技术员和核算员测算后，估算每个零件的成本资料如下：

直接材料	14 元
直接人工	7 元
变动制造费用	4 元
固定制造费用	8 元
合　　计	33 元

从公司生产科了解到，如果企业利用剩余生产能力制造 A350 型仪表盘，则需每年租入辅助生产设备，为此需增加租赁费开支 2000 元左右。并且，如果企业车间目前剩余生产能力不制造 A350 型仪表盘，可利用其为军工厂加工产品，每月可获得 4000 元的加工收入。

围绕着是否自行加工制造 A350 型仪表盘的问题，在有关部门人员参加的务虚会上，大家争论不休。从会后整理出的资料看，主要存在着以下几种不同的意见：

第一种观点认为，尽管企业车间目前有剩余生产能力可以生产该零件，但是，外购的单位成本 31 元低于自行生产的单位制造成本 33 元。仅凭这一点，其他都无须考虑了，选择市场购买自然有道理。

第二种观点也是倾向于零部件外购。其理由是：企业开工不足、机械设备闲置不用是企业生产中最大的浪费。但持第二种观点的决策者们认为，开工不足未必是浪费，而完全开工可能是最大的浪费。以生产汽车零件为例，10 个工人每天制造 100 个零部件，改进后增加到每天生产 120 个，不能确认这是劳动效率的提高，因为每天 100 个零部件是后道工序所需要的数量，多制造的 20 个只能增加仓库负担，所以这种情况下的高效率不是增加和发挥生产优势，而是浪费企业资源。应当把 10 个人减少至 8 个人仍生产 100 个零部件。基于这种理念，还是应选择外购零部件更为妥当。

第三种观点认为，企业若是利用剩余生产能力制造 A350 型仪表盘，其原有固定成本不会因选择自制而增加，也不会因采用外购而减少。所以，固定制造费用同每年租入辅助生产设备而开支 2000 元均属于无关成本，不应考虑。

第四种观点认为，每年租入辅助生产设备而开支的 2000 元是该企业制造 A350 型仪表盘所必需的设备，应是决策自制零件不可缺少的专属成本，不可舍弃。而企业车间目前的剩余生产能力若不制造 A350 型仪表盘而转为加工军品可获得加工费收入 4000 元，因其是收入项目，不应作为成本计算和处理。

[题目布置]

1. 假定车间不生产该零件,生产设备也没有其他用途。根据上述资料,确定该零件是自制还是外购?

2. 如果企业放弃自制零件,可利用其为军工厂加工,每月可获得 4000 元的加工收入时,这种情况下,A350 型仪表盘是自制还是外购?

3. 请对四种不同观点,发表你的看法、评价。

[提示]

对于装配式制造企业,经常会遇见所装配的产品需要的零部件是企业自制还是从市场购买的决策问题,即零部件的自制或外购的决策。这类决策问题的特殊性是:决策中不涉及相关收入,各方案只需比较和分析相关成本数额,选择相关成本数额最低的方案作为最优方案。可见,正确确定各决策方案的相关成本成为决策成败的关键。

相关成本是进行决策分析时必须认真加以考虑的未来成本。只有认真分析事例中各项成本支出与决策方案的关联性,准确把握各决策方案的相关成本,才可作出正确抉择。

实训三 东风电子器件厂零部件自制或外购的选择

东风电子器件厂是生产电子器件的国有中型企业,其生产的产品早期只有十几个品种系列,但近几年来,随着经济的迅猛发展,企业不断地进行技术革新,开发出了几十个新产品系列,产品型号多达 500 余个。他们生产的插座、电灯开关和漏电保护器销售情况良好,2013 年的市场份额已经达到 15%,根据年底的财务状况看,已经超额完成了利润计划指标;但自 2014 年 3 月以来,本厂部分产品开始出现积压现象,许多原有客户也时常要求退货。目前,只有少数几家供应关系良好的企业仍然和东风电子器件厂签订供货合同,但大多数合同的期限只限定在 2014 年年底。面对这种情况,企业经过市场调查,发现有一家生产电料的小型企业生产的同种型号的插座、开关、漏电保护器比东风电子器件厂每百只要便宜 20% 左右,经过东风厂技术部门的性能测试,其质量和技术水准与东风厂的产品相差无几,甚至在某些方面还要超过东风厂的产品。原来和东风厂建立购销关系的许多客户现在都在这家小电器厂开始订货。而更有趣的是,早在 2012 年年初,本厂曾有一名技术员发明了一种降低产品成本的新技术,并向领导建议采用,只是需要投资购买一台新机床,约需投入钱款 3 万元左右。当时企业领导由于资金问题,加之未看到这项技术的实用价值和发展前景,也就没有理会这名技术人员的建议。这名技术员一气之下投奔那家小电器厂,果然使这个名不见经传的小电器厂在很短时间内就初见成效。根据本厂营销人员的推算,到 2014 年年底企业还将在市场份额方面再下降 5% 左右。

东风电子器件厂现在面临的主要问题是在不降低产品质量的前提下如何降低零部件的成本。本厂的主要领导、生产部、技术部、销售部和财务部等就此问题召开了一次会议。会上大家各抒己见，分别提出了几种降低产品成本的方法。其中技术部提出，现在产品的个别零件是从市场上购买的，能否由技术人员自行设计并生产出来，以达到降低产品成本的目的。销售人员提出，能否通过促销活动来扩大知名度，以带动产品销量的增加，并通过销售量增加的办法促使降低单位产品成本。财会部门的会计人员提出，若部分零件自制，应对资金耗费做一个准确测算。会后，领导要求技术部、生产部、财务部等部门再进一步协商，拿出一个切实可行的解决办法来。

通过协商，最后筛选出两套解决问题的办法，具体如下：

第一种是投资 20000 元进行零部件的设计和研发工作，同时投资 30000 元购买一台专用设备用来生产这种零部件。据估算，该企业每月约需 1# 零部件 8000 件，用于生产 1# 零部件的单位投资成本的构成如下：

直接材料	20 元
直接人工	12 元
制造费用	18 元
合　　计	50 元

制造该零件月制造费用预算总额为 144000 元。其中，变动制造费用 48000 元；专属固定制造费用 50000 元；共同固定制造费用 3000 元。与此同时，东风厂还同时进行其他零部件的设计和开发工作。

第二种办法是东风电子器件厂仍从外部市场购买 1# 零部件，每件的购买成本为 48 元左右。同时，销售部门开展促销活动，卖空现有库存。产品销售单价由原来的 100 元降至 90 元的水平。初步预计现有库存将全部销售完毕，并给企业带来毛利损失 40000 元。但由于能较快地将库存消减下去，能够加速资金周转，减少资金占用，从而能节约一部分资金成本，实际损失要小于 30000 元。

出于市场竞争和企业发展的需要，再三斟酌之后，该企业的厂长最终拍板决定了选择自制零部件的方案。同时，要求此项工作由技术部门负责，生产部门及销售部门密切配合。先拨付启动资金 20000 元，在今后试制过程中，若试制成功，可根据实际需要再追加资金。销售部门配合适当的营销策略，将采用这种零部件产品的优秀性能作为重点向客户进行推介。

[题目布置]

1. 根据上述资料，确定该零件进行自制而不是外购的理由？
2. 在上述资料不变的情况下，确定成本平衡点的产品生产量。
3. 若外购，原用于自制该零件的生产设备可用来生产另一种产品，每年可提供边际贡献 180000 元。请据以考虑该零件是自制还是外购？

[提示]

在进行本次实训时，应首先计算生产一个零件需要的加工工时数，以此确定企业正常生产能力。其次，计算自制零件的加工成本，并与外购零件成本进行比较，以确定是自制还是外购。在计算自制零部件加工成本时，不必考虑共同性固定制造费用。

由于自制零件，必然放弃每月 15000 元（全年 180000 元）的边际贡献，这实际上是自制零件的机会成本，它是决策相关成本，必须予以考虑。

实训四 瑞星化学助剂有限公司联产品出售或进一步加工的决策

瑞星化学助剂有限公司,开发并生产各类化学试剂、化学助剂及各种类型防水剂等有机中间体,有产品近百种。

瑞星化学助剂有限公司投入的化工材料可生产第一代有机硅防水剂、专门用于竹木的防水剂甲基硅醇钠(一型)和128除渍液三个联产品。这三种产品可以直接出售用于一般的建筑防水、竹木防水和污渍清除等,还可以进一步加工为第二代耐高温有机硅防水剂、专门用于竹木的防水剂甲基硅醇钠(二型)和128强力除渍液。其中,第二代耐高温有机硅防水剂为国内首创,独家生产。其经济综合效益、性能指标、应用范围都远远超过第一代产品有机硅建筑防水剂。专门用于竹木的防水剂甲基硅醇钠广泛适用于木屋、庭院的木材建筑、栈道、甲板、栅栏、地板、墙板、居室的竹木制家具、门窗、龙骨、浴具及工艺品等防水使用。128强力除渍液广泛用于清洗各种有机类顽渍。广泛用于清除汽车玻璃及车站牌上的小广告、美工制作后不干胶留下的痕迹,还可用于口香糖、油污及油渍等多种污渍的清除,是多功能清洁剂,更是"城市牛皮癣"的克星。

通过预测分析及市场调查,这三种联产品产量、单位售价和成本资料如表2-3-4所示。

表2-3-4 有机硅防水剂、甲基硅醇钠、强力除渍液成本及价格资料表 单位:元

产品名称	产量(公斤)	立即出售单价	加工后出售单价	联合成本	可分成本	
					单位变动成本	专属固定成本
有机硅防水剂	20000	20	50	200000	6	20000
甲基硅醇钠	16000	30	40	160000	8	50000
强力除渍液	24000	10	15	120000	3	40000

[题目布置]

作出上述联产品是生产结束时立即出售,还是进一步加工后再出售的决策。

[提示]

联产品与同时生产多种产品不同,它是在同一生产过程中投入同一种原材料生产出多种性质或用途不同的产品,且这些产品经济价值都较大,在企业经营中具有基本相同的重要性。

联产品是在原材料生产到一定环节才能分离出来,在分离前发生的成本称为联合成本;在分离后继续加工发生的成本称为可分成本。

在进行联产品是出售或进一步加工的选择时,要正确分析哪些是相关成本和非相关成本,以及哪些是增量成本和增量收入。

实训五 华星公司开发新产品的决策

华星公司是一家玉米深加工企业，同时也是当地百万吨玉米项目深加工的龙头企业之一。随着投资 500 万元技术改造项目的完成，企业由一期工程日处理玉米 500 吨，年产淀粉 12 万吨达到技改后二期工程的日处理玉米 800 万吨，年产淀粉 18 万吨，技改后的华星公司增加了淀粉产量，提高了淀粉质量，增强了企业抗风险的能力。

由于淀粉原料供应的增加，特别是南方一些省份大面积种植木薯，致使玉米淀粉价格开始逐步回落。面对木薯种植面积的增加，木薯淀粉市场冲击玉米淀粉市场，玉米淀粉市场可能迅速萎缩，这是华星公司亟待解决的一个现实问题。

随着人民生活水平的提高，味精消费的不断增加促使味精行业获得了高速发展的良机，我国味精消费已占世界总产量的 50%，成为世界味精产销量最多的国家。但按人均消费量来讲，日本年人均 1.2 公斤，台湾年人均 12 公斤，我国年人均仅为 0.3 公斤，国内市场潜力巨大。味精生产是我国淀粉深加工需求的大户，随着生产规模的扩大，技术管理水平的不断提高，在市场竞争中，生产厂家将逐步减少，具有一定经济规模、成本低、质量好、售价能够使客户接受的大厂将赢得并占领味精市场。

华星公司味精生产项目在 2013 年启动并在 2014 年投入使用。原设计规划生产能力为 20 万小时，但运转后实际开工率仅为原设计能力的 60%。从今年的味精市场形势看，大批量生产谷氨酸钠 99% 味精或谷氨酸钠 80% 味精的时机已经非常成熟，所以公司的决策者们决定将企业的剩余生产能力转向生产谷氨酸钠 99% 味精或谷氨酸钠 80% 味精产品。若生产及销售都能按照预定目标进行的话，后年再投资扩建新厂，建立具有一定规模、一定技术水准、有竞争实力的大型味精生产基地。

华星公司原有产品及预计投产后的新产品的价格、成本的估算如表 2-3-5 所示。

表 2-3-5　　　　原有产品及新产品售价、成本有关数据资料　　　　单位：元

项目	原有产品	准备投放市场的新产品	
产品名称	玉米淀粉	谷氨酸钠 99% 味精	谷氨酸钠 80% 味精
单位定额机器工时（工时）	70	50	40
单位售价（元/吨）	6200	13500	11750
单位变动成本	4500	9200	8900
专属固定成本		400000	380000
固定成本	1500000		

[题目布置]

1. 华星公司开发项目立足于原材料生产基地，在玉米淀粉价格持续下滑的情况下，评价华星公司生产味精项目的可行性。

2. 计算华星公司剩余生产能力有多少？

3. 根据预测资料，对华星公司剩余生产能力是开发谷氨酸钠99%的味精，还是谷氨酸钠80%的味精作出决策。

[提示]

由于企业生产能力过剩，在计算边际贡献时不必考虑固定成本。此外，有的产品单位边际贡献大，但产量低，边际贡献总额也就少；反之，有的产品单位边际贡献小，但产量高，边际贡献总额也就大。因此，在判断生产何种产品时，不能以单位边际贡献作为决策依据，而应该考虑产品产量与单位边际贡献两个指标才能正确加以判断。

实训六　莹宏商厦家电部亏损原因的诊断分析

欢送赵副经理的仪式刚刚结束，作为商厦灵魂人物的刘经理若有所失地回到了自己的办公室。争取2016年进入国家重点企业与地区重点扶植企业的字条仍然压在办公桌的玻璃板下，这曾是他与老赵共同设计的企业奋斗目标。现在老赵一走，老刘感到如同失去左膀右臂一般的难受。

老刘一边想着心事，一边抽起烟来。此时，家电部业务主任张志强大步流星地推门闯了进来。看他满头大汗，老刘赶紧冲了杯茶放在茶几上并招呼张志强赶快坐下："张主任，是不是出了什么事？坐下慢慢说。"

张主任把茶水一饮而尽，抹了抹嘴说："别提了，家电部这月亏损了，恐怕年度盈利计划要泡汤。您赶紧给想个办法？"一边说着，一边把有关资料递了上去。

家电部作为商厦的主要业务部门，多年来一直保持着盈利的记录。特别是赵副经理推广盈亏控制后，效果非常明显。其管理经验曾多次在商业系统内向其他单位介绍推广。现在出了问题，其结果可想而知。

家电部提交的资料里写得非常清楚：莹宏商厦家电部本年度6月份出现亏损金额16500元。

经商品部财务人员与业务人员的多方分析，发现费用开支并未突破控制水平，固定成本总额仍维持在89000元左右，各类商品也均有正常的边际利润，商品销售量也与上月基本持平（财务管理人员搜集整理的有关数据资料如表2-3-6所示）。

表2-3-6　　　　　　　家电部主要商品边际利润资料表　　　　　　　单位：元

商品类别	本月销售量 (1)	月销售量比重（%） (2) = (1) ÷ 650	单位边际利润 (3)	综合边际利润 (4) = (3) × (2)
空调机	140	21.54	300	64.62
电冰箱	70	10.77	90	9.69
洗衣机	90	13.85	90	12.47
电风扇	200	30.77	30	9.23

续表

商品类别	本月销售量 （1）	月销售量比重（%） （2）=（1）÷650	单位边际利润 （3）	综合边际利润 （4）=（3）×（2）
热水器	50	7.69	50	3.85
微波炉	100	15.38	70	10.77
合　计	650	100		110.63

看着这一堆数据，刘经理与张主任有些犯疑：有利润为何又成亏损了呢？

老刘看着浸了汗水的资料，思索了片刻说到："还是尽快找回老赵，这块工作原本就是他组织人做的。"

老刘提到的赵殿诚原是莹宏商厦唯一的副经理，是从省财贸学院贸易经济系毕业的高材生。人很实在，遇事冷静，也很干练。来到商厦的前身——莹宏百货商场后，在业务科、财务科、计划科及主要商品部都干过，阅历较丰富。升任副经理后，与刘经理有着十分默契的配合，已成为刘经理离不开的关键人物。2009年商场扩建后改名为莹宏商厦，老赵抓住机会在全商场搞起了存货控制与盈亏平衡预测相结合的管理办法，收到了实效。近3年来，商场主要经济指标完成情况均处于省内商业企业领先水平。由于今年市内五一广场建起了营业面积达40万平方米的华联商城，此时的市商业主管部门在商城领导的人选上自然想起了颇有知名度的赵殿诚。接到调令后老赵虽说对已工作24年的莹宏商厦依依不舍，但还是服从了组织上的安排。

已在新商城忙了四个昼夜的老赵，接到老刘的电话后，只作了简单的工作安排就匆匆地叫上车赶往莹宏商厦。没办法，娘家的事总是要管的。

[题目布置]
1. 该商品部本月商品实际销售量是否超过了保本销售量？
2. 该商品部形成亏损的原因主要是在哪里？改进的措施是什么？

[提示]

一般说来，边际利润的大小要受到两个方面的影响：一是销售量的大小；二是不同边际贡献水平的商品其销售比重的变化。前者容易理解，而后者就不一定能主动地意识到了。本事例的关键也就在此。

实训七　红鹰白酒集团亏损产品是否停产的决策

红鹰白酒集团的"红鹰大曲"已经成了一个严重亏损产品，两年间共计亏损1000多万元。红鹰白酒集团总经理高文分析认为："红鹰大曲"生产工艺复杂，具有良好的营养保健功能，长期以来受到国内外广大消费者的青睐，市场前景非常看好。但是由于其生产工艺的独特性、原料选择的严格性及国家税收政策的影响，"红鹰大曲"一直属于高税微利产品，企业长期处于微利经营状态。

在集团决策层召开的会议上，大家普遍认为要立足现实，立足企业内部挖潜革新，降低成本，提高盈利产品产量，并以此拉动整个企业经济效益的提高是公司近期乃至几年之内必须完成的工作目标。会议上，采购、生产、销售、技术、质检等部门各自提出许多合理化建议，对本企业三个主要产品的售价、成本等资料进行了梳理，初步作出了决策。

红鹰白酒集团目前生产红鹰大曲、红鹰啤酒和红鹰葡萄酒三种产品，其中红鹰大曲是亏损产品。有关资料如表2-3-7所示。

表2-3-7　　红鹰啤酒、红鹰葡萄酒和红鹰大曲的销售收入、成本和利润资料　　单位：万元

项　　目	红鹰啤酒	红鹰葡萄酒	红鹰大曲	合　　计
营业收入	3000	2000	2500	7500
减：变动成本	2100	1000	2000	5100
边际贡献	900	1000	500	2400
减：固定成本*	800	530	670	2000
利润	100	470	-170	400
固定成本	2000			

需要说明的是，红鹰白酒集团三种产品固定成本分摊数额的确定，是按固定成本占营业收入的比例来进行的。

[题目布置]

1. 亏损产品红鹰大曲停产后，闲置的生产能力不能用于其他方面，红鹰大曲是否停产？
2. 如果红鹰大曲停产后，闲置的生产能力可用于对外出租，预计全年可获租金收入100万元，红鹰大曲是否停产？
3. 如果红鹰大曲停产后，闲置的生产能力可用于增产原有的红鹰啤酒1/5，红鹰大曲是否停产？

[提示]

在生产经营中，由于一些原因造成了某种产品发生亏损是经营中经常遇到的问题。对于亏损产品，绝不能简单地予以停产，而是应该综合考虑企业的经营状况及其相互影响之后再作出决定。由于此类决策一般并不引起企业现有生产能力的变化，固定成本总额不会发生变化，故采用边际贡献法进行解决。

在本事例中，固定成本为2000万元，其中按营业收入比例分摊，亏损产品红鹰大曲负担固定成本670万元，若将亏损产品红鹰大曲停产，其所负担的固定成本势必要由其他两种产品负担，实际上是降低了企业的盈利水平。故应从整个企业角度作通盘考虑，不要片面地分析问题，只有这样才能作出正确的决策。

实训八　乙丙橡胶产品不同生产工艺的决策

乙丙橡胶（EPR）是继聚乙烯和聚丙烯之后问世的一种以乙烯、丙烯为基本单体的共聚橡胶。它分为二元乙丙橡胶（EPM）和三元乙丙橡胶（EPDM）两大类。前者是乙烯和丙烯的共聚物；后者是乙烯、丙烯和少量非共轭二烯烃的共聚物。乙丙橡胶具有许多其他通用合成橡胶所不具备的优异性能，加之单体价廉易得，用途广泛，是20世纪80年代以来国外七大合成橡胶品种中发展最快的一种。其产量、生产能力和消费量在发达国家中均居第三位，仅次于丁苯橡胶、顺丁橡胶。目前，乙丙橡胶生产工艺有溶液聚合法、悬浮聚合法和气相聚合法三种。分析资料如下：

（1）溶液聚合工艺。这种技术比较成熟，操作稳定，是工业生产乙丙橡胶的主要方法；产品品种牌号较多，质量均匀，灰分含量较少，应用范围广泛；产品电绝缘性能好。但是由于聚合是在溶剂中进行，聚合效率低。同时，由于溶剂需回收精制，生产流程长，设备多，建设投资及操作成本较高。

（2）悬浮聚合工艺。其工艺的特点是：聚合产物不溶于反应介质丙烯，体系粘度较低，因而其生产能力是溶液法的4~5倍；工艺流程简化，基建投资少；产品成本比溶液法低。而其不足之处是：由于不用溶剂，从聚合物中脱离残留催化剂比较困难；产品品种牌号少，质量均匀性差，灰分含量较高；产品的电绝缘性能较差。

（3）气相聚合工艺。与前两种工艺相比，气相聚合工艺有其突出的优点：工艺流程简短，仅三道工序，而传统工艺有七道工序；不需要溶剂或稀释剂，无须溶剂回收和精制工序；几乎无"三害"排放，有利于生态环境保护。但其产品通用性较差，所有的产品皆为黑色。

各种生产工艺的技术经济指标比较见表2-3-8所示。

表2-3-8　　乙丙橡胶各种生产工艺的技术、经济指标比较表

项　目	溶液聚合	悬浮聚合	气相聚合
生产能力（万吨/年）	4.5	4.5	9.1
总投资（百万美元）	9410	7270	7900
生产成本（美元/吨）			
原　料	691	688	686
公用工程	178	103	34
其　他	35	178	13
变动成本（美元/吨）	904	969	733
固定成本（万美元/年）	900	756	755
总成本（美元/吨）	4968	5116.5	7425.3

由表2-3-8中数据可以看出，在乙丙橡胶的各种生产工艺路线中，溶液聚合工艺投资

和成本最高。投资高是因为流程长，高粘度散热难，设备生产强度低，反应后聚合物流浓度太低（仅为6%～14%，悬浮聚合工艺为33%），单体、溶剂回收需较高的费用；成本高主要是因为公用工程费、折旧费、固定成本费用高。这是由于生产过程中消耗较高的电和蒸汽所致。

悬浮聚合工艺的投资与成本工艺分别相当于相同规模溶液聚合工艺的77%和88%，具有投资少、原料消耗和能耗低、生产成本低、"三废"处理费用少等特点。

气相聚合工艺的投资和产品成本最低，分别相当于同等规模溶液聚合成本的42%和68%。

虽然乙丙橡胶溶液聚合工艺的投资和成本最高，但其产品综合性能好，硫化速度快，产品应用范围广，是目前国外最广泛使用的方法。悬浮聚合工艺生产流程短，投资和成本较低，然而产品性能没有突出优点，应用范围较窄，故目前不像溶液聚合工艺那样使用广泛。但若企业生产量较低时，因其投资成本低，也不失为一种可行的生产工艺。气相聚合工艺产品中含有大量炭黑，通用性较差，限制了它的使用范围，目前基本属于淘汰的工艺，采用它的厂家已越来越少。

[题目布置]

1. 根据资料分析乙丙橡胶三种生产工艺的技术状况和技术特点，对三种生产工艺作出评价。
2. 根据所给"溶液聚合"、"悬浮聚合"工艺各项经济指标，对该企业生产工艺的选择作出决策。

[提示]

企业对某种产品进行加工过程中，往往有几种不同的工艺技术可供选择，若其加工质量都能满足企业的基本要求，则不同工艺技术之间的选择就应根据成本效益的原则来进行。

一方面，采用先进的加工工艺会使产品质量大大提高，降低产品成本。同时由于产品可以自动化、大批量生产，单位直接人工成本也会减少。而从另一方面，采用先进的加工工艺往往会需要企业投入大量的资金，去购置机器设备，增加大量的固定成本。与此相反，采用普通的加工工艺，会使企业最初的投资很少，但其变动成本会较高一些。本事例中，乙丙橡胶生产的"溶液聚合"工艺先进，产品质量好，也能更好地保护环境，但投资大。"悬浮聚合"工艺，产品质量也能满足需要，且投资小，成本低。"气相聚合"工艺由于产品中含有大量炭黑，通用性较差，限制了它的使用范围，目前属于淘汰的工艺。故在进行生产工艺选择时不予考虑。

实训九　钟华电子公司产品最优组合的决策

钟华电子公司主管生产的副总经理余畅先生正在为公司分厂的生产问题所困扰，那里的事情使他大伤脑筋，不知如何解决是好。

钟华电子公司是一家生产和销售微波电子器件的工厂，总部设在海口经济技术开发区。它有两个分厂：一分厂在市区，生产微波炉和真空开关两种民用产品；二分厂在郊区，生产为一分厂产品所用的微波管与其他电子电气元件。一分厂原来是专为军工部门制造高技术设备、实验仪器和电子器材的，20 世纪 90 年代初期，因军品需求急剧下降，工厂连续几年严重亏损，厂部决定转为生产民品，从德国引进了真空开关的生产技术，又从瑞典引进微波炉的生产技术，使得两种产品都投入了批量生产，并进入国际市场。

随着公司营业的发展，两个分厂之间在生产上的矛盾也越来越突出。最大的争端是在费用分摊上，一分厂生产两种产品，实行经济承包责任制，留成和奖金与其利润挂钩，而二分厂没有产成品，只计算成本，产品中材料成本占的比重很大，所以产品分厂都想压低那些零部件的转移成本。不仅如此，一分厂生产的两种产品产量之间，也存在矛盾。矛盾集中在元器件的供应上，两种产品虽然不同，但其中的大部分元器件，如微波管等，或通用，或者工艺路线相似，往往可在同一生产线上生产。二分厂生产的元器件，是生产微波炉和真空开关产品的主要构成部分，一旦供应不上，就会使一分厂的生产线中断，打乱生产计划。所以一分厂内部围绕着是保证微波炉产品生产，还是满足真空开关产品生产的供应上产生了意见分歧。

余副经理最近一直在考虑是否把二分厂撤销，将一分厂分割成两个独立分厂，生产不同产品，但他迟迟下不了这个决心。余副经理心里清楚，这样做既会损失生产规模的经济性，也会大大削弱元器件生产的技术力量。可又该如何解决眼前的问题呢？

不久，钟华电子公司召开了工厂"产品最优组合研讨会"。会场右侧电子屏幕上，显示一分厂生产两种产品的有关资料图表，如表 2-3-9 所示。

表 2-3-9　　　　　　　　钟华电子公司两种产品的相关数据资料表

项　目	微波产品	真空开关	产品最大限量
产品单位边际利润（元）	6	4	
单位产品需用生产线（小时）	2	1	500
单位产品需用元器件（个）	6	8	1920

余副经理首先发言，直接切入主题："我厂生产的两种产品，都需使用该生产线和元器件进行加工。生产线每年可利用 500 小时。其中，二分厂生产的元器件每年正常供应量为 1920 个，而我们的两种产品销售市场没有困难。那么，如何安排两种产品的生产，请与会代表各抒己见，畅所欲言。"坐在余副经理身边的张会计师站起身来发言说到："微波产品的单位边际利润高于真空开关产品，应首先保证生产微波产品使用生产线时间和元器件的供应，才可提高经济效益。"车间主任牛大群发表看法说："真空开关产品虽然产品单位边际贡献较低，但是生产一个真空开关产品只需要生产线工作 1 小时，在生产线生产产品最大数量条件约束下，则比生产微波产品数量多一倍，数量大则总边际贡献会大于微波产品，怎能舍本逐末？"到会代表热情高涨，争论不休。

余副经理等到会场逐渐安静下来后，操作计算机，显示屏幕转换成一副直线坐标图。见图 2-3-1 所示。

余副经理表明自己观点，图示中的 L_1 直线表示生产单位产品需用生产流水线的最大限量 500 小时，L_2 直线则是根据生产两种产品需用耗费元器件的数据及工厂所能提供的最大产量表示的。图中 A、C 两点的产品组合方式是不可取的，均未充分利用企业现有的生产能

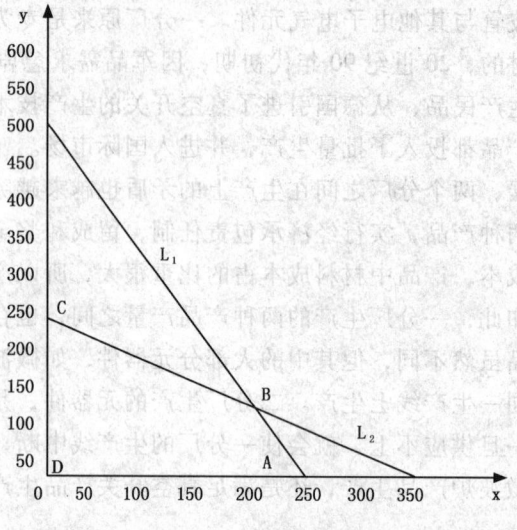

图 2-3-1 产品生产组合图示

力和材料零件的供应等资源，造成闲置浪费。在 ABCD 区域之外，虽利润很高，但却是不可行的产品组合，因其超过了产品最大限量所允许的范围。只有在 ABCD 区域内才是产品组合的可行性界限，因此，两种产品组合的最佳点是 B 点，即按照生产微波产品 208 台和生产真空开关产品 82 套为产品最优组合。

[题目布置]

1. 根据资料，用数据计算说明余副经理的产品最优组合观点。
2. 列表说明图 2-3-1 中 A、C 点产品组合，余经理为什么说没有充分合理利用企业资源？
3. 依据数据资料，结合余副经理的图示，总结归纳出图解法的产品最优组合的求解作图步骤。

[提示]

企业在生产多种产品情况下，经常会遇到怎样对有限的生产资料合理分配，如何充分有效地发挥生产能力，以达到生产消耗的成本最低、利润最高的目的。产品最优组合问题，就是研究在现有的生产能力、原材料供应、劳动力安排、市场销售、资金筹集等多方面条件的限制下，通过产品合理有效的生产组合，实现最佳目标利润。

产品最优组合的方法有线性规划法、逐次列表测试法和图解法等。

在使用线性规划法中，产品的最优组合通常是由各种生产能力或生产资料等限制条件的直线方程所围成的一个共同区域。所以，只有在共同区域中的数值才可能表示产品组合的可行性范围，此范围内任何产品的组合都是可行的。

实训十 雅鹿服装有限公司产品最优组合的选择

雅鹿服装有限公司,原以生产男女西服套装起家。其所制作的以"雅鹿"、"派洋"为注册商标的产品多年来在市场上一直销售较好,获利颇丰。为迎合年轻人的审美需要,雅鹿服装有限公司随后又向市场推出了两款新产品"雅鹿牌超薄保暖内衣"和"雅鹿牌水洗翻绒休闲夹克",投放市场后在东北三省销售极好,供不应求。为了方便产品的销售和降低制造成本,企业在哈尔滨市新投资建设了一个生产加工基地,并已正式投产使用。为了提升公司整体效益,控制住服装生产成本,企业管理层一致认为,应在企业内部实行全员成本管理和生产成本的全程控制。而对于所新建的生产加工基地在安排生产时,必须按照线性规划原理,合理安排各种产品的生产组合,以求得企业经济效益的最大化。公司财会部门、生产部门和技术部门的人员召开了两次碰头会,认为两款新产品"雅鹿牌超薄保暖内衣"和"雅鹿牌水洗翻绒休闲夹克"的生产工艺和操作流程能够交叉组合作业,因而应进行生产组合。与此同时,生产部门和财会部门根据两种产品的加工工艺、操作流程以及成本、售价等方面的资料,对生产管理和成本预测都做了精细的安排与分析,并开始着手落实政策。整个决策过程中涉及产品组合的财务数据资料如下:

两款新产品"雅鹿牌超薄保暖内衣"和"雅鹿牌水洗翻绒休闲夹克"都要经过"裁剪"、"制衣"、"质检"、"包装入库"四道生产工序才能完成整个制作过程。但由于质检和包装两道工序在成本控制方面实行单独核算,因而生产成本控制主要由"裁剪"和"制衣"两个生产工序单独支撑。这两道生产工序被生产部门主管工艺的技术员分配在两个生产车间相继进行,有关成本及售价资料测算如表2-3-10所示。

表2-3-10   超薄保暖内衣、水洗翻绒休闲夹克的销售价格和成本对比表   单位:元

项目	超薄保暖内衣	水洗翻绒休闲夹克
单位售价	200	100
单位变动成本	170	80
单位边际贡献	30	20

本公司的生产能力如下:裁剪车间可生产2000小时,生产超薄保暖内衣每件10小时,生产水洗休闲夹克每件5小时;制衣车间可生产1800小时,生产超薄保暖内衣每件8小时,生产水洗休闲夹克每件6小时。

[题目布置]

1. 采用逐步测试法对该企业如何利用现有生产能力,实现保暖内衣和衬衫的最优生产组合作出选择。

2. 采用图解法对该企业如何利用现有生产能力,实现保暖内衣和衬衫的最优生产组合作出选择。

[提示]

在企业多品种生产过程中，每个产品的生产都离不开一些必要的条件或因素，如人工、材料、工时等，而其中的一些因素可以生产不同的产品，如果各个产品的生产共用一个或几个因素，而这些因素本身又是有限的，就应该认真研究如何通过各个产品的不同组合，使这些因素达到最佳利用。产品最优组合决策就是通过计算分析，作出各个产品应该生产多少才能使这些生产要素获得合理而充分的利用，并且能够获得最大利润的决策。

实训十一　利华公司产品最优售价的决策

利华公司现在生产和销售一种女式皮具，销售单价为280元，每月的销售量能够达到5000件，单位变动成本100元，固定成本总额10万元。目前，在市场上开始出现同类商品销售，竞争比较激烈，价格战难以避免。企业为了争夺市场，扩大销售量，必须降价销售。如果降价幅度过大，企业损失惨重，即使打垮对手，自己也是得不偿失；如果降价幅度过小，无法收到刺激消费的效果。为此，企业根据市场预测，拟订了销售价格与销售数量对比表（表2-3-11所示）。

表2-3-11　　　　　女式皮具销售价格、销售数量对比表　　　　　单位：元

售价	275	270	265	260	255	250	245	240
预计销售量（件）	5200	5400	5600	5800	6000	6200	6300	6400

[题目布置]

1. 列表计算在各种销售价格下的边际收入、边际成本和税前利润。
2. 运用你所学的知识，正确进行产品售价的决策。
3. 你认为降价一定会引起销售数量的增加吗？为什么？

[提示]

目前，产品价格主要由企业自行制定，而商品价格、成本、利润这三者是直接联系和相互依存的，价格的高低对商品的供求影响极大，所以，商品价格制定合理与否，对企业生产和经营的影响很大，与企业的盈利水平的高低，更有着密切的关系。一般说来，价格合理，销售量大，实现的利润就多；反之，价格不合理，就可能影响销售量，实现的利润当然也就会相应地减少。

实训十二 高洁化工有限公司洗手液产品最优售价的决策

随着人们生活水平的提高，人们对洗涤用品的消费观念也在发生着变化。洗涤用品不仅要满足洁净、卫生的基本需要，而且也要逐渐向健康时尚靠拢。高洁洗手液的产品创意正是在这一情况下诞生的。我们大多数人洗手的体验是使用香皂清洁手部，然后涂上润手霜以保护皮肤。但是，香皂本身含有的碱性皂基并不利于皮肤保养。长期使用之后会令皮肤变得干涩和紧绷。同时，携带香皂出差也不十分方便。虽然在一些宾馆、饭店提供小型的香皂，但其质量难以和既有滋润成分又带有保洁成分的洗手液相媲美。而且每一次清洁过后，下一次人们再进行清洁时又不可避免地全面接触整块香皂，这在某种程度上并不十分健康和卫生。高洁化工有限公司生产的洗手液恰恰能克服这一缺点。

根据人们的需要，高洁洗手液有几种不同的重量包装，其外包装采用塑料管制成，有一定的弹性，在管口有一小孔可以挤出洗手液，其外包装类似于大多数洗面奶和洗发水的包装。高洁洗手液有实惠装，这样无论是出差还是在办公室，你可以随时携带。其方便、卫生的特性一定会受到大多数时尚人士的喜欢。根据人们的喜好不同，高洁洗手液有不同的香型，而且专门设计了滋润型、清香型和消毒型洗手液。这三种不同的洗手液适用于不同的人群，经常在办公室办公的人群，可以使用滋润型，这种类型既可以滋润皮肤，又可以起到清洁的作用，而且不伤害皮肤；从事装配、搬运等接触油脂、污垢较多的人士，比如在汽车修配厂工作的人群，可以使用清洁型洗手液；在银行、酒店、商店经常接触货币的人群，可以使用消毒型的洗手液。因此，公司对洗手液的开发前景充满信心。

洗手液的价格定位十分关键。若定价过高，会使大多数工薪阶层感到没有什么价值，但也许会吸引白领阶层的人士购买；而定价过低，会使公司的投资的回收期长，不利于进行新品种的开发。在定价之前，高洁化工有限公司的业务人员对现有市场上出售的几种畅销的香皂以及几种洗面奶的价格进行了调查，调查结果如表 2-3-12 所示。

表 2-3-12　　　　　其他厂家香皂及洗面奶价格水平调查明细表　　　　　单位：元

商品名称	重　量	销售单价	商品名称	重　量	销售单价
夏士莲	125g	3.7	玉兰油洁面奶	50g	18
力　士	100g	2.8	爱茉莉洁面乳	100g	38
舒肤佳	125g	3.8	羽西洗面液	125g	45.9
两面针	125g	2.9	佳雪洗面乳	125g	23.7
纳爱斯	125g	2.9	生态美洗面乳	80g	29.4
强生香皂	125g	4			
花王香皂	125g	2.9			
索芙特香皂	108g	11.9			
浪　奇	125g	3.8			
多　芬	100g	8.5			

香皂产品的平均定价在 3.5 元左右（有特定功能的除外），而洗面奶的价格一般相差不是很大，平均在 30 元左右。因此，高洁洗手液的消费群体定位在普通的工薪阶层。

高洁洗手液的营销策略安排如下：洗手液计划在秋季上市。以高洁化工有限公司在化妆品市场的地位，打算先和深受消费者欢迎的润手霜捆绑销售。凡是购买 150 元高洁化妆品赠送一小瓶高洁洗手液试用；同时在大型的酒店、商店或高收入阶层的住宅小区散发试用装；在电视台作为期三个月的广告，并打算几种方式齐头并进，争取打开洗手液的销售市场。

高洁洗手液的变动成本大约为 8 元/100ml 左右，年固定成本估计为 600 万元。在不同的销售价格下，预计的销售量如表 2-3-13 所示。

表 2-3-13　　　　　　　　高洁洗手液预计的销售量　　　　　　　　　　单位：元

售价	15	16	17	18	19	20
预计销售量（万 100ml）	100	95	80	75	70	65

[题目布置]

你认为高洁洗手液的价格确定为多少才能给企业带来最高利润？

[提示]

对于企业所销售的商品，究竟应该应多高的价格才合适，单位售价提高无疑将会创造更多的单位边际贡献，但低价往往具有促销的功能。产品售价越高越好还是越低越好必须要联系产品的需求量进行考虑；售价过高，产品销售量自然会减少，一旦达不到保本点的要求，就会发生亏损；但售价过低，可能提供不出必要的边际贡献额，同样会出现亏损。因此，产品最优售价既不是最高售价，也不是最低售价，而是能够使企业获得最大利润的售价。

第四部分

投资决策

投资决策是管理会计的基本内容之一。正确地进行投资决策,对于提高企业的经济效益,增强企业活力具有重要意义。本部分着重解决什么是现金以及如何确定现金流量。投资中的现金是一个广义的概念,它不仅包括货币资金,同时也包含了与投资项目相关的非货币资源的变现价值。比如在投资某项目时,投入了企业原有的固定资产,这时的现金就包含了该固定资产的变现价值或其重置成本。现金流量可以按不同的标志进行分类并采取适当的方法予以计量。本部分着重实训和研究各种非贴现指标(投资回收期、投资报酬率)和贴现指标(净现值、现值指数、内含报酬率)的计算方法,强调没有一个指标能够适应并解决所有的投资决策问题,决策者应该具体问题具体分析,找到一种比较符合实际的决策思路。本部分通过若干实训题目安排进一步强调了投资决策的复杂性及不同决策问题中相应指标的应用技巧,旨在提醒学生应对复杂性问题给予重视并注意实践中技巧的灵活把握。同时,资金成本在实际中是否应该考虑及其计量技术也是一个很重要的问题。应强调的是,投资决策多在不确定因素的影响下作出,因而必须充分考虑风险因素的影响,而事实上也可以采用适当的方法计量风险影响,以作出正确的决策。

实训一 恒源商城现有设备进行改造或更新决策

恒源商城为了使年度商品销售额增加到 7000 万元规模,2015 年拟对现有经营设备进行改造或更新。企业现有设备总价值 400 万元,使用期限超过 15 年。若对现有设备进行改造需再追加投资 700 万元,若更新现有设备经初步测算需投资 1500 万元。对现有设备进行改造所需追加投资以及更新现有设备投资测算如表 2-4-1 所示。

表 2-4-1　　　　　现有设备进行改造或实施更新投资额测算表　　　　　单位：万元

固定资产项目	账面原值	改造追加投资额	更新投资额
中央空调系统	239	300	786
自动扶梯	100	230	340
冷柜	20	10	40
货架与营业柜台	31	130	270
照明系统	10	30	64
合计	400	700	1500

经营设备改造或进行更新工程大约需要 1 年的时间，不间断营业进行。现有设备实施改造后，设备总价值将达到 1100 万元；若更新现有设备，由于投资总额达到 1500 万元，除现有设备出售可得变价收入 450 万元以外，还需追加投资 1050 万元。改造或更新后设备有效使用年限均为 10 年，采用直线法计提折旧，净残值率 5%。设备改造或更新的追加投资部分拟由银行贷款解决。银行贷款的年利率为 5%，5 年内还清，从借款第 2 年起，每年年初归还上年度贷款本金并支付同期利息。追加投资的银行贷款其每年期初余额情况如表 2-4-2 所示。

表 2-4-2　　　　　追加投资银行贷款期初余额表　　　　　单位：万元

项目	改造现有设备	更新现有设备
追加投资银行贷款额	700	1050
每年归还银行贷款额	140	210
每年初银行贷款余额		
2015 年	700	1050
2016 年	560	840
2017 年	420	630
2018 年	280	420
2019 年	140	210

改造或更新现有设备后每年净利润预测情况如表 2-4-3 所示。

表 2-4-3　　　　　改造或更新现有设备后每年净利润预测表　　　　　单位：万元

项目	改造现有设备	更新现有设备
净利润	900	1000

该企业资金成本率为 10%。同时，改造现有设备需在设备投入经营之后增加流动资金投资 300 万元，而更新现有设备需增加流动资金投资 400 万元。

[题目布置]

请你使用净现值法对该企业现有设备进行改造或实施更新作出决策。

[提示]

从净现金流量的角度考虑,缴纳所得税是企业的一项现金流出,因此,这里的利润指的是净利润,即税前利润减去所得税费用;而折旧等未付现费用作为一项成本,在计算净利润是包括在成本当中的,但是由于它不需要支付现金,因此,需要将它作为一项现金流入看待。企业的营业现金流量可用公式表示为:

营业现金净流量 = 净利润 + 折旧等未付现费用

每年年末需支付的银行贷款利息按单利法进行计算。

实训二　世佳制表有限责任公司生产线引进决策

世佳制表有限责任公司是以生产高中档石英手表为主的大型企业,固定资产总额7960万元,石英手表的年产量达2000万只,主营业务收入突破5.6亿元的规模,其产品一直畅销不衰。

随着高中档石英手表市场竞争日趋激烈,公司决策层确立了产品结构石英化、质量高档化、款式多样化、不断扩出新款产品并逐步占领欧美市场的战略目标。为了实现这一目标,公司先后派出专业技术人员多次到德国、日本、瑞士和香港等地进行技术与市场方面的考察,准备引进一条具有国际先进水平的生产线,以增加公司产品的技术含量及竞争能力。当时可供选择的生产线有三条:一条是日本的,一条是德国的,另一条是瑞士的。由于瑞士的那条生产线价格比较昂贵,故只能从日本与德国的两条生产线中选择其中一条。但两条生产线在报价、形成的生产能力及年度维修费用等方面各有优势,到底引进哪一条更合适,公司刘经理决定在召开领导层会议进行可行性研究论证之后再作决断。

领导层会上,先由高士俊总工程师代表考察组同志介绍了两条生产线的技术水平、所形成的生产能力及出口商的设备报价等情况,随后大家展开了激烈的讨论。在大家充分发表意见的基础上,主管此次生产线引进工作的王达诚副经理谈了自己的倾向性意见。

王达诚副经理来公司后,先后任职过财务处主任、设备处主任及公司副经理等职,有着丰富的财务和业务管理经验,对公司的情况非常熟悉。他利用考察组提供的有关数据资料,结合管理会计理论进行了两条生产线成本效益的测算与对比分析,并把其结果和个人的倾向性看法在会前向刘经理作了详细汇报。在会上,刘经理一边听大家的讨论发言一边反复思索。最后,他终于拿定了主意:按王达诚副经理的意见办。

王达诚副经理提供的两条生产线数据资料如表2-4-4所示。

表2-4-4　　　　　　　　　两条生产线数据资料表　　　　　　　　单位:万元

项　目	从日本引进生产线	从德国引进生产线
生产线投资	5000	4000
流动资金垫支	800	600
生产线专项维护	37.5	40

续表

项　　目	从日本引进生产线	从德国引进生产线
现有设备配套改造	300	270
年净利润	1400	1200

无论采用哪条生产线其使用期限都是 10 年；世佳制表有限责任公司采用直线法计提折旧，净残值率5%；资金成本率10%。

[题目布置]

如果你是王达诚副经理，你将如何进行测算与分析？

[提示]

从表面看，本事例主要是研究两个方案的成本与效益对比问题，但现代管理会计观念是以考虑资金时间价值为其特点的。因此，本事例的中心问题是两个方案的净现值对比问题。

实训三　固定资产投资决策应考虑通货膨胀因素

徐州星光电机厂是以生产小型电机为主的中型企业，由于产品质量优良，价格合理，长期以来一直是市场上供不应求的抢手货。为扩大生产能力，该厂准备再建一条生产线。

根据厂领导的工作布置，总会计师徐智达同志负责此次筹资与投资的具体工作。为把此次任务完成得更好，需要搜集新建生产线的有关数据资料，写出该投资项目的管理会计评估报告，以供领导层决策参考。

老徐经过近一个月的调查分析，初步测算出有关的数据资料：生产线初始投资为1200万元，一次性投足，建设期为1年；第2年投产后可形成年10000台的生产能力，每年可获产品销售收入3000万元；投资项目使用期限为5年，5年后进行更新换代，残值收入估计可达200万元左右；在投资项目投入使用后还需垫支一部分流动资金，预计在200万元左右，5年后就可全部收回。该项目年产品成本的构成情况如下：

材料费用　　2000万元

工资费用　　300万元

管理费用　　200万元

折旧费用　　200万元

徐州星光电机厂资金成本率保持在10%左右，所得税率30%。该投资项目营业现金流量、现金流量、净现值的测算情况如表2-4-5、表2-4-6及表2-4-7所示。

在领导决策层会上，徐智达同志对他所提出的数据测算资料向大家进行了详细的说明，同时提出实施该投资项目会给企业带来约256万元的净现值收入，建设新生产线是可行的。

主管财务工作的副经理张显衡同志不太赞同老徐的看法，认为老徐的分析测算方法本身并不存在问题，但却忽略了物价变动因素的客观影响，这就使老徐提供的投资分析参考价值打了折扣。他认为：在固定资产使用期内由于受到通货膨胀的影响，材料费用支出每年将增长 14%，工资费用每年将增长 10%，管理费用每年将增长 5%，生产线残值也将达到 240 万元。

表 2-4-5　　　　　　　　投资项目营业现金流量测算表　　　　　　　　单位：万元

项　目	第2年	第3年	第4年	第5年	第6年
销售收入	3000	3000	3000	3000	3000
付现成本	2500	2500	2500	2500	2500
其中：材料费用	2000	2000	2000	2000	2000
工资费用	300	300	300	300	300
管理费用	200	200	200	200	200
折旧费用	200	200	200	200	200
利润总额	300	300	300	300	300
所得税费用	90	90	90	90	90
净利润	210	210	210	210	210
营业现金净流量	410	410	410	410	410

表 2-4-6　　　　　　　　投资项目现金流量测算表　　　　　　　　单位：万元

项　目	第1年	第2年	第3年	第4年	第5年	第6年
初始投资	-1200					
垫支流动资金		-200				
营业现金净流量		410	410	410	410	410
生产线残值						200
垫支流动资金收回						200
现金流量合计	-1200	210	410	410	410	810

表 2-4-7　　　　　　　　投资项目净现值测算表　　　　　　　　单位：万元

年数	现金流出	现金流入	贴现系数	现值
1	-1200		1	-1200
2	-200		0.9091	-181.82
2		410	0.8264	338.82
3		410	0.7513	308.03
4		410	0.6830	280.03
5		410	0.6209	254.57
6		810	0.5645	457.25
净现值				256.88

主管业务工作的于榕副经理认为：受通货膨胀的影响，销售收入每年将增长 10%。

厂长郑玉明在认真听取了大家的发言后，要求徐智达同志根据以上同志的意见，重新进行准备，并提交下次领导会议研究讨论。

[题目布置]

如果你是徐智达同志,你应如何进行营业现金流量、现金流量及净现值的测算?该项目到底是否可行?

实训四 万泉超市项目投资可行性研究分析

得客隆商业集团是以经营超级市场业务为主的大型连锁商业企业,经营方式以零售超市为主,兼营批发小额贸易。2015年年初,集团领导层经过多次研究讨论,准备在新建的万泉庄小区建一座营业面积达6000平方米的万泉超市,解决附近地区居民日用消费品的供应问题,以弥补这一地区商业网点设施的不足。

项目经理秦守庐和素有"小诸葛"之称的财务副经理梁子民负责万泉超市项目的规划与筹建工作。两位同志经过近两个月的调查分析后,提出了万泉超市项目建设的基础数据,供经理会研究拍板:

(1) 项目施工期两年。包括:第1年年初要求资金到位1700万元,项目批准后进行工程招标,随即进入地基开挖阶段。第2年主体建筑及其内部设施安装完毕。第3年投入使用。

(2) 万泉超市投入使用后,预计每年零售额可达2700万元的规模,营业成本2100万元。

(3) 固定资产投资估算4790万元,建设期借款利息210万元。

(4) 流动资金投资估算2000万元。

(5) 整个项目投入自有资金4500万元,其余2500万元为长期借款;借款年利率为6%,借款利息采用单利计算方法,建设期内计入固定资产价值进行资本化处理,经营期内计入财务费用;借款本利和在开工后7年内逐年还清。还本付息情况见表2-4-8所示。

表2-4-8　　　万泉超市项目长期借款还本付息测算表　　　单位:万元

项　目	第1年	第2年	第3年	第4年	第5年	第6年	第7年
长期借款余额	1000	2500	2500	2000	1500	1000	500
借款年利率(%)	6	6	6	6	6	6	6
本年应付利息	60	150	150	120	90	60	30
本年偿还借款本息			860	620	590	560	530
本年尚未偿还借款本息	1060	2710	2000	1500	1000	500	0

建设期内资金使用及其筹措规划见表2-4-9所示。

表2-4-9　　　万泉超市项目建设期内资金使用及其筹措规划表　　　单位:万元

项　目	第1年	第2年	合　计
资金使用总额	2700	4300	7000
其中:固定资产投资	2700	2090	4790

续表

项 目	第1年	第2年	合 计
建设期内借款利息支付		210	210
流动资金投资		2000	2000
资金筹措总额	2700	4300	7000
其中：自有资金	1700	2800	4500
长期借款	1000	1500	2500

经营期内利润预测情况如表2-4-10所示。

表2-4-10　　　　　　万泉超市项目经营期内利润预测表　　　　　　单位：万元

项 目	第3年	第4年	第5年	…	第12年
营业收入	2700	2700	2700	…	2700
营业成本	2100	2100	2100	…	2100
利润总额	600	600	600	…	600
所得税费用（税率30%）	180	180	180	…	180
净利润	420	420	420	…	420

得客隆集团资金成本8%；固定资产按直线法计提折旧，期限10年，净残值为固定资产原值的4%。

[题目布置]

1. 编制万泉超市投资项目现金流量测算表并计算其净现值。
2. 测算万泉超市投资项目内含报酬率。
3. 根据净现值与内含报酬率资料作出万泉超市项目可行性研究分析。

[提示]

计算评价指标的目的，是为项目投资提供决策的定量依据，进行项目的评价与优选。由于评价指标的运用范围不同，评价指标的自身特征不同，评价指标之间的关系也比较复杂。因此，必须根据具体运用范围确定如何运用评价指标。但在只有一个投资项目可供选择的条件下，可直接利用评价指标考查该独立项目是否具有财务可行性，从而作出接受或拒绝该项目的决策。当有关指标大于或等于某些特定数值时，则该项目具有财务可行性，应该得到采纳；反之，则不具备财务可行性，应该拒绝执行。

一般来说，如果某一投资项目的评价指标同时满足以下条件，则可以断定该投资项目无论从哪个方面看都具备财务可行性，应当接受此投资方案。这些条件是：

净现值≥0

获利指数（现值指数）≥1

内含报酬率≥企业资金成本

包括建设期的静态投资回收期≤$\frac{n}{2}$（即项目计算期的一半）

实训五　精诚模具制造有限公司合作项目可行性研究分析

精石机床制造有限公司地处大连市,是以生产数控机床为主的由乡镇企业发展起来的集团公司,总资产达6亿元人民币,产品在国内外市场具有较强的竞争能力;大诚雷诺车辆制造有限公司是以生产雷诺厢式汽车为主的中外合资企业,总部设在东莞市,投资总额3亿元人民币,产品70%出口国外,30%销往内地。2014年,两家公司的老总在一次研讨会上接触后,表示出了合作经营一家模具制造有限公司的意向,以生产高精度模具提高汽车整体制造水平,并为其他行业提高产品质量奠定基础。双方财务与技术部门多次接触后,相继成立了项目分析评价小组,就合作经营项目——精诚模具制造有限公司的产品市场、投资环境与投资规模进行了可行性研究,并向各自决策层提供了分析资料:

精诚模具制造有限公司投资项目建设期1年,合作经营期限为10年;固定资产投资总额8000万元人民币要求一次到位,由双方共同出资完成,出资比例各占50%;合作期满后对现有固定资产作价出售,估计收入会达到2000万元左右,该部分作价收入由双方按出资比例实行分配。双方商定固定资产投资全部以自有资金投入。

精诚模具制造有限公司项目需投入流动资金4000万元,也由双方共同出资完成,出资比例各占50%;需投入的流动资金中3000万元以双方的自有资金投入,其余1000万元由银行贷款解决,利息开支计入精诚模具制造有限公司财务费用。

精诚模具制造有限公司项目在整个经营期内预计年销售总额可达7000万元,营业成本3000万元,所得税率按25%计算,净利润3000万元。

精诚模具制造有限公司项目投资报酬率预计为10%,精石机床制造有限公司投资报酬率为9%,大诚雷诺车辆制造有限公司投资报酬率为10%。

精诚模具制造有限公司投资项目年度净利润30%以盈余公积金及未分配利润等形式留用在企业内部,其余部分由双方按出资比例实行分成,不包括提取的折旧基金收入部分。在合作经营期第5年由于进行技术改造需再投入资金2000万元,因此,要留给精诚模具制造有限公司部分净利润以备改造之用。

精石机床制造有限公司向精诚模具制造有限公司提供专有技术,每年可获得技术转让收入80万元,同时开支相应费用10万元;精诚模具制造有限公司每年向大诚雷诺车辆制造有限公司提供价值为50万元的高精度模具产品,双方采用货币结算。

大诚雷诺车辆制造有限公司参与该项目后,使得自身的资金周转比较紧张,为此每年需向银行申请部分短期贷款1000万元,按短期贷款年利率5%计算,每年需开支利息费用50万元。

精诚模具制造有限公司投资项目有关现金流量的分析评价如表2-4-11、表2-4-12及表2-4-13所示。

表 2-4-11　　　精诚模具制造有限公司投资项目营业现金流量测算表　　　　单位：万元

项　目	第 2 年	第 3 年	第 4 年	…	第 11 年
销售总额	7000	7000	7000	…	7000
营业成本	3000	3000	3000	…	3000
所得税（税率25%）	1000	1000	1000	…	1000
净利润	3000	3000	3000	…	3000
折旧	600	600	600	…	600
营业现金净流量	3600	3600	3600	…	3600

表 2-4-12　　　精诚模具制造有限公司投资项目现金流量测算表　　　　单位：万元

项　目	第 1 年	第 2 年	第 3 年	第 4 年	第 5 年	第 6 年
固定资产投资	-8000					-1000
流动资金投资	-4000					
营业现金净流量		3600	3600	3600	3600	3600
流动资金投资收回						
固定资产作价收入						
合　计	-12000	3600	3600	3600	3600	2600

项　目	第 7 年	第 8 年	第 9 年	第 10 年	第 11 年	合　计
固定资产投资						-9000
流动资金投资						-4000
营业现金净流量	3600	3600	3600	3600	3600	36000
流动资金投资收回					4000	4000
固定资产作价收入					2000	2000
合　计	3600	3600	3600	3600	9600	29000

表 2-4-13　　　精诚模具制造有限公司投资项目净现值测算表　　　　单位：万元

项　目	现金流量	折现系数	现　值
营业现金净流量	3600	6.4951 ~ 0.9091	20109.6
流动资金投资收回	4000	0.3505	1402
固定资产作价收入	2000	0.3505	701
固定资产初始投资	-8000	1	-8000
固定资产技术改造投资	-1000	0.5645	-564.5
流动资金投资	-4000	1	-4000
净现值			9648.1

[题目布置]

如果让你代表实训中大诚雷诺车辆制造有限公司投资方进行投资项目分析的话，你认为该投资项目是否具有可行性？结果应该是怎样的？

[提示]

从项目分析评价小组对精诚模具制造有限公司合作项目净现值测算的数据结果来看，该项目有8530.9万元的净现金流入，这是非常合算的。但是，这并不是问题的关键，因为投资者要站在自身利益的角度上进行研究评价。只有投资的双方——精石机床制造有限公司与大诚雷诺车辆制造有限公司都认为该项目有利可图时，投资活动才能真正展开。

实训六　南阳鹤岛羽绒制品有限公司固定资产更新决策

南阳鹤岛羽绒制品有限公司拥有在国内属于领先水平的国产羽绒成套生产设备，对他们进军北京、上海、深圳、成都，占领国内主要市场起了非常重要的作用。但是，2014年，随着国内外羽绒产品市场竞争的日趋激烈，其他厂家不断推出新款产品，鹤岛羽绒制品公司丢失市场不少，损失也较大。公司领导班子经过反复研究分析后，认为应淘汰现有的国产设备，引进技术更为先进的日本NAW公司的羽绒制造设备。中日双方的技术人员已就设备引进的技术问题进行了多次接触，设备报价也已同时提交鹤岛羽绒制品公司相关的财务与决策部门，看来只是一个等待批准的时间问题了。

是否进行设备的更新换代的管理会计论证工作自然又落在财务主管老刘的身上了。别看老刘没念过什么中专或大学，人却很聪明精干，两次设备购置工作都由他主持，有厂里的"铁算盘"之称。

没过两天，老刘就把生产设备更新的分析报告放在了领导的桌面上。见到正准备出国的技术部主任王程刚，老刘略带得意地说了一句："什么时候请我喝酒呀？"王程刚眨眨眼睛，还真没闹清楚老刘的话是什么意思。

老刘向领导提供的生产设备更新分析报告数据分析部分的大体情况如表2-4-14、表2-4-15及表2-4-16所示。

表2-4-14　　　　　现有设备会计数据资料表　　　　　单位：万元

项　目	2009年购置设备	2011年购置设备
购置成本	42	300
账面净值	18	192
估计出售收入	5	40
尚可使用年限（年）	4	6
年度销售收入	2000	2000
年度营业成本	1400	1400
年度所得税（税率25%）	180	180
年度净利润	420	420

表 2-4-15　　　　　　　进口新设备会计数据资料表　　　　　　　单位：万元

项目	金额
进口新设备后增加的年度销售收入	100
进口新设备后增加的年度营业成本	50
进口新设备后增加的年度所得税（税率25%）	15
进口新设备后增加的年度净利润	35
新设备的购置安装成本	400
进口新设备的使用年限	10
预计进口新设备的残值收入	20

表 2-4-16　　　　　　　进口新设备盈亏分析表　　　　　　　单位：万元

项目	金额
进口新设备后增加的净利润收入	350
进口新设备折旧收入	380
进口新设备残值收入	20
原有设备的出售收入	45
进口新设备的购置安装成本	400
进口新设备后损失原有设备折旧及残值收入	192
进口新设备后的盈亏额	203

老刘认为，进口该套设备使用期 10 年内总共只会带来 203 万元的资金流入，即使是把通货膨胀因素考虑进去，实际也是盈利的。因此，老刘极力主张尽快上马该项目，同时也多从企业内部想想办法。老刘提交完分析报告回到自己的办公室，坐了一会儿，他觉得应该再去找王主任碰一碰情况，这样更稳妥些。他知道王主任已订好了下个星期天去日本的飞机票。

星期三，领导班子又为此事开了一整天的会，老刘与其他几位持不同看法的同志争得脸红脖子粗，真有点"唇枪舌剑"的景象。到凌晨 4 点多钟，终于形成了最终的决议。老刘带着满腹心事回了家，王主任也匆匆忙忙赶往民航售票处去办理飞机票事宜……

[题目布置]

1. 你认为事例中老刘对该生产设备引进项目的分析是否正确？有什么欠缺的地方？
2. 本事例的结果应该是怎样的，请发表你的看法？

实训七　佳士洁日用化工有限责任公司投资项目现金流量的分析确定

2014 年 5 月 3 日下午，在中外合资广州佳士洁日用化工有限责任公司的办公楼四层会议室里，由经理秦淮河召集了由多部门人员参加的小型会议，会议的议题是关于是否生产一种新型家用环保液体洗涤剂产品。

2014 年，为在激烈残酷的市场竞争中稳住自己的市场份额，加速开拓新的市场领域，企业领导在进行市场调查后，准备提前向市场投放在过去 3 年里由企业研发部门投入 500 万元资金开发的一种新型家用环保液体洗涤剂产品蓓特洁。蓓特洁与以往企业向市场推出的洗衣粉产品在性能上相比具有非常明显的三个特征：一是浓缩度更高。实验测试数据表明：普通洗衣量只需要 54.556 克蓓特洁就可将织物洗得干干净净，而企业原投放市场的低泡超浓缩洗衣粉和普通洗衣粉在洗同量织物时则分别需要 104.754 克和 440.184 克。二是蓓特洁属于液体洗涤制品，可以直接将其倒在织物表面沾满污渍油渍的地方进行浸泡清洗，洗涤效果也明显超过企业以往产品。三是产品配方考虑了环境保护的要求，符合目前保护人类生存环境的趋势。

参加此次研究会议的除了经理老秦外，还有副经理富文侃，财务副经理徐翼滔，财务主任符鑫以及主抓产品研究开发的董键武等四位同志。老秦等大家坐稳后，先简要地说明了会议议题，然后就示意副经理富文侃带头发表看法。

连续工作数日而显得有些疲惫的老富首先分析了蓓特洁的投产成本和相应现金流量情况，随后解释了这些数据的计算依据：①蓓特洁初始成本 50 万元是由于在上海、天津等城市进行的市场培育和测试，此项活动已在 2014 年 6 月底结束。②蓓特洁初始成本还包括 200 万元的专用生产设备和包装设备的购置开支。设备预计使用期限为 15 年，使用期满后没有残值。③15 年预计使用期限的假设符合经理老秦制定的不考虑超过 15 年的未来现金流量的基本原则，因为老秦认为超过 15 年的预测跟瞎猜差不了多少。老富分析预测的蓓特洁投产后相应现金流量情况见表 2-4-17 和表 2-4-18 所示。

表 2-4-17　　　　　蓓特洁投产项目现金流量分析表

（不考虑对企业现有产品销售的影响）　　　　　　　　　　单位：万元

年　数	1~5	6~10	11~15
每年现金流量	2800	3500	2500

表 2-4-18　　　　　蓓特洁投产项目现金流量分析表

（考虑对企业现有产品销售的影响）　　　　　　　　　　单位：万元

年　数	1~5	6~10	11~15
每年现金流量	2500	3150	2250

富文侃继续提醒说，不能直接采用表 2-4-17 的现金流量数值进行项目评价的折现计算。这些现金流量的获得相当一部分是通过挤掉企业现有主要产品洁时和飘莹洗衣粉的销售而获得的，因此在进行项目分析时必须加以认真考虑。若按考虑对企业现有产品销售影响后的蓓特洁投产项目现金流量分析表（表 2-4-18）进行测算就比较科学一些了。

老秦和财务主任符鑫交换意见后分别谈了看法，他们认为本企业投资机会成本为 10% 左右。

徐翼滔提出为什么在此投资预算中忽略了厂房及设备的投资额分析，而这正是生产新产品所必不可少的重要因素。

老富回答说，从目前看，洁时和飘莹产品的生产只是利用了现有设备生产能力的55%，而这些设备略加改进后就可适合蓓特洁产品的生产。因此，除了前面提到的专用设备和包装设备必须从企业外部购置外，生产蓓特洁无须新建厂房和再添置其他设备。据估计，生产蓓特洁只占工厂现有设备生产能力的17%左右。

符鑫问老富投资项目的实施是否考虑了流动资金需求量的增加。老富回答说这个项目需要追加20万元流动资金，但由于这些资金一直是在企业体内循环的，因此没有理由非要计算在内。

老秦提出，随着此项目的迅速展开，虽然可促使闲置厂房和设备得到发挥作用的机会，但所带来的损失也必须看得到。其理由是：如果把这部分闲置的厂房和设备租给其他企业，得到200万元租金并不成问题。另外，由于新产品与现有产品构成了竞争，应该将其视作外部项目。

老富提醒老秦：本企业文件规定严禁将生产设备出租。

老秦指出，如果不存在闲置设备承担费用的问题，问题则非常简单。老秦的这番话突然让老富想起了什么……

讨论还在继续，主要集中在如何处理市场调研测试费等沉没成本和流动资金的问题上。

[题目布置]

1. 市场调研测试费用是否应该包括在蓓特洁投产项目的现金流量计算范围之内？请详细说明理由。

2. 本实训之中所涉及的人员对应如何处理流动资金投资问题的看法不尽一致，你的看法又是如何呢？

3. 能否用现代管理会计的观点说明企业现有闲置的生产设备和厂房是否承担费用的问题？

4. 能否建议在计算蓓特洁项目现金流量时，考虑由于其投放市场而损失老产品的部分销售额问题？如果没有蓓特洁的推出问题，其他厂家的潜在威胁是否仍然存在？应该怎样考虑才更为科学？

5. 如果采用借债进行融资，利息支出是否应包括在现金流量之内？

6. 在上述问题得到正确解决之后，请认真计算蓓特洁投产项目的净现值是多少，并就接受还是拒绝作出选择。

[提示]

沉没成本（又称历史成本或者账面成本）是过去已经发生并记录在相关会计账簿内，无论现在如何决策均已无法让其支付数额发生改变的成本。沉没成本在进行固定资产投资决策时必须舍弃。通过决策无法改变支付额的项目在决策时没有实际存在意义。

机会成本是选择执行目前方案而不按另一个方案执行所损失的利益。由于每个方案的执行都会给投资者带来一定的现金利益，当选择执行了一个方案时会相应得到所选定方案的利益，而被放弃方案的利益就不可能再得到，所损失的利益构成了目前所执行方案的机会成本。在固定资产投资决策中引进机会成本的概念，其意义在于提示管理者进行管理会计分析时要权衡轻重。

实训八　影响河北春风化工有限公司投资决策的主要因素分析

河北春风化工有限公司是一家以新型化工材料为主导产品的高新技术企业。主要产品有：硅谷牌 RTV 绝缘子防污闪涂料、SF260 硅氟高温降粘剂、硅氟橡胶复合绝缘子、PCM 吸热所储材料、有机硅阻燃导热高压绝缘子涂料、新型有机硅建筑防水剂等十多种产品。其产品应用领域覆盖电力、石油、化工、军工等行业。主要销往东北、华北、华南等全国各主要电管局和各大油田，该企业享受的所得税率为 25%。

该企业在充分调研的基础上，结合自己的优势，选择了年产 1500 吨有机氟树脂生产线项目，项目总投资 5800 万元，其中固定资产投资 4600 万元，流动资金 1200 万元。因为企业该项目战略目标规划大，靠自我积累资金已不能很好地解决企业发展需要，需要外部动力推动，拟申请银行贷款解决 3000 万元的资金补充需要。

河北春风化工有限公司年产 1500 吨有机氟树脂项目已在县、市计委立项。2014 年 4 月企业用自有资金投入 2000 万元，2014 年年底可再投入 1000 万元；2015 年 1 月银行贷款 3000 万元到位，使总投资达到 6000 万元。2012 年 5 月建设的 3000 平方米厂房竣工，并且设备陆续进厂安装调试；7 月份可陆续投产，总投资 5800 万元规模。

项目筹资来源策划如下：银行贷款 3000 万元，3 年期，年利率 9%；留存收益 2000 万元，留存收益成本 18%；经有关部门批准发行企业债券 800 万元，2 年期，票面利率 6%。

项目建设周期预计为 12 个月，实际为 16 个月。形成的固定资产原值 2600 万元，垫支流动资金 210 万元；采用直线法计提折旧，使用期 10 年，预计残值 50 万元。

预测项目建成后销售收入及利润情况如下：年可生产 1500 吨有机氟树脂，产值可达 11200 万元，年利润 2100 万元。预计两年内可还清贷款。

有关有机氟树脂项目市场预测分析如下：公司投资的有机氟树脂项目是一个高科技项目，该领域竞争激烈，若经济发展状况较好，取得较大市场占有率，利润会很大，否则利润很小，甚至亏本。其各种情况下相关概率分布及投资报酬率、风险报酬系数如表 2-4-19 所示。

表 2-4-19　河北春风化工有限公司有机氟树脂投资项目有关市场数值预测表

经济发展状况	发生概率	投资报酬率（%）	风险报酬系数
繁　荣	0.3	90	
正　常	0.4	20	
衰　退	0.3	-40	
合　计	1		8%

[题目布置]

1. 根据河北春风化工有限公司的有机氟树脂生产线项目，分析影响投资决策的因素有哪些?

2. 计算影响投资决策的因素数值?体会各影响因素在投资决策中的经济意义是什么?

[提示]

我们从影响投资决策的四大主要因素入手分析影响有机氟树脂生产线项目(长期投资)决策的主要因素,即货币时间价值、投资风险价值、现金流量和资金成本。但是,只能分析计算与河北春风化工有限公司的有机氟树脂生产线项目有关的影响因素。

实训九 燕京康健食品包装有限公司进行投资决策的方法分析

燕京康健食品包装有限公司是包装产品生产企业,公司按照国家环保总局的要求决定生产以纸代塑的绿色餐具,为此公司计划建设纸浆模塑制品生产线,开始生产纸浆模塑制品。经过市场调研,燕京康健食品包装有限公司决定购买大连阳光食品包装有限公司的纸浆模塑制品生产线,原因是:该公司是国内研制开发纸浆模塑生产工艺技术、设备和产品最早的企业之一。该公司是全国同行业中第一家被国家环保总局批准为纸浆模塑制品生产线的技术依托单位,被列为国家级火炬计划项目,并通过了 ISO9002 国际质量体系认证,被大连市科委认定为高新技术企业。阳光公司制造的 ZMX6000 型纸浆模塑制品生产线经行业专家委员会鉴定居国内领先地位。在国家经贸委发布的 6 号令后,全面禁止生产、销售和使用一次性发泡塑料餐饮具,全国各地都在加大"禁白"执法力度,以纸代塑的绿色餐具必将成为食品包装的主角。

燕京康健食品包装有限公司初步看中了阳光公司制造的 ZMX6000A 型全自动生产线和 ZMX6000B 型半自动生产线,并就两种设备所需投资情况进行了比较分析。企业的决策者们准备就其中一种设备和厂家签订合同。两种设备的技术和经济特点论证如下:

(1) 自动化程度高,运行环境要求低,产品质量好。ZMX6000A 型全自动生产线实现制浆、成型、压榨、消毒全部自动化。ZMX6000B 型半自动生产线制浆基本自动化,在成型、压榨等工序实现自动化,模切、消毒采用人工操作。各主要工序都有较大的改进和进步,特别是改善了工人的操作环境,杜绝了生产过程中的不安全因素。ZMX6000 型生产线缩小了设备占地面积。整条生产线占地 45 米,而其他生产同样产品的生产线占地 60 米。ZMX6000 型系列纸浆模塑制品生产线预计使用 8 年,无净残值。ZMX6000 型生产线增强了产品挺硬度。其生产的纸模制品完全符合国家 GB18006.1—1999 标准,能够满足消费者的需求。

(2) 生产成本降低。①该生产线用阳光公司自行研制的化学助剂替代了进口助剂,降低了餐具的生产成本,按通用的 23 克餐盒计算,使用进口助剂要真正具备防水、防油功能,成本在 0.05~0.06 元/只左右。使用阳光公司研制的助剂在具备防水、防油功能的同时,成本只有 0.025~0.03 元/只左右,比进口助剂降低了 50%左右;而且助剂通过了国家权威部门的卫生检疫。②生产线增大了回收循环水量,减少了蒸发量,每日耗水 7t/d,比原来降低70%，用电总容量从原来的350kw降到242kw，降低30%左右。若按此计算，以500ml快餐盒为例，单只成本由原来的0.23元降到了0.19元，单只成本降低了0.03~0.04元。③如果使用自行研制的添加剂，成本还可再降低2~3分钱，为0.17元/只。按目前市场单位售价0.28~0.3元计算，每只餐盒利润为0.07~0.1元。年增加利润15%，可节约成本100万元，按自行研制的添加剂，每只餐盒的利润为0.11~0.13元，再增加利润8%，可再节约成本50万元，同时还能缩短投资回收期2~3个月。④ZMX6000A型自动生产线每班4~6人，而其他生产同样产品的生产线每班24人。人工工资大幅降低。

ZMX6000A型全自动生产线报价为560万元，设计生产能力为年产快餐盒5000万只或方便面碗8000万只；ZMX6000B型半自动生产线报价为530万元，设计生产能力为年产快餐盒4500万只或方便面碗7500万只。MX6000型系列纸浆模塑制品生产线使用的基本条件、产品成本费用及经济效益情况如表2-4-20、2-4-21及2-4-22所示。

表2-4-20　　　　　　　　　　ZMX6000型生产线使用基本条件

项　目		ZMX6000A型全自动生产线	ZMX6000B型半自动生产线
厂房	生产车间	45×9=405m²	45×9=405m²
	原料库	200m²	200m²
	成品库	200m²	200m²
耗电量		242kw	255kw
水耗量		7t/d	7t/d
蒸汽耗量		1.0t/h	1.0t/h
运货汽车		1辆	1辆
流动资金		80万元	80万元

表2-4-21　　　　　　　　　　快餐盒成本费用分析表　　　　　　　　　　单位：元/万只

成本项目	ZMX6000A型全自动生产线	ZMX6000B型半自动生产线
直接材料	1537.01	1579.38
其中：浆料	800	800
辅助材料	400	400
包装物	120	140
耗煤	47.25	55
耗水	0.46	0.46
耗电	169.3	183.92
工资	26.4	32
其中：直接人工	21.6	24
生产管理人员	4.8	8
制造费用	108	126.5
其中：折旧费	84	102.5
大修理基金	24	24
期间费用	69	70

续表

成本项目	ZMX6000A 型全自动生产线	ZMX6000B 型半自动生产线
其中：管理费用	50	40
财务费用	9	10
销售费用	10	20
税 金	211.18	255.46
成本费用税金合计	1951.59	2063.34
单位成本	0.195159	0.206334
预计售价	2500	2500
利 润	548.41	436.66

表 2-4-22　　　　　　　　快餐盒经济效益分析表　　　　　　　　单位：万元

项 目	ZMX6000A 型全自动生产线	ZMX6000B 型半自动生产线
设备投资	560	530
垫付流动资金	80	80
所得税率	33%	
年产量（万只）	5000	5000
单价（元）	0.25	0.25
年销售额	1250	1250
年销售税金	75	75
年成本费用	882.75	891.3
年利润总额	292.25	283.7

　　燕京康健食品包装有限公司对选择的两种设备采用长期投资决策的两类主要方法，即贴现分析方法和非贴现分析方法进行分析。

　　ZMX6000A 型全自动生产线的现金流量，利用表 2-4-21 数据计算如下：

　　初始现金流量 = 固定资产投资 + 垫支流动资金 + 原固定资产变价收入
　　　　　　　　= 560 + 80 = 640（万元）

　　经营各年现金净流量 = 净利润 + 折旧 = 292.25 × (1 - 33%) + (560 ÷ 8)
　　　　　　　　　　　= 195.81 + 70 = 265.81（万元）

　　终结现金流量 = 净利润 + 固定资产残值收入或变价收入 + 垫支流动资金收回
　　　　　　　　= 265.81 + 80 = 345.81（万元）

　　投资回收期 = 2 + (640 - 551.615) ÷ 275.8075 = 2.32（年）

　　投资回收期越短，投资所冒风险就越小，投资方案就越有利；反之，投资回收期越长，投资所冒风险越大，投资方案越不利。

　　ZMX6000A 型自动线的平均投资报酬率 = (2286.46 ÷ 8) ÷ 560 × 100% = 51.04%

　　ZMX6000A 型自动线的净现值 = 1508.52 - 640 = 868.52（万元）

　　当投资方案净现值大于零时，这个方案就是可行方案。

　　ZMX6000A 型自动线的现值指数 = 1508.52 ÷ 640 = 2.36

现值指数法的决策原则是：在只有一个备选方案采纳与否的投资决策中，若现值指数大于或等于 1，就应该接受这个方案。反之，就放弃这个方案。在有多个备选方案的互斥选择决策中，应该采用现值指数超过 1 最多的备选方案。现值指数越大，方案就越优。

[题目布置]

1. 请测算出 ZMX6000A 型全自动生产线和 ZMX6000B 型半自动生产线的非贴现分析指标投资回收期、平均投资报酬率和贴现分析指标净现值、现值指数、内含报酬率，判断一下公司应投资什么设备？

2. 燕京康健食品包装有限公司如果采用的贴现率为 8%，ZMX6000 型系列纸浆模塑制品生产线预计使用 10 年，预计净残值率 5%；请重新测算 ZMX6000A 型全自动生产线和 ZMX6000B 型半自动生产线的投资回收期、平均投资报酬率、净现值、现值指数和内含报酬率各是多少？

3. 在本事例中，燕京康健食品包装有限公司在引进 ZMX6000 型生产线的决策中是从哪两个方面进行考虑的？

实训十　彩云竹业有限公司固定资产更新改造决策分析

彩云竹业有限公司位于浙江省缙云县七里工业区，生产各类竹制品。为了扩大业务范围，经过多年努力，成功研制横切面豪华工艺竹地板、竹家具及体育用品，并已形成小批量生产能力，产品自投放市场以来，深受消费者的青睐。为了充分利用毛竹资源进行深加工及满足市场需求，企业拟进行年产 20 万 m^2 横切面竹装饰板及竹家具系列生产线的技术更新改造。公司现有厂房占地面积 16000m^2，分四个生产车间。其中，半成品车间三个、成品车间一个。公司各种设备 65 套（台），固定资产 560 万元，年销售收入 1100 万元。

彩云竹业有限公司所开发的横切面豪华工艺竹地板、竹制家具及体育用品是以本地丰富的毛竹资源为主要原料，用科学的方法加工而成的绿色装饰产品。竹装饰板材具有强度高、韧性好、色差小、密度高、耐磨损、富有弹性、不开裂等特点，是一种造型新颖、纹理美观、视觉良好的工艺观赏实用品。其质量大大超过珍贵的木材（如榉木、花梨木），价格同实木（如榉木家具及地板）相当，是花梨木的 1/5 倍。根据国家林业局统计，我国每年的商品木材供需缺口已达 4300 万 m^3，这为竹装饰板材的开发项目提供了一个良好的契机。毛竹则由于生长速度快、产量高，且一次造林后，可永续利用，加上产品优良的特点，使竹装饰板材的市场需求不可限量。

目前公司产品主要为四大类：横切面工艺竹地板、横切面竹家具、竹工艺门系列、竹体育用具。其中，竹地板人工成本小而原料成本高，而竹家具利润则非常可观。由于二、三、四类产品品种多，统一进行测算难度较大，故以竹地板为例进行测算，生产规模为年产 20 万 m^2 工艺竹地板。年产 20 万 m^2 横切面竹装饰板及竹家具系列，生产线属于技术更新改造项目。公司根据实际情况设计了两套备选方案。

方案一：为实现本项目，对原有生产设备进行更新，必须新增设备投资554万元，具体明细数据构成如表2-4-23所示。

表2-4-23　　　　　　年产20万 m² 横切面竹装饰板及竹家具
　　　　　　　　　　系列生产线的技术更新新增设备明细表　　　　　单位：万元

设备名称	型号	数量	金额
定宽铣平机		14	17
烘房	80m³	8	20
成品与油漆		1	200
成品压刨机		6	3
油压机	1000×2400mm	10	105
蒸汽锅	15m³	2	36
模子夹具	26~32寸	12.5	6.2
木工小带锯		6	3
木工单面刨床		10	4.3
两面木工刨床		5	8
砂光机	13SO1300	1	9
砂光机		1	3
砂光机		2	3.5
砂光机	2T/h 8kg/cm²	2	40
微波炉烘干箱		1	40
打包机		4	
木材万能试验机		1	
木材测温机		1	15
磨估测定仪		1	
配电层		1	
安装试调费	按8%计		41
合计			554

新生产线使用期限为10年，使用期满预计残值25万元；更新生产线后每年付现成本为100万元；预计在购置后的第5年年末还需大修一次，大修理开支2万元。更新生产线可将旧生产线作价出售，估计可得价款7万元。

方案二：为实现本项目需对原有生产设备进行改造，支出190万元，但第5年年末大修开支将会达到10万元；改造后生产线使用期限也是10年，使用期满预计残值22万元；改造生产线后每年付现成本160万元。

彩云竹业有限公司资金成本10%，所得税率25%。

[题目布置]
1. 用差额净现值法，分析彩云竹业有限公司竹装饰板及竹家具系列生产线的更新改造

项目中更新项目可行还是改造项目可行?

2. 用年均成本法,分析彩云竹业有限公司竹装饰板及竹家具系列生产线的更新改造项目中更新项目可行还是改造项目可行?

3. 在其他条件不变的情况下,如果更新生产线使用期限为12年,预计在更新后的第5年年末需要大修一次。改造原有生产设备,改造后生产线使用期限是6年,在第3年年末大修一次。彩云竹业有限公司将如何决策?

[提示]

要把改造旧设备和购置新设备看成是两个互斥的方案,而不是一个更换设备的特定方案。

固定资产的大修费用,一般作为待摊费用在规定的年限内摊销,或者计入固定资产原值;简化计算时可作为收益性支出直接计入当年的付现成本。

在年均成本法中,改造固定资产的成本应作为未来期间该项资产能够继续使用而支付的成本来处理。在计算年均成本时,应将固定资产改造期间的所有支出都按照资金成本折算成决策当期的现值,然后再除以年金现值系数折算为所需要的年均成本。

更新固定资产的年均成本计算,主要涉及资产成本和残值两个问题。由于资产成本(即某项资产原始投资额减去残值后的余额)本身就是现值,因此在计算年均成本时,只需将资产成本除以年金现值系数,就能直接折算出资产成本的年均成本;资产残值乘以资金成本就能求出残值年均成本。

无论是改造还是更新固定资产,其成本开支都会通过计提折旧方式计入产品成本,从而造成企业利润减少、所得税少缴的问题。年折旧抵减所得税收入应该视为年均成本降低额处理。

决策分析中,更新固定资产还会涉及成本节约问题。若其各年成本降低额相等,应该按照"年成本降低额×(1-所得税率)",计算出更新年均成本降低额。至于更新固定资产所增加的销售额亦可视同为成本降低额来处理。

实训十一 清柠饮品股份有限公司资金加权成本计算

在教材有关内容中我们曾详细介绍了企业资金成本的概念以及计算方法。人们不禁会问:企业实际投资、融资与经营决策过程中真的使用资金这一概念并认真计算资金成本吗?无可回避的事实是,现实中的确有很多企业并不这样做,但也有很多企业正在接受并应用着资金成本,清柠饮品有限公司就属于后一种。清柠饮品股份有限公司财务主管王林始终坚信公司主要部门的战略应按其对股东价值的贡献来评价。如果一项投资或经营计划预期的报酬率不能超过公司的资金成本,不能增加股东权益的价值,那么方案就不应被采纳。因此估算公司的资金成本成为战略计划评估过程的关键环节,清柠饮品公司管理层认为,用适宜的资金成本贴现计算投资项目的未来现金流量,可以确定该投资项目的现值。如果该投资的风险与清柠饮品公司的总体风险水平大致相当，那么公司的资金成本就是评估投资项目的资金成本。然而，清柠饮品公司所属的各经营部门具有不同的投资机会和不同的投资风险，且其风险水平也参差不齐。用公司的资金成本来评估每个部门的项目很可能会导致抛弃低风险部门好的投资项目而接受高风险部门差的投资项目的情形。为避免出现这种情形，清柠饮品公司对所属的快餐、饮料、酒楼三个经营部门分别计算部门的资金成本，以便更好地反映各部门的风险，同时也有助于公司更好地评估投资项目。清柠饮品公司的管理人员计算其加权平均资金成本的过程和方法介绍如下：

基本计算：

清柠饮品公司对下属的每个主要部门分别评估其加权平均资金成本，这些部门包括饮料、快餐及酒楼。每个部门的加权平均资金成本计算出来后，再计算清柠饮品公司的加权平均资金成本，它等于各部门加权平均资金成本的又一次加权平均。清柠饮品公司所采用的加权平均资金成本的计算过程如下：

（1）估算每个部门的股权资金成本和债务资金成本；

（2）确定每个部门的目标资金结构；

（3）用目标成本结构对债务、股权等单项资金成本进行加权，从而确定每个部门的加权平均资金成本；

（4）利用各部门的加权平均资金成本计算整个公司的加权平均资金成本。

计算单项资金成本：

清柠饮品公司在计算资金成本时把资金分为两类：普通股和债务。

计算普通股资金成本：

清柠饮品公司采用资本资产定价模型来计算公司的普通股资金成本，其计算公式为：普通股资金成本 = 无风险报酬率 + 该部门的 β 值 × （股票市场必要报酬率 − 无风险报酬率）。

运用资本资产定价模型估算部门的股权资金成本需要确定：无风险报酬率；股票市场必要报酬率；该部门的 β 值。

估算无风险报酬率：

清柠饮品公司采用 30 年期国债的到期收益率 7.28% 作为无风险报酬率，因为国债基本上没有违约风险，并且国债的收益率中已经包含了投资者对通货膨胀的预期。

估算股票市场必要报酬率：

股票市场必要报酬率理论上等于完全消除了非市场风险或非系统风险的股票投资组合的预期报酬率，一家财务咨询公司为清柠饮品公司提供的股票市场必要报酬率的季度评估数据为 11.48%。

估算部门的 β 值：

由于清柠饮品公司下属的三个经营部门都没有在股票市场上交易，因此其 β 值均不能直接计算。为此，清柠饮品公司采用两种方法来估算部门的 β 值：

（1）同业公司 β 值类比法，即通过一个或若干个经营业务与清柠饮品公司所属业务部门相同的上市公司来估计该部门的 β 值；

（2）会计 β 值法，即利用每个经营部门的会计数据来估算该部门的 β 值。清柠饮品公司用这两种方法所求得的 β 值的平均值来计算所属部门的股权资金成本。

估算同业公司的 β 值：

（1）选择一些和清柠饮品公司三个部门业务种类基本相同的企业，具体如表 2-4-24 所示。

表 2-4-24

酒楼	快餐业	饮料业
泰丰酒楼	马华拉面	百事饮料股份有限公司
顺风大酒楼	永兰拉面	芬香饮品公司
人人大酒楼	丽华快餐	永吉公司
四川风味	芙蓉快餐	统一食品有限责任公司
鸿宾饭庄	吉野家	
傣家风情	和氏豆浆	
顺天府	半亩园	
京港海鲜城	麦氏店	
大连港湾	馄饨张	
兰州肥牛	詹氏比萨	
宋氏鱼头火锅	华都餐饮	

（2）确定每组同业公司 β 值。

（3）通过调整 β 值来反映不同的资金结构。因为即使企业间的经营风险相近，但财务风险因资金结构的差异而不同。企业在其资金组合中使用的债务越多，公司股票的系统风险也会加大。其 β 值与清柠饮品公司的各部门虽具有可比性，但每个业务相同企业的 β 值必须进行调整，以便消除由于财务风险的不同而造成的差异，调整结果如表 2-4-25 所示。该表列出了业务相同企业的 β 值及其 β 值的平均值。

对单个股票确定 β 值并不科学。为增加所估算数据的可信度，清柠饮品公司管理层还使用会计 β 值来估算每个业务部门的系统风险。会计 β 值根据每个经营部门财务报表中的会计数据来测算公司相对于整体市场的风险。会计 β 值的测算结果在表 2-4-25 中列示出来。

（4）清柠饮品公司最后将上述两种方法所得 β 值进行加权算术平均，就求出了每个业务部门最终的 β 值，其计算结果见表 2-4-25 所示。

表 2-4-25　　　　两种方法所获得的 β 值及 β 值的平均值估算表

酒楼		快餐		饮料	
泰丰酒楼	1.28	马华拉面	1	百事饮料股份有限公司	1.05
顺风大酒楼	0.71	永兰拉面	1.06	芬香饮品公司	1.69
人人大酒楼	1.11	丽华快餐	1.04	永吉公司	1.14
四川风味	0.54	芙蓉快餐	1.08	统一食品有限责任公司	0.56
鸿宾饭庄	1.18	吉野家	1.36		
傣家风情	0.97	和氏豆浆	0.98		
顺天府	0.97	半亩园	1.08		

续表

酒楼		快餐		饮料	
京港海鲜城	0.76	麦氏店	1.09		
大连港湾	1.04	馄饨张	0.86		
兰州肥牛	1.29	詹氏比萨	0.74		
宋氏鱼头火锅	1.26	华都餐饮	1.04		
同业类比法平均值	1.01		1.03		1.11
会计β值法平均值	1.34		1.00		1.04
两种算法数值平均	1.18		1.02		1.08

根据以上数据，每个部门的股权投资成本计算如下：

酒楼 $7.28\% + 1.18 \times (11.48\% - 7.28\%) = 12.24\%$

快餐 $7.28\% + 1.02 \times (11.48\% - 7.28\%) = 11.56\%$

饮料 $7.28\% + 1.08 \times (11.48\% - 7.28\%) = 11.82\%$

估算债务资金成本：

债务资金成本 =（无风险报酬率 + 风险补偿率）×（1 - 所得税率）

每个部门的债务成本由于产业性质和该部门的目标资金结构的差异而有所不同。高风险的公司比低风险的公司支付更高的债务利息。换句话说，财务风险越大，投资者在无风险收益上附加的收益要求越大，我们称之为风险补偿率。每个业务部门的风险补偿率估算出来后，加上30年期国债的收益率，而后将结果再扣除所得税率即可得到债务资金成本，此处所用所得税税率为25%，计算结果如下：

酒楼 $(7.28\% + 1.65\%) \times (1 - 25\%) = 5.98\%$

快餐 $(7.28\% + 1.15\%) \times (1 - 25\%) = 5.65\%$

饮料 $(7.28\% + 1.23\%) \times (1 - 25\%) = 5.70\%$

确定目标资金结构：

确定每个业务部门的目标资金结构是为了对债务和股权资金成本进行加权，从而确定部门的加权平均资金成本。清柠饮品公司把每一个部门的目标债务与资产比率（目标资产负债率）确定如下：

酒楼 30%

快餐 20%

饮料 26%

估算清柠饮品公司的加权平均资金成本：

根据到目前为止的所有信息，按照加权平均资金成本计算公式，可以计算出清柠饮品公司每个部门的资金加权成本。

酒楼 $12.24\% \times 70\% + 5.98\% \times 30\% = 10.36\%$

快餐 $11.56\% \times 80\% + 5.65\% \times 20\% = 10.38\%$

饮料 $11.82\% \times 74\% + 5.70\% \times 26\% = 10.23\%$

清柠饮品公司用这些部门的加权平均资金成本计算整个公司的加权平均资金成本。清柠饮品公司的加权平均资金成本为各部门加权平均资金成本的又一次加权平均,权数是每个部门的价值在清柠饮品公司总价值中所占的百分比。清柠饮品公司每个部门的价值百分比分别为:

  酒楼   25%
  快餐   30%
  饮料   45%

至此,清柠饮品公司的加权平均资金成本计算如下:

加权平均资金成本 = 25% × 10.36% + 30% × 10.38% + 45% × 10.23% = 10.31%

[题目布置]

请你描述一下本事例中清柠饮品公司在其加权平均资金成本计算中主要的计算思路是什么?其 β 值平均数的估算有什么特点?

实训十二　伊林乳品有限公司投资项目相关风险问题的研究与测算

伊林乳品有限公司是内蒙古自治区呼和浩特市具有一定规模的民营企业,主要生产和经营各种奶制品。公司董事长程世林抓住内蒙古畜牧业发展的大好时机,利用呼和浩特市的奶制品加工传统工艺,组织生产和销售质量上乘的奶粉、酸奶、牛奶、冰激凌等系列产品。目前,伊林公司的奶制品已占有本自治区及其相邻各省的一定份额,年销售额呈不断上升趋势。最近在公司内部召开的几次务虚会上,老程向公司高层们吐露了希望进一步扩大企业规模、争取更大的市场份额以及开发新一代产品的心愿。但大家都表示在投资决策的风险估算和管理方面缺乏相应经验,投资方案几次修改后又被否定。经过大家的一致认可,最后还是决定让财务经理张继康来负责具体的测算和解释工作。

张继康原在某乳品厂工作了3年,积累了一些实践经验。目前,他已辞职来到伊林乳品有限公司,经过半年在公司财务部和营销部的工作,他已初步掌握了公司的基本情况(见表2-4-26)。对于老程及公司高层们指出的困难,他认为问题出在对所有的投资项目都使用单一的折现率进行计算,因而不能反映项目各自的风险状况。

首先,张继康重新估算公司典型投资项目要求的报酬率。他对公司目前使用的10%折现率(本行业平均投资报酬率)的正确性提出了质疑。程家几乎所有的家庭财产都投在公司里,作为非多样化投资的补偿,4%的额外受益是必要的,因此,不能使用本行业平均6%的资产报酬率水平。根据最新资料,政府长期债券的利率为7.5%;而本公司到期债券的利率为9%,短期负债(如应付票据)的利率为8%,所得税率为30%。接下来,张继康对过去5年内完成的一些投资项目进行了审核。他发现公司对于投资项目几乎都没有持续的记录,也从来没有正式地把实际的成本和收益与计划数作过比较。他花费大量时间找到了这些项目的相关会计数据,又与公司的几个部门业务骨干进行了深入探讨。最后,他总结了四类不同风险等级的投资项目(见表2-4-27)。张继康计划在深入的分析中考虑不同类型项目的报酬率及其对诸如经济形势、利率、新的竞争者、当地劳动力市场变化等因素的影响。

张继康认为对最高的两个风险等级需分析可能出现的最坏情况。他建议这样的两类投资项目必须达到两个标准：①内部收益率必须超过风险调整后的最低报酬率；②在最坏的情况下，预计亏损不能超过项目成本的 20%。当张继康询问一些财会人员关于第二个标准意见时，大部分都认为这个数字的确定有点专断，且根本不适合正处于市场扩张状态的项目；少数人认为这个标准很合理，能避免公司出现重大的投资失误。

会计师李国庆向张继康提出了如下问题：公司资本预算大部分都放在投资项目上，而投资项目现金流的风险与投资计划的时间跨度成正比。也就是说，大部分投资项目1年内的现金流量要比第三年的现金流量更容易预计出来。实际包括公司在已被熟知的市场上发展新产品或重新购置新型设备做原有的工作等。但在另一些情况下投资项目的第一年风险最大，如公司想进入一个与公司业务关联度不大，（不能利用公司原有知名度）但有发展前景的市场；或是在公司对相关技术不清楚的情况下需要做关于设备更新的决策。但是，随着公司使用新设备的增加，投资项目后期的现金流量与前期相比，会更好地确定。基于此种考虑，张继康的资本预算风险等级评价最好能够区分这两种情况。

表 2-4-26　　　　　　　　伊林乳品有限公司当前资产负债表　　　　　　　　单位：万元

资产		负债和所有者权益	
现金	546	应付票据	820
应收账款	5435	应付账款	4065
存货	2965	其他应付款	995
固定资产净值	4364	长期借款	2370
		留存收益	3760
		普通股股本	1300
资产总计	13310	负债和所有者权益总计	13310

表 2-4-27　　　　　　　　　张继康提出的风险等级

风险等级	投资项目	风险系数
A（低风险）	日常设备更新项目	0.6
B（平均风险）	在已建立市场的地区继续发展原有产品	1
C（较高风险）	在已建立市场的地区内发展新产品	1.8
D（高风险）	开拓新的市场区域，发展原有产品	3

[题目布置]

1. 张继康分析了各项计划总的风险后列出的表 2-4-27 把系统性风险和非系统性风险都列入考虑的范围，这样做对不对？同时，结合事例中的有关讨论评价风险等级划分。

2. 计算公司典型投资项目的最低报酬率（或资金成本）。假设公司现在的资金结构是适当的，计算在考虑风险情况下公司所要求的净资产报酬率（用账面价值计算）。

3. 估算该公司风险调整贴现率。

实训十三 营销策略选择对固定资产投资项目成败的关键性影响

2014年，恒基银行获得了在南江市CBD中心的一个主要商业建筑南银大厦内建立分支机构的投资机会，这些建筑设施当时代表了都市办公空间的一个新概念：它包括有自己的商场、饭店以及银行的分支机构。在该办公建筑内工作的员工不用离开该建筑就能够在此工作、购物、吃饭、存款等。一些人特别是年轻的白领阶层将这种方法吹捧为未来都市发展的潮流。南银大厦受到了当时人们的极大关注，而且准备在这里落户的恒基银行分支机构被恒基银行总行预期此举将成为该市现有银行中最鲜明的标志。此时，恒基银行是该市的第四大商业银行，但它的规模和名气通常并不被人们认为具有领导行的地位，虽然它的业务拓展范围和发展速度已经数年优于一些老牌银行并处于行业领跑位置。恒基银行的决策层试图作出更大的举动而使本行的规模更大，名声更响，并在该市同行业中树立起当之无愧的让同行们心服口服的领导角色的形象。因此，尽管南银大厦的租赁费用和建筑改造成本将非常高，但新的商业建筑区未来发展的极大魅力看起来仍值得恒基银行去进行此项投资。

就在恒基银行正在考虑其建立分支银行机构并就此进行决策的同时，总部设在广州的精工储蓄银行也正在酝酿自己的战略性分支机构设置问题。精工储蓄银行的决策者们当时注意到了距其300公里的桃源市。这是一个只有300万常住人口的中等城市，其流动人口不超过50万。近两年靠发展当地旅游、服装、果品加工使经济发展和人均收入超过了周围的县市区。精工储蓄银行十几年来主要将业务定位在发放家庭小额贷款和吸收个人储蓄。该银行的经营理念一直被同行视为比较保守，而且由于它定位于零售这个非常"古旧"的商业银行业务，因而就不像其他的大多数商业银行那样能够比较早地建立自己的经营分支机构以便能够较快地圈盘占地，并且较早地就有了同行竞争者。它仅仅在一个比较固定的地区内从事经营活动。然而，精工储蓄银行的决策者们经过认真的研究和分析已经做出了如下的一些重要决策：随着桃源市工业的发展和城市规划的逐步落实，整个城市的中心区域将向北面扩张和转移。因此，精工储蓄银行必须在城乡交界地区建立一个分支机构，否则他们将失去那些认为开车进城很不方便的潜在客户。精工储蓄银行有机会获得并改造一个以前曾被用做快餐店的闲置的建筑设施，其改造和装修成本的数额尽管较大，但和建造一个新的建筑物相比仍是非常低的。该建筑的位置高而且比较显眼，开车路经于此的人很容易发现它。因此，精工储蓄银行储蓄网点若建立在此的话，其标志每日都将吸引大量眼球的关注。

这两个银行在3周之后都作出了建立分支经营机构的决定。然而运行1年后的结果证实：恒基银行的投资项目失败了。该分支机构在勉强又支撑了1年之后终于关门，原因是这种新的办公理念并不能产生足够的客户，南银大厦及周围综合性办公空间的出租情况和预期的情形相比真是非常糟糕，因而相关的光顾商场和餐厅的客户也比预期的数字要缩水很多。相反的是，精工储蓄银行储蓄分支机构的设置获得了很大的成功。该分支机构开张的两个月后就出现了盈利，并在此后很长的一段时间内持续显示出强劲的业务上升势头和利润增长潜力。现在，精工储蓄银行的决策者们开始把目光转移到又一个新的分支机构的设置及相关论证方面。

[题目布置]

什么因素能够解释清楚这两个固定资产投资项目的差异性？为什么营销策略的选择对固定资产投资项目实施的成败起了关键性作用？

第五部分

全　面　预　算

　　企业管理担负两大基本职能，即计划和控制，但它们都离不开预算。计划是确定目标以及达到目标的途径，控制是按照预定计划执行方案并评价经营业绩和员工业绩。而预算正是行动计划的量化，它可以帮助企业协调、贯彻和完成计划。因此，全面预算管理自从20世纪20年代在美国通用公司产生之后，以其企业内部管理控制的主要方法迅速发展成为大型工商企业的标准作业程序，集计划、协调、控制、激励、评价等功能为一体的一种综合贯彻企业经营战略的管理机制。全面预算管理处于企业内部控制的核心地位。全面预算的编制，就是把整个企业和多个职能部门在计划期间的工作分别制定出目标，并详细说明要达到各目标所采取的措施，使各部门、各环节的生产经营活动协调进行，以期最终实现企业总目标，全面预算还是控制企业日常经营活动的主要依据。在生产经营过程中，各部门可以通过实际成果同预算目标对比，及时揭露实际脱离预算的差异数，并分析这种差异的原因，以便及时采取措施，消除薄弱环节，保证预定目标更好地完成。需要说明的是，全面预算是评价企业生产经营多个方面工作成果的基本尺度。在预算执行过程中，实际脱离预算的差异不仅是加强企业内部管理、控制生产经营活动的主要依据，同时也是评价各部门、各职工工作业绩好坏的主要准绳。

　　实训背景资料：

　　金圣象制药厂是金圣象制药股份有限公司所属企业。20世纪90年代全国医药生产失调时期，工厂面临国家停止原材料供应、停止收购产品的困难，上百万元的产品积压，资金无法周转，企业濒临倒闭的边缘。面临危机与压力，厂领导采取自谋出路、开拓市场策略，派出一批精明强干的推销队伍，跑遍中国的大西北、大西南地区。经过艰苦的努力，销售渠道终于开通，产品全部销售出去。危机使金圣象制药厂触摸到了商品经济的脉搏。从此，该厂专门成立了经营部，下设供应科、市场科、销售科等，从生产型企业转变为经营、生产、科研型企业。在实行以销售为中心的总体经营方针的过程中，形成了一系列独特的经营和销售方式，确立了以市场为导向、以销售为中心的总体经营思想。

　　经过多年的努力，目前，工厂利用商业网络渠道、集市贸易配送到农村以及推广到医院等多种销售网络渠道，使销售网络遍布全国除西藏、台湾以外的各个省、市、自治区、直辖市，主营业务收入增幅较大。

实训一　销售预算的编制

为在日趋剧烈的药品市场竞争中不断扩大其药品的市场占有率，厂领导在发动全体员工献计献策、深入调查研究、考察国内外市场行情等大量具体工作基础上，召开了厂领导班子的扩大会议，选取了具有代表性意见的若干职工代表参加。会上，与会代表积极踊跃发言，讨论激烈。在确定预算年度2015年各季度销售数量指标上，存在两种计算方法：回归预测法和本量利分析法。

第一种方法，回归预测法。

2014年9月，金圣象制药厂销售部门根据2014年度1~9月份的实际销售情况（见表2-5-1），采用回归分析法分别预测本年第四季度各月的销售数量。

表 2-5-1　　　　　金圣象制药厂1~9月份销售量计算表

月份 n	间隔期 x	销售量 y	xy	x^2
1	-4	800	-3200	16
2	-3	1000	-3000	9
3	-2	1200	-2400	4
4	-1	1250	-1250	1
5	0	1850	0	0
6	1	1700	1700	1
7	2	1400	2800	4
8	3	1000	3000	9
9	4	800	3200	16
n = 9	0	11000	850	60

$$a = \frac{\sum y}{n} = \frac{11000}{9} = 1222.22$$

$$b = \frac{\sum xy}{\sum x^2} = \frac{850}{60} = 14.17$$

则金圣象制药厂2014年第四季度各月销售量分别为：

10月份的预计销售量 = 1222.22 + 14.17 × 5 = 1293.07（盒）

11月份的预计销售量 = 1222.22 + 14.17 × 6 = 1307.24（盒）

12月份的预计销售量 = 1222.22 + 14.17 × 7 = 1321.41（盒）

销售部门在2014年第四季度平均预计销售量 1293.07 + 1307.24 + 1321.41 = 3921.72 ≈ 4000（盒）的基础上，以9%的增长率确定预算期2015年各季度销售量如表2-5-2所示。为便于计算，销售量的预测数值保留在百位数的整数位上。

表 2-5-2　　　　　　　　　2015 年度各季度销售数量预算计算表　　　　　　　　单位：盒

季　度	销售量数据基本估算	销售量预算数
第一季度	3921.72 × (1+9%) = 4274.67	4200
第二季度	4274.67 × (1+9%) = 4659.39	4600
第三季度	4659.39 × (1+9%) = 5078.74	5000
第四季度	5078.74 × (1+9%) = 5535.83	5500
合　计		19300

第二种方法，本量利分析法。

金圣象制药厂 2014 年全年的各项经济指标分别为：利润指标 128000 元，固定成本总额 160000 元，产品单位售价 40 元，单位变动成本 25 元。销售部门根据企业确定的 2015 年利润较上年度利润增加 10% 的目标，计算确定全年应实现的销售量为：

$$2015 \text{ 年度目标利润销售量} = \frac{128000 \times (1+10\%) + 160000}{40 - 25} = 20053.33 \text{（盒）}$$

在全年销售总量基础上，根据企业各季度的具体目标要求，综合考虑各种因素确定 2015 年度各季度销售量情况如表 2-5-3 所示：

表 2-5-3　　　　　　　　　2010 年各季度预计销售数量　　　　　　　　　单位：盒

季　度	第一季度	第二季度	第三季度	第四季度	合　计
销售量	4000	6000	4500	5500	20000

金圣象制药厂财务部门根据 2014 年度 1~3 季度资产负债各项指标实际数据，综合考虑其第四季度状况，编制出该厂 2014 年度资产负债表，如 2-5-4 所示：

表 2-5-4　　　　　　　　　　　　　资　产　负　债　表

编制单位：金圣象制药厂　　　　　　　　　　2014 年 12 月 31 日　　　　　　　　　　　　单位：元

项　目	年　初	期　末	项　目	年　初	期　末
流动资产：			流动负债：		
货币资金	5000	2000	应付账款	5800	15000
应收账款	4800	80000	负债合计	5800	15000
存　货	28000	17800			
流动资产合计	37800	99800			
非流动资产：			所有者权益：		
房屋及设备	22000	38000	实收资本	40000	40000
减：折旧	3000	8000	留存盈余	11000	74800
非流动资产合计	19000	30000	所有者权益合计	51000	114800
资产总计	56800	129800	负债及所有者权益总计	56800	129800

最终金圣象制药厂确定了以本量利计算法预测的 2015 年度各季度销售量为基础，编制预算年度销售预算表。

[题目布置]

1. 根据资料编制金圣象制药厂该种产品预算年度 2015 年的销售预算表。
2. 2015 年度每季度销售收入的 70%于当季收到现金,其余 30%于下季度收到现金。根据该产品各季度销售收入预算,编制其预计现金收入表。
3. 以回归分析法确定的预算年度 2015 年各季度销售量为基础,依据以上资料编制该种产品预算年度 2015 年的销售预算表,并与该厂编制的销售预算表对比,分析其不同。

[提示]

销售预算是依据产品的历史销售数据,结合市场预测,采取算术平均法、移动平均法、指数平滑法、回归分析法和本量利分析等,分别按产品名称、数量、单价和销售收入等编制。选择预测方法,既要照顾企业以往采用的计算方法,使计算指标具有可比性,又要考虑企业实际情况的变化,最好选择两种不同的分析方法综合确定。

产品销售活动必然会引起现金收入,为方便编制财务预算,在编制销售预算的同时,编制预计现金收入表,以反映企业全年各季度的现金收入额。

实训二 生产预算的编制

金圣象制药厂根据销售预算所确定的销售数量,如表 2-5-3 所示。该厂各季度产品存货数量的多少与产品的销售状况紧密联系,严格掌握期初、期末存货量。各季度的期末存货量控制在下一季度销售量的 10%内,将 2015 年预算期末存货量限定在 500 盒。

徐建超主动请缨,编制金圣象制药厂预算期 2015 年度的生产预算表。利润中心预算体系领导小组组长杨兴平欣然同意。很快,徐建超编制的生产预算表(一)(如表 2-5-5 所示)放到了杨兴平组长的办公桌上。

表 2-5-5　　　　　　　　2015 年度生产预算表(一)　　　　　　　　单位:盒

项 目	第一季度	第二季度	第三季度	第四季度	全年合计
预计销售量	4000	6000	4500	5500	20000
减:预计期末存货量	600	450	550	500	500
预计需要量合计	3400	5550	3950	5000	19500
加:期初存货量	400	600	450	550	400
预计生产量	3800	6150	4400	5550	19900

杨组长停下手中其他工作,认真查看小徐编制的预算表,望着小徐微笑地摇了摇头,什么话也没说。徐建超拿回预算表,从头到尾,逐行逐列,每个数值重新演算,修改后马上将编制的生产预算表(二)(如表 2-5-6 所示)双手送到杨组长处。

表 2－5－6　　　　　　　　　　2015 年度生产预算表（二）　　　　　　　　　　单位：盒

项　目	第一季度	第二季度	第三季度	第四季度	全年合计
预计销售量	4000	6000	4500	5500	20000
加：预计期末存货量	600	450	550	500	2100
预计需要量合计	4600	6450	5050	6000	22100
减：期初存货量	400	600	450	550	2000
预计生产量	4200	5850	4600	5450	20100

杨组长再次放下手中工作，面带微笑地翻看着预算表，不一会儿，再一次摇摇头，还是什么话没说。徐建超低着头拿回了预算表，并将生产预算表重新测算了多遍，心里嘟囔着"这点小问题又不影响大局"，草草修改后，将生产预算表（三）（如表 2－5－7 所示）第三次送到杨组长办公室。

表 2－5－7　　　　　　　　　　2015 年度生产预算表（三）　　　　　　　　　　单位：盒

项　目	第一季度	第二季度	第三季度	第四季度	全年合计
预计销售量	4000	6000	4500	5500	20000
加：预计期末存货量	600	450	550	500	500
预计需要量合计	4600	6450	5050	6000	22100
减：期初存货量	400	600	450	550	400
预计生产量	4200	5850	4600	5450	21700

杨组长还是耐心地放下手中工作，依然微笑着查看预算表，小徐站在桌旁，屏住呼吸，心跳剧烈，心里不断重复着"上帝保佑！千万别出错。"上帝似乎没听到徐建超的呼唤，只见杨组长的头如同机器一般，又摇了摇。

徐建超同志自己都不知道是怎么离开杨组长办公室的，他把自己反锁到屋中，经过反复的思想斗争后，坐在办公桌前，拿起笔又开始了计算。他翻阅着参考书籍，一遍一遍不停地演算修改，修改演算，否定后重新开始，编制后再次否定。直到第二天，徐建超拿着生产预算表，信心十足地递到杨组长面前。杨兴平组长终于开口了……

[题目布置]
1. 请指出徐建超编制的生产预算表有哪些错误？
2. 根据资料编制金圣象制药厂该种产品预算年度 2015 年的生产预算表。

[提示]
生产预算是确定预算期内产品的生产数量，可按"以销定产"原则，根据预计销售数量进行编制。同时，预算期内产品生产数量的确定，不仅直接影响该产品投入生产的直接材料、直接人工和制造费用预算支出，同时也会影响到产品的销售。在编制生产预算时，要考虑预算期内产品的销售状况及预算期初、期末产品的存货水平等影响因素综合确定。

实训三 直接材料预算、直接人工预算及制造费用预算的编制

金圣象制药厂生产预算所确定的预算期2015年度各季度的生产量汇编如表2-5-8所示。

表2-5-8　　　　　　　　　　2015年度预计生产量表　　　　　　　　　　单位：盒

季度	第一季度	第二季度	第三季度	第四季度	合计
生产量	4200	5850	4600	5450	20100

徐建超与利润中心预算体系领导小组的同事，深入金圣象制药厂生产车间，根据实际资料汇总工厂投入生产所耗费的直接材料、直接人工和制造费用情况一览表如表2-5-9所示。

表2-5-9　　　　　　　　　　生产车间耗材一览表

项目		用量标准	价格标准
直接材料		5千克/盒	3元/千克
直接人工		2小时/盒	2元/小时
制造费用	间接人工		2元/盒
	间接材料		1元/盒
	维护费用		0.5元/盒
	水电费用		
	维修费用		1.1元/盒
	保险费用		0.4元/盒
	折旧费用		3元/盒
	其他费用		0.5元/盒

依据经验，2015年度预算期初材料库存量2600千克，预算期末材料库存量控制在2800千克，预算期各季度末材料库存量按下一季度生产需要量的10%计算确定。

徐建超在杨兴平组长信任的目光鼓励下，勇敢地承担了编制直接材料、直接人工和制造费用预算的任务，并圆满完成预算编制。杨组长充分肯定后，发问道："小徐，如果2010年实际生产数量与预算的生产数量不一致，或者2015年实际情况与预算生产量相差甚远时，这些预算表不成废纸一张了吗？怎么能使预算数据与实际数值尽可能相符呢？"听罢，徐建超不由对杨组长肃然起敬。可是，怎么解决这个问题呢？徐建超经过多半天的思考不得其解，打开电视机以排遣心中的烦闷。体育频道正在播放全美篮球联赛火箭队对魔术队的比赛，不一会儿，望着篮球在运动员手中运球的一起一落，小徐灵机一动："变化空间，变化幅度，将生产量设定在一个变化的范围内！"徐建超马上到工厂搜集有关资料数据，各项制

造费用按成本习性划分，见表 2-5-10 所示。按该企业预计业务量范围是正常生产能力的 80%~120%，假设以每季度预计的生产能力为正常生产能力，编制了第二份制造费用预算表。

表 2-5-10　　　　　2014 年度制造费用按成本习性划分明细表　　　　　　单位：元

制造费用项目	单位变动制造费用	固定制造费用
间接人工	1.8	840
间接材料	0.9	420
维护费用	0.45	310
水电费用	0.45	210
维修费用		5500
保险费用		2020
折旧费用		15075
管理费用		2530
其他费用	1.9	420

徐建超在工厂了解情况，搜集整理相关数据时，发现金圣象制药厂在按传统方式编制成本各构成项目预算基础上，为将预算控制的各项指标具体落到实处，工厂制定了完善的考核制度，形成了以效益为中心，以责权利为纽带的考核体系，使费用控制成果与各单位的效益及职工收入挂钩。总结金圣象制药厂的做法，主要是对实施经济责任制的具体单位强调以目标管理为主。对成本责任中心实施目标成本管理，其成本管理的指标又与全面预算中的直接材料预算、直接人工预算和制造费用预算等成本相对应。由于两者的成本计价方法不同，全面预算中各成本是以预期要达到的实际成本计算，而目标成本则是按计划价格计量。所以，在指标编制过程中，要使两者结合，并与预算指标相互衔接。对目标成本指标进行综合平衡，并将目标成本调整为预期的实际成本，与工厂的总目标对比，使预算与经济责任制目标有机结合，协调一致，保证了预算指标通过经济责任制进行分解，并在实施过程中得到有效控制。

金圣象制药厂目标成本管理的具体做法：

第一，改革内部价格体系，面向市场。长期以来，金圣象制药厂核算体系中，是由其上级公司制定一套以国家调拨价为基础的内部计划价格，各工厂再根据公司给它制定的内部计划价格，核算其成本指标。制药厂生产药品过程中的原材料等是从市场上用高价买回的，而我们的内部核算是采取以调拨价为核算系数的，核算结果必然与变化了的市场行情严重脱节。为此，制药厂首先改革内部价格体系，实行"推墙入海"，即推倒老的价格体系这堵墙，把工厂和广大职工都推入市场的海洋中经受锻炼，实现内部计划价格向市场价格的转轨，建立并不断完善"模拟市场"内部结算价格。

第二，倒推预测方法，确定目标成本。改革内部价格体系，仅仅调整价格，并不影响成本水平高低，成本高低主要决定于各项技术经济指标。金圣象制药厂确定目标成本，按照"倒推"的方法，逆工艺流程是从最后一道工序开始向前推，从后向前，逐步结转到第一步工序，直至原材料进厂，即用倒算的方法测算出产品最终成本为目标成本。这种方法是从企业目标出发，测算出每道工序应承担的降低成本的任务，从而保证目标成本的实现。

第三，层层分解，实行责任成本控制。金圣象制药厂根据上级公司依据企业经营总目标所下达的目标成本指标，"纵向到底，横向到边"地细化、分解，按照成本构成要素，一项一项地分解落实，纵向到车间、工段、班组、岗位及个人，横向到所属各管理部门，如生产科、供应科、设备动力科等及专业管理人员，从而达到全员参与、全方位、全过程控制成本的目的。

第四，严格考核，实行成本否决。成本否决的前提是严格考核，基础是确定科学合理的指标体系。主要检查其责任单位和个人承担的指标，如质量、产量、消耗、品种、成本费用、利润、安全等，以其承担指标的实现或完成情况为兑现奖惩的主要依据，其中唯有成本指标实行一票否决权，即不管其他指标超额多少，完成再好，只要其成本指标没实现，所有奖励一概否决。

金圣象制药厂实行的目标成本控制的四项内容，概括起来即"市场——倒推——否决——全员"。应该说，目标成本控制促进了各级领导和广大职工市场观念、竞争观念、效益观念和成本意识等思想观念的转变，有效地降低了产品成本，提高了企业经济效益。

[题目布置]

1. 根据资料编制金圣象制药厂该种产品预算年度2015年的直接材料预算表。
2. 该厂2015年度每季度采购材料款于当季支付60%，其余40%于下季度支付。根据该产品预算年度各季度预计材料采购金额，编制其预计现金支出表。
3. 根据资料编制金圣象制药厂该种产品预算年度2015年的直接人工预算表。
4. 根据资料编制金圣象制药厂该种产品预算年度2015年的制造费用预算表一。
5. 以第一季度预计生产量资料为例，编制预算年度2015年的制造费用弹性预算表二。

[提示]

企业根据销售预算确定预算期2015年各季度预计生产数量后，为保证销售、生产活动的正常进行及企业目标计划的实现，应按预计生产量具体安排采购直接材料、耗费直接人工成本和制造费用的开支状况，相应编制直接材料预算、直接人工预算和制造费用预算，以确保预计生产量预算的落实。

直接材料预算，即直接材料采购活动的预算编制，要综合考虑与直接材料采购量相关的材料耗用量、预算期期初存料量及预算期期末存量水平。因直接材料采购必然发生现金支出，在编制直接材料预算时，同时编制预计现金支出预算表。

制造费用预算中制造费用项目包括变动制造费用和固定制造费用，其具体费用项目内容较多，若只按某一预计生产量编制制造费用预算，很难适应实际工作需要，企业生产经营活动受市场条件等多种因素影响，会使预算期内实际产销数量水平起伏波动，造成成本、费用随之变动。为更有效发挥编制全面预算作用，进一步加强成本费用项目控制，应编制适应多种经营水平的费用弹性预算。

实训四 单位产品成本和期末存货预算的编制

徐建超在深入工厂搜集资料编制直接材料预算、直接人工预算和制造费用预算时，了解到金圣象制药厂生产的五种药品的销售及其有关成本状况，汇编计算如表 2-5-11 所示。

表 2-5-11　　　　　　　　产品销售利润分析表　　　　　　　　单位：万元

项　目	滴眼液	抗生素	糖浆	感冒冲剂	创可贴	合　计
产销量（盒）	20000	30000	10000	135000	20000	215000
销售单价（元/盒）	40	16	130	8	30	
销售收入	80	48	130	108	60	426
单位制造成本（元/盒）	11	7	135	10	15	
制造成本总额	22	21	135	135	30	343
单位销售毛利（元/盒）	29	9	-5	-2	15	
销售毛利总额	58	27	-5	-27	30	83
固定成本总额	12	8	36	40	12	108
年管理费用			50			
年财务费用			34			

根据以上计算分析，徐建超认为糖浆和感冒冲剂两种产品是亏损产品，按照"亏损产品不生产"的原则，建议工厂取消这两种产品生产，只安排滴眼液、抗生素和创可贴三种盈利产品的生产。理由是糖浆及感冒冲剂产品没有边际贡献，这样的产品只能是生产越多亏损越多。如果工厂停止生产这两种亏损产品，则可获得销售利润 58+27+30=115 万元，扣除管理费用 50 万元和财务费用 34 万元后，还可盈利 31 万元。

金圣象制药厂则不同意徐建超的提议，而是另拿出一份产品销售利润分析表，如表 2-5-12 所示。

表 2-5-12　　　　　　　　产品销售利润分析表　　　　　　　　单位：万元

项　目	滴眼液	抗生素	糖浆	感冒冲剂	创可贴	合　计
产销量（盒）	20000	30000	10000	135000	20000	215000
销售单价（元/盒）	40	16	130	8	30	
销售收入	80	48	130	108	60	426
单位变动成本（元/盒）	25	10	100	6	22	
变动成本总额	50	30	100	81	44	305
单位边际利润（元/盒）	15	6	30	2	8	
边际利润总额	30	18	30	27	16	121
固定成本总额	12	8	36	40	12	108
年管理费用			50			
年财务费用			34			

厂方认为不应停止糖浆和感冒冲剂药品的生产，因为只生产三种产品亏损数额比生产五种产品的亏损数额更大，如表 2-5-13 所示。

表 2-5-13　　　　　　　　　　　产品销售利润计算分析表　　　　　　　　　　　单位：万元

项　目	生产 3 种产品	生产 5 种产品
销售收入	80 + 48 + 60 = 188	80 + 48 + 130 + 108 + 60 = 426
减：变动成本总额	50 + 30 + 44 = 124	50 + 30 + 100 + 81 + 44 = 305
边际利润总额	30 + 18 + 16 = 64	30 + 18 + 30 + 27 + 16 = 121
减：固定成本总额	12 + 8 + 36 + 40 + 12 = 108	12 + 8 + 36 + 40 + 12 = 108
年管理费用	50	50
年财务费用	34	34
利润总额	-128	-71

[题目布置]

1. 编制金圣象制药厂预算年度 2015 年产品成本预算表。分析说明变动成本计算法下的产品成本与完全成本计算法下的产品成本构成有何不同？

2. 编制金圣象制药厂预算年度 2015 年期末存货成本预算表。对比说明两种成本计算法下期末存货有何不同？

3. 试以实训资料为依据，在变动成本计算法和完全成本法下，分别构建利润表，并进行分析对比。

[提示]

变动成本计算法的产品成本包括直接材料、直接人工和变动制造费用三部分，而完全成本计算法的产品成本包括直接材料、直接人工和制造费用三部分。两者区别在固定制费用项目上。变动成本计算法的产品成本中不包括固定制造费用，而完全成本计算法的产品成本中包含固定制造费用，在同等条件下，使用变动成本计算法计算的产品成本数值应小于完全成本计算法计算的产品成本。同样，使用变动成本计算法计算的期末存货成本数值也会小于完全成本计算法计算的期末存货成本，而两者间的差额是期末存货数量中所含的固定制造费用数额。期末存货数量中所含的固定制造费用数额，在变动成本计算法中，作为期间成本在销售当期从销售收入中扣减掉，在完全成本计算法中则计入期末存货成本，转移到下期了，所以，两种成本计算法的产品构成不同，会直接影响利润计算的不同。

变动成本包括变动生产成本和变动非生产成本，变动生产成本即指变动产品成本；变动非生产成本则是由变动销售费用、变动管理费用和变动财务费用组成。产品销售收入扣除变动成本后的差额，即是边际贡献，边际贡献抵补固定成本后，即是企业实现的利润总额；而销售毛利是销售收入减去销售成本的数额，再扣除销售费用、管理费用和财务费用之后，才是利润总额。可见，销售毛利不同于边际贡献。

实训五　销售及管理费用预算的编制

徐建超推开金圣象制药厂销售科大门，对面墙壁上的一张"销售及管理费用开支控制额度指标"示意图映入眼帘，各项销售及管理费用支出一目了然，小徐正赞叹销售科管理工作细致，迎面走来了销售科年轻有为的副科长丁增新。交谈中徐建超了解到，丁增新和自己是同一所大学的校友，大学毕业4年多，因在销售科的销售及管理费用管理工作中的突出表现，刚被提拔为副科长。校友见面，自有聊不完的话题，而徐建超更感兴趣的是销售科的费用管理工作，丁增新又是费用管理工作的直接参与者，两个人便饶有兴致地交流起来。

原来，丁增新大学毕业直接分配到金圣象制药厂销售科工作。刚参加工作时，他是销售科工作人员中年龄最小的一个，为人热情，精力充沛，吃苦耐劳，工作积极性极高。他曾跟厂里运输部门的工人一起搬货、卸货、跟车跑长途送货等。他做推销员时跑遍各地销售药品，帮助广告部门一起组织、设计、拍摄及制作有关药品的广告。他在销售科编制各种销售及管理费用预算表，等等。大量的、最广泛的实践工作，使丁增新了解并掌握了销售科各具体部门的费用开支的第一手资料数据和真实情况。

丁增新认为工厂销售科在编制预算中，都是以报告期各个费用实际数为基础，结合预算期的实际情况，增加或减少一定数额后确定预算水平，编制全面预算的。而实际过程中，各项费用开支存在十分严重的浪费现象，在这样的费用开支数据基础上确定预算指标，长此以往，必然形成恶性循环，全面预算编制的各项预算指标数值距离实际指标数愈来愈远，丧失编制全面预算的重要意义。于是，丁增新向厂销售科正式提出采用零基预算方法编制销售及管理费用预算。

厂销售科领导非常重视丁增新的提议，专门召开了销售工作全体员工会。厂领导也在有关会议上向金圣象制药厂的各个部门、各级领导、各个职能部门和全厂职工发出了"降耗增效、从零开始"的号召。销售科作为试点自然备受关注。销售科重新对每一项费用预算进行考虑，对不合理的费用开支全部舍弃，由厂领导部门根据市场调查和工厂发展方向及工厂现有生产能力等提出预算年度应实现的主要经营目标，各部门职工讨论本部门可能发生的费用项目和费用开支数额，对每一个可以增减费用额的费用项目进行成本—效益分析，不以原有开支为基础，一切从零开始，认真逐个对费用预算项目进行分析和计量。由于零基预算需要对各预算项目逐项分析，对原来有些合理的基数全盘否定，预算编制的工作量大，经过四五个月时间，销售及管理费用开支情况才最终确定下来，结果如表2-5-14所示。

表2-5-14　　　　　销售费用和管理费用主要指标支出控制额度　　　　　　　单位：元

销售费用项目	控制金额	管理费用项目	控制金额
运输费用	0.7	保险费用	119
销售人员工资	0.6	管理人员工资	24200
销售佣金	0.5	广告费用	28650
其他费用	0.45	其他费用	35600

销售科各基层部门因预算数值确定过低,没有充分发挥出全面预算编制的重要作用,部门及职工生产积极性不高,影响销售科经济效益。如何发挥零基预算的优势,最大限度地调动各有关方面的积极性,确定预算基数是十分关键和重要的一环。确定预算基数的上下级信息不对称,上级的优势是提出有关规则,其劣势是信息远不如下级;作为企业的下级组织相对其上级而言,他们更清楚每年究竟能完成多少预算目标,但是他们往往隐瞒这一信息,以便在与上级的讨价还价中抬高费用预算基数,从而获得更多的奖励。上级总是希望把费用预算基数定得低一些,只有协调好上下级关系,才能充分发挥他们各自的优势。丁增新汇集多方建议,提出了"综合确定基数法",较好地解决了这个难题。具体做法是:将预算基数纳入一个委托人和代理人之间的博弈程序,先由委托人提出一个基本要求,然后由代理人自己报出一个数,并以代理人的意见为主确定基数。委托人防止代理人低报的有效手段是奖励约束机制。这种方法在鼓励基层管理者主动并真实地申报预算基数等方面有重要的现实意义,又因其方法简便易行,基层管理者心知肚明,预算指标看得见、透明度高,所以积极性很高。运用"综合确定基数法"确定的销售及管理费用预算指标与原采用零基预算法确定的预算指标对比如表 2-5-15 所示。

表 2-5-15　　　　　销售和管理费用指标确定结果对比表　　　　　单位:元

项　　目		原预算指标	综合确定基数法所确定指标
变动销售及管理费用	运输费用	0.7	0.6
	销售人员工资	0.6	0.5
	销售佣金	0.5	0.4
	其他费用	0.4	0.5
固定销售及管理费用	管理人员工资	24200	22000
	广告费用	28650	30000
	保险费用	11990	10000
	其他费用	35600	34000

[题目布置]

1. 根据资料编制预算期 2015 年度销售及管理费用预算表。
2. 根据资料编制预算期 2015 年度因销售及管理费用支出所引起的现金支出变化表。
3. 请为金圣象制药厂销售科设计"综合确定基数法"的具体实施方案。

[提示]

销售及管理费用预算的编制应围绕销售数量的情况进行。编制销售及管理费用预算的关键是确定各项销售及管理费用具体项目的单位支出和总支出。其中,确定费用支出的方法十分重要,若采用在上期预算执行结果基础上参考实际可能进行估计,这种做法实际是承认过去是合理的,掩盖了过去工作中存在的问题,并将其在今后的生产经营中延续,这样会不可避免地造成预算浪费。零基预算是以零为基础,对于所有的费用支出均以零为起点,不考虑基期的费用开支水平,从根本上研究和分析各项预算的必要性和规模。虽然采用编制零基预算的工作量较大,但不可否认零基预算是管理间接费用的一种有效方法。需要指出的是,零基预算的作用并不仅仅在于压缩费用支出、节约费用，更重要的是其可以将有限的资金使用在最需要的地方，提高资金的使用效率。

实训六　财务预算的编制

金圣象制药厂根据金圣象制药股份有限公司董事会的决定，预计于 2015 年初拿出现金共计 40000 元作为公司发放股利。此举一方面直接影响该企业股票的市场价格，另一方面为企业筹资创造必要的条件。根据企业现金收支状况，预计在预算期 2015 年的第二季度初，从银行借入 20000 元资金，并于当年末归还本金，按年利率 10% 分季付息。

此外，工厂根据市场变化扩大生产规模，拟定在预算期 2015 年第二季度时，投资 80000 元进行厂房建设，并于第三季度投资 40000 元购置生产流水线，以提高药品的生产效率。

徐建超会同工作组同事，将这时期编制的销售预算、生产预算、直接材料预算、直接人工预算、制造费用预算、产品成本预算、销售及管理费用预算等预算表汇总、综合，为企业全面合理安排预算期现金收支，保证预算期所需现金的筹集和运用，测算其经营成果，反映企业在预算期末资产、负债及所有者权益项目的预算执行结果，正勤奋地工作着……

[题目布置]
1. 分别编制预算期 2015 年度现金预算表、预计利润表和预计资产负债表。
2. 分别具体说明财务预算表是依据哪些预算表的数据编制的？

第六部分

标准成本控制

标准成本是在正常生产条件下，经过努力能够达到的预期的成本标准而制定的一种目标成本。标准成本系统是由标准成本、差异分析和差异账务处理三个部分组成。标准成本控制是以全面预算为基础，并结合成本的具体特点对其进行有效的控制。标准成本可分为三种类型：基本标准成本、理想标准成本和正常标准成本，其中正常标准成本在实际工作中广泛应用。由于产品成本是由直接材料、直接人工和制造费用三个成本项目构成，因而应根据这些项目的特点分别制定其标准成本。成本差异是指实际发生成本与标准成本的差异数额。直接材料成本差异由材料的数量差异和材料的价格差异组成。制造费用按其与产量的关系分为变动制造费用和固定制造费用，因此，在采用变动成本法的企业，制造费用差异也包括变动制造费用差异和固定制造费用差异。变动制造费用差异包括变动制造费用耗费差异和变动制造费用效率差异两种，固定制造费用差异包括固定制造费用耗费差异、效率差异和能力差异三部分。企业可以采用标准成本和成本差异进行日常成本核算处理。在标准成本法下，"生产成本"、"库存商品"、"原材料"账户均按标准成本入账，"主营业务成本"账户的借方先按标准成本入账，本期各项成本差异则视其金额大小分别采用分配法或直接记入"主营业务成本"账户的方法进行处理。

实训一　先达电机总厂标准成本的制定

先达电机总厂是一家专业生产电机的中型国有企业，其建厂历史悠久，历史上产品销路一直不错。但近几年由于其生产设备老化严重，原材料持续不断涨价，生产中能源消耗一直居高不下，厂内损失浪费现象严重，离退休职工较多等诸多因素，造成其拳头产品电机的成本过高，市场占有率逐年下降，经济效益远低于国内同行业的先进水平。为了改变该厂的现状，上级领导对电机厂的领导班子进行了改组，新的班子上任后，对该厂的状况进行了大量的调研工作，针对存在成本过高的主要矛盾，决定实行严格的成本管理，成立了由厂长直接领导,由会计部门组织牵头,其他部门负责人直接参与的成本控制领导小组,动员全体职工从一点一滴入手,严格控制损失浪费现象,严把质量关,实施全厂、全员、全过程的全面成本控制体系。为此,厂领导采纳了会计部门的建议,提出建立一套标准成本控制系统,实施标准成本控制。

实施标准成本控制,公司领导面临的主要问题就是如何建立该公司的主要产品电机的标准成本,为此公司领导责令会计部门会同业务生产部门等进行数据统计分析,以便科学制定标准成本。

会计部门在认真分析的基础上,统计出了电机产品消耗的直接材料、直接人工和制造费用等资料,编制了"直接材料标准成本表"、"直接人工标准成本表"、"变动制造费用标准成本表"、"固定制造费用标准成本表",详见表2-6-1、2-6-2、2-6-3及2-6-4。

表2-6-1　　　　　　　　先达电机总厂直接材料标准成本表　　　　　　　　单位:元

项　目	铸铁缸体	无氧铜线圈	其他配件
用量标准			
耗用数量	2	1.5	2.5
正常损耗	0.1	0.3	0.1
标准用量	(　)	(　)	(　)
价格标准			
材料买价	2.5	2	1.5
采购费用	0.05	0.03	0.04
标准价格	(　)	(　)	(　)
标准成本	(　)	(　)	(　)
单位产品标准成本合计		(　)	

表2-6-2　　　　　　　　先达电机总厂直接人工标准成本表　　　　　　　　单位:元

项　目	第一工序	第二工序
单位产品工时	2	1.75
小时工资率		
基本生产工人数	15	25
每人每月平均工时	200	200
每月总工时	(　)	(　)
每月工资及福利费总额	9000	10000
每小时工资率	(　)	(　)
标准人工成本	(　)	(　)
标准人工成本合计	(　)	

表 2-6-3　　　　　　　　先达电机总厂变动制造费用标准成本表　　　　　　　　单位：元

项　目	第一车间	第二车间
单位产品工时	2	1.75
变动制造费用分配率		
变动制造费用预算数	3750	10000
标准总工时	3000	5000
变动制造费用分配率	(　)	(　)
变动制造费用标准成本	(　)	(　)
变动制造费用标准成本合计	(　)	

表 2-6-4　　　　　　　　先达电机总厂固定制造费用标准成本表　　　　　　　　单位：元

项　目	第一车间	第二车间
单位产品工时	2	1.75
固定制造费用分配率		
固定制造费用预算数	1650	3000
标准总工时	3000	5000
固定制造费用分配率	(　)	(　)
固定制造费用标准成本	(　)	(　)
固定制造费用标准成本合计	(　)	

[题目布置]

1. 假如你是该厂的会计人员，请你按照标准成本的原理计算填列各表中的空白项。
2. 根据各表的计算结果，编制该厂的单位产品标准成本表。
3. 请你简要说明一下标准成本法的主要作用？

[提示]

制定标准成本指标是实施标准成本系统的第一步，也是计算标准成本差异、进行成本分析和提供成本控制数据的基础。制定标准成本的程序是：首先确定直接材料的标准成本和直接人工的标准成本，其次确定制造费用的标准成本，最后汇总计算出单位产品的标准成本。

直接材料的标准成本由构成产品实体的各项直接材料标准用量乘以其标准价格来制定，直接材料标准用量包括材料的正常用量和不可避免的正常损耗量，材料的标准价格是采购部门按市场采购价格计算确定，包括买价、运杂费等采购费用。

直接人工的标准成本是以单位产品的标准工时乘以每小时工资率确定的，单位产品的标准工时是按产品的经过的时间、工序分别计算，然后加以汇总确定。每小时工资率是以预计支付直接人工工资总额除以标准总工时确定。

制造费用的标准成本分为变动制造费用和固定制造费用标准成本两部分。变动制造费用的标准成本是由单位产品的人工工时或机器工时乘以制造费用的分配率计算确定。固定制造费用的标准成本是以直接人工工时或机器工时乘以固定制造费用的每小时分配率确定。

实训二 珍宝针织有限公司标准成本差异的计算与分析

珍宝针织有限公司是一家中外合资企业,中方占投资总额的70%,外方占投资总额的30%,公司主要生产男女羊毛衫系列产品,销售状况良好。公司成立伊始,就在成本管理上引入标准成本法,严格控制生产成本,收到显著效果。由于其生产成本较低,产品在激烈的市场竞争中处于有利地位,加上其产品质量过硬,售后服务较好,营销措施得当,其产品在市场具有较高的知名度。

该公司生产的"珍珍"羊毛衫产品主要原料为纯毛细线,其标准成本资料如表2-6-5所示。

表2-6-5 珍宝针织有限公司产品标准成本表 单位:元

成本项目	用量标准	价格标准	标准成本
直接材料	0.5千克	200	100
直接人工	3小时	6	18
变动制造费用	3小时	1	3
固定制造费用	3小时	1.5	4.5
单位产品标准成本总计		125.5	

其他资料:

该公司本月共生产4000件羊毛衫,实际耗用原材料纯毛细线1900千克,实际单价为210元;本月实际耗用工时12800小时,实际支付工资总额及福利费用72000元;实际发生变动制造费用15360元,实际发生固定制造费用18000元,该公司的预计正常生产能力为5000件,预计耗用工时15000小时,固定制造费用的预算额为22500元。

[题目布置]

1. 计算直接材料的价格差异和用量差异,并作出简单分析。
2. 计算直接人工工资率差异和直接人工效率差异,并作出简单分析。
3. 计算变动制造费用耗费差异和效率差异,并作出简单分析。
4. 计算固定制造费用耗费差异、能力差异和效率差异,并作出简单分析。

[提示]

标准成本法中会涉及非常令人头痛的各种差异的计算分析问题。因此,要真正理解标准成本各种差异的内涵,在充分理解的基础上熟练掌握其计算公式的运用,如果生搬硬套,难以完全消化吸收,更无法在实际工作中加以灵活运用。

实训三 永康化工有限责任公司标准成本的账务处理

永康化工有限责任公司本年 10 月所生产的产品需要使用聚丙烯作为主要原材料，该公司在变动成本法基础上采用标准成本制度。具体规定为："生产成本"、"库存商品"、"原材料"账户的借贷方都按标准成本入账，"主营业务成本"账户的借方也按标准成本入账，月末对各项成本差异的金额采用直接处理法，即直接将本期发生的各项成本差异全部转入"主营业务成本"账户，不再分配给期末在产品和期末库存商品。为核算各项成本差异，分别设置"材料价格差异"、"材料数量差异"、"直接人工工资率差异"、"直接人工效率差异"、"变动制造费用耗费差异"、"变动制造费用效率差异"、"固定制造费用效率差异"、"固定制造费用耗费差异"、"固定制造费用能力差异"等账户，这些账户的借方登记不利差异，贷方登记有利差异，期末结转"主营业务成本"账户后无余额。该类账户按照不同的责任部门分别设置明细账。

永康化工有限责任公司单位产品标准成本资料如表 2-6-6 所示。

表 2-6-6   永康化工有限责任公司产品标准成本表   单位：元

成本项目	用量标准	价格标准	标准成本
直接材料	100 千克	2	200
直接人工	10 小时	5	50
变动制造费用	10 小时	1.5	15
固定制造费用	10 小时	0.8	8
单位产品标准成本总计			273

企业各项费用预算如下：正常生产能力 6000 小时，变动制造费用 7500 元，固定制造费用 4800 元。

本月实际情况如下：实际生产工时 5000 小时，期初在产品为 100 件，结存金额 23650 元，本月投产 550 件，完工入库 620 件，期末在产品 30 件。原材料为一次投入，其他费用项目采用约当产量法，在产品完工率为 50%。本月库存商品期初结存 300 件，期初结存金额 81900 元，本月完工入库 620 件，本月销售 800 件，月末结存 120 件。

本月发生有关业务如下：

(1) 10 月 5 日购入原材料一批，数量 80000 千克，实际单位成本 1.95 元，价款 156000 元，款项以银行存款支付，当即编制材料采购并结转相关差异的分录。

(2) 10 月 15 日以现金实际支付工人工资 28000 元。

(3) 月末汇总本月发料凭证，本月投产产品 550 件，实际领用材料 52800 千克，当即编制领料并结转相关差异的分录。

(4) 月末分配本月工资费用，并计算结转工资差异。

(5) 全月实际支付变动制造费用 8000 元（全部以银行存款支付），当即编制支付和月末分配转入生产成本以及结转相关差异的分录。

（6）全月实际支付固定制造费用 4000 元（全部以银行存款支付），当即编制支付和月末分配转入生产成本以及结转相关差异的分录。

（7）月末结转本月完工入库 620 件产品的成本。

（8）本月共销售产品 800 件，单价 350 元，款项 280000 元，款项收回。同时按标准成本结转其销售成本。

（9）月末将本月发生的各项成本差异转入"主营业务成本"账户。

（10）本月发生变动销售费用 600 元，固定销售费用 1500 元，管理费用 3000 元，且全部以现金支付。

[题目布置]

1. 根据上述资料编制相关会计分录，列出各项差异的计算过程。
2. 开设业务中涉及的全部科目的 T 型账户，根据编制的会计分录登记有关账户。
3. 根据所提供资料，月末编制标准成本利润表。

[提示]

永康化工有限公司在日常成本核算中采用标准成本法。根据公司制定的核算管理办法，要求原材料、生产成本和库存商品平日都要按标准成本进行核算。这样，实际成本和标准成本产生的差额通过设置各个差异账户进行核算，最后月末集中转入"主营业务成本"账户。

在计算各种成本差异时，应认真进行分析，在正确理解各项差异内涵的基础上，准确运用资料中的各项数据，这样方能保证各项差异计算结果的准确性。同时要注意如果计算结果为有利差异，记入各个差异账户的贷方，不利差异记入各个差异账户的借方，月末分别从各个差异账户的反方向转出，结转后差异账户一般无余额。

在计算分配人工费用和制造费用时，应注意考虑在产品的约当产量，因为人工费用和制造费用与产品的加工程度有关，因此，在计算各项差异时，应首先确定本期投产产品的约当产量，并以此计算确定人工和制造费用成本差异数额。

实训四　三环水表公司标准成本的实际应用

三环水表公司是一家国家指定的专业民用水表生产企业，其产品包括多种口径的家用水表。水表的主要零部件由膛坯、膛顶、膛底、盘状活塞、封闭架、螺钉、螺母、膛针、垫圈、过滤器、顶盖、底壳、外部的铜封等部件组成，其中膛胚生产所需的主要原料为黄铜。该公司共有五个生产部门，分别是主要负责膛坯和铜封铸造的铸模车间，负责零件打磨的研磨车间，负责各种小零件制造的制造车间，负责传动装置生产的制造车间以及负责最后装配成品水表的装配车间。其主要生产过程是由厂部业务部下达生产任务通知单，由车间组织按订单生产。由铸模车间完成膛坯和铜封等主要部件的铸造，然后转送研磨车间进行细致打磨，小零件和传动装置制造车间根据生产任务单规定的产品尺寸大小，制造配套的零件如膛底、活塞、顶盖、底壳、封闭架、膛针等,同时完成对研磨车间转来的膛坯钻孔、契合等工序,最后全部零件转装配车间进行总装,形成水表成品。

产品完工后,按订单要求及时交货,因此,公司一般不存在产成品存货,其存货主要是为修理等售后服务而储备的各种零配件,以及购入的原料和尚未完工的在产品存货等。

公司对生产的产品采用标准成本法核算,对直接材料、直接人工和制造费用都设置了数量和价格标准。每年年初,生产所需的各项原料标准成本都要根据材料市场供需变化导致的价格变化以及在现有技术条件下生产水表消耗的原料、辅助材料等数量重新制定其单位标准成本。直接人工和制造费用的标准成本是以每小时标准分配率乘以每件产品生产过程中所耗用的直接人工小时计算确定,其中每小时标准分配率在每年年初修订一次,各部门会计人员在制定直接人工的价格标准时一般是用工资率标准,即每小时工资标准分配率,由于公司采用计时工资制,要由会计人员按照企业现行工资薪酬制度,依据有关账簿资料,去收集直接人工工资薪酬的支出情况以及生产产品所需的人工工时资料,报请公司主管部门参考来年的变化情况,予以必要调整,然后确定在正常营运水平下的直接人工总成本及耗用的标准人工小时,以直接人工总成本除以耗用的标准人工小时,即可确定各部门的每小时工资标准分配率。生产部门的制造费用包括各车间为组织管理生产本身耗用的费用、间接用于产品生产的费用以及由企业其他服务部门分摊转来的制造费用。每年年初要由会计人员预测在正常营运水平下各生产部门应负担的制造费用,除以该部门的标准直接人工小时数,从而确定制造费用的标准分配率。标准人工和制造费用分配率计算结果如表2-6-7所示。

表2-6-7 标准人工和制造费用分配率

车间编号	车间名称	分配率(元/小时)		
		直接人工	制造费用	合计
131	铸模车间	6.7	8.7	15.4
132	研磨车间	5.3	4.4	9.7
133	小零件车间	5.6	5.1	10.7
134	内部零件车间	5.5	5.6	11.1
135	传动装置车间	5.6	6	11.6
136	水表总装车间	5.3	6	11.3

现以0235号生产任务通知单为例,说明标准成本的计算形成过程,该任务为生产100个5/8寸HF水表,其标准成本的计算如表2-6-8、表2-6-9、表2-6-10及表2-6-11所示。

表2-6-8 铸造车间标准成本 单位:元

零件编号	零件名称	主要原料	耗用数量	单价	金额	铸模加工成本	标准成本
A-350B	5/8HF水表膛坯	黄铜	90千克	3.5	315	48	363
合计					315	48	363

表 2-6-9　　　　　　　　　　　　研磨车间标准成本　　　　　　　　　　　　　　单位：元

零件编号	生产车间	作业及顺序	工具	标准小时	标准分配率	标准成本
A-350B						363
	132	1. 研磨	转轮机	2.5	9.7	24.25
	132	2. 插销	工作台	0.5	9.7	4.85
A-350C						392.1

表 2-6-10　　　　　　　　　　　零件车间标准成本　　　　　　　　　　　　　　单位：元

零件编号	生产车间	作业及顺序	工具	标准小时	标准分配率	标准成本
A-350C						392.1
	133	1. 钻孔	钻床	1.2	10.7	12.84
	134	2. 塞孔		0.5	11.1	5.55
	134	3. 钻6个面孔	钻床	0.4	11.1	4.44
		4. 钻3个边孔	钻床	0.3	11.1	3.33
		5. 钻3个底孔	钻床	0.5	11.1	5.55
		6. 内外部契合	压合机	2.1	11.1	23.31
A-350D						447.12

表 2-6-11　　　　　　　　　　水表总装车间标准成本　　　　　　　　　　　　单位：元

零件编号	生产车间	作业及顺序	工具	标准小时	标准分配率	标准成本
A-350D						447.12
K-2414 膛顶						125.2
K-2418 膛底						128.9
K-2465 活塞						310.5
X-2761 顶盖						505.4
X-2770 底壳						180.3
5/8 公寸封闭架						1005.6
K-5030 螺钉						120.7
K-4630 螺母						65.7
X-2782 膛针						10.5
K-2776 衬垫						25.5
K-2779 过滤器						40.6
新加工成本	总装车间 135	装配	工作台	24	11.3	271.2
水表总成本						3237.22

上述各表中的标准成本包括本车间发生的原料成本，上一车间转来的零件成本以及本车间发生的人工、制造费用等加工成本。

公司实际发生的直接材料成本、直接人工及制造费用都以标准成本借记"生产成本"账户，贷记有关账户，各项要素费用的实际成本则按产品结合车间进行归集汇总。

企业购进原料时，须在供货商提供的发票上标明标准成本，按采购材料的买价、运杂费等实际成本贷记"应付账款"、"银行存款"等账户，按标准成本借记"原材料"等账户，二者的差额即为原材料的价格差异，借记或贷记"原材料价格差异"账户。原材料平日领用按照标准价格和标准用量借记"生产成本"账户，贷记"原材料"账户。原材料存货每半年盘点一次，以标准成本评价，盘点结果与原材料账户余额之差额，即以"原材料用量差异"账户处理。

平日以"工时记录卡"记录每位员工完成产品的数量、实际工作时数及标准工作时数。车间成本核算员在卡片上记录每位员工的日工资及该部门标准直接人工工资率，即可求得每位员工的实际直接人工成本和标准人工成本。将所有的工时记录卡汇总后，即可得出每一个部门的实际直接人工成本和标准人工成本。根据汇总结果，按标准成本借记"生产成本"等账户，按实际成本贷记"应付职工薪酬"账户，其差额以"直接人工差异"账户核算。

对于制造费用，平日按实际发生数借记"制造费用"账户，贷记有关账户。月末由车间成本核算员依据各部门标准人工小时数乘以制造费用标准分配率，即可确定应分配转出的制造费用，借记"生产成本"账户，贷记"制造费用"账户，期末实际制造费用和分配转出制造费用的差额，借记或贷记"制造费用差异"账户。

月末将原材料差异、直接人工差异、制造费用差异等一次性转入"主营业务成本"账户，并在利润表中予以反映。对于完工产品按照单位产品标准成本和实际入库数量，计算确定入库产品的标准成本，借记"库存商品"账户，贷记"生产成本"账户。

产品销售时都要在发票上标明标准成本，每到月底，只需将发票汇总即可得到全部销售收入及标准销售成本，此时按标准成本结转销售成本，借记"主营业务成本"账户，贷记"库存商品"账户。完成上述工作，进行月末结账，编制利润表，如表 2-6-12 所示。然后对差异较大的，应调查分析原因，采取针对性措施。

表 2-6-12　　　　　　　　　三环公司标准成本利润表　　　　　　　　　　　　单位：元

项　目	本期数
营业收入	283489
标准成本法下的营业成本	218400
各种差异	
直接材料差异	-3589
直接人工差异	-5239
制造费用差异	2500
差异合计	-6328
实际营业成本	212072
销售毛利	71417
销售及管理费用	15320
营业利润	56097
所得税费用	18512
净利润	37585

[题目布置]

1. 请你按照课上所学标准成本制度的要求，认真阅读该公司的标准成本核算办法，分析对比指出其存在的差异。
2. 利用你所学的知识，对该公司的标准成本核算办法进行评价。
3. 如果铸造车间实际所耗材料黄铜数量为85千克，实际单价为4元，那么该产品的直接材料的价格差异和用量差异为多少？

[提示]

对于标准成本制度的实施，必须因地制宜，要根据不同企业生产组织特点、生产工艺特点和管理的不同要求采用，绝不能机械照搬教材。因此，我们在分析企业实际实施的标准成本制度时要进行全面考虑，理性分析，方能作出较为准确的评价。

第七部分

存 货 控 制

存货是指企业在生产经营过程中为销售或耗用而储存的各种资产，它在防止停工待料、适应市场变化、降低进货成本、维持均衡生产方面具有重要的作用。存货控制的基本任务就是在发挥存货功能的同时，尽可能地节约资金、降低存货成本。在存货控制中，存货的优化是指以较少的资金占用和最低的成本耗费控制存货数量，以满足企业生产和销售的合理需要。为此就必须要推行经济进货批量控制思想。但由于购买者可以利用数量折扣价取得较低的商品进价、较低运输费和较低年订货费用的机会，并且从大批量中得到的节约可能超过抵偿增支的储存成本。因此，在有数量折扣的决策中，订货成本、储存成本以及采购成本都是订货决策中的相关成本。这时，上述三种成本的年成本合计最低的方案才是最优方案。与此同时，对于一个大型企业来说，常有成千上万种存货项目，在这些项目中，有的价格昂贵，有的不值几文；有的数量庞大，有的寥寥无几。如果不分主次，面面俱到，对每一种存货都进行周密的规划、严格的控制，就抓不着重点，不能有效地控制存货资金。ABC 分类管理法就是针对这一问题而提出来的重点管理方法。

实训一 进货环节材料采购成本控制中的评分办法使用

巨龙公司主要生产大中型建筑和道路施工机械及其相应配套产品，属国家重点扶植企业，在国内外市场享有盛誉。随着二期技术改造工程的完工，公司领导提出了在不断提高产品质量，推出技术含量更高的产品的同时，扩大生产规模，努力降低产品成本，争创最佳经济效益的整体工作目标。

为完成公司的整体工作目标，作为生产的"先行"与"后勤保障"部门的材料供应处，遇到的首要问题就是生产材料的及时供应和材料成本的控制。经反复测算，全年需 40Mn2196 方钢 20000 多吨，16Mn4.5t 钢板 14000 多吨。与公司建立过供货关系的厂家有长城钢铁公司、南方钢铁公司、锡林钢铁公司、襄阳钢铁公司和宝安钢铁公司。为进一步降低材料成本，为公司整个产品成本的降低打下良好基础，材料供应处的同志准备对这些厂家进行一次全面综合的分析与评价，从中选出最佳的供货商。

根据以往的经验和有关数据资料，在反复研究与讨论后，决定从材料质量、供货价格、合同完成率与费用开支等四个方面进行材料采购成本考核，实行百分制评分，从中选出得分最高者作为本年度材料供货商。

材料供应处搜集的有关主要供应商报告年度材料采购数据资料及计划年度的材料采购主要开支测算分析资料如表2-7-1和表2-7-2所示：

表2-7-1　　　　　报告年度材料质量、价格与合同完成率资料表

材料供应单位	到货数量（吨）	验收合格数量（吨）	供货价格（元/吨）	合同完成率（%）
长城钢铁公司	10000	9700	1100	97
南方钢铁公司	5000	4600	1100	96
锡林钢铁公司	5000	4700	1150	96
襄阳钢铁公司	15000	13000	1200	95
宝安钢铁公司	1500	1410	1200	94

表2-7-2　　　　　计划年度材料采购、储存、利息费用开支测算表　　　　　单位：万元

材料供应单位	全年订货量（吨）	每吨采购费用（元）	采购费用	平均存量（吨）
长城钢铁公司	24000	9.39	22.54	3000
南方钢铁公司	24000	10.06	24.14	3100
锡林钢铁公司	24000	14.18	34.03	4500
襄阳钢铁公司	24000	16.67	40	5000
宝安钢铁公司	24000	25.45	61.08	6000

材料供应单位	储存占用资金	在途储存天数	利息费用	储存费用	费用总额
长城钢铁公司	319	49	23.26	2	47.8
南方钢铁公司	330	43	24.06	3	51.2
锡林钢铁公司	495	78	36.2	3.01	73.24
襄阳钢铁公司	651	118	36.14	5.11	81.25
宝安钢铁公司	770	123	25.1	4	90.18

评分标准：

（1）四个因素分别赋予不同的权重分数，即产品质量30分，供货价格30分，合同完成率20分，费用开支额20分。

（2）以验收合格数量与到货数量对比结果作为材料质量的评分指标。验收合格率越高，材料质量的得分也就越高。

（3）合同完成率越高，合同完成率的得分越高。

（4）供货价格最低的厂家得满分，以此作为基数和其他厂家的供货价格进行对比，价格越高的厂家得分越低。

(5) 费用开支额的评分办法与供货价格的评分办法相同。

依照上述方法计算四个厂家的综合分数分别是：

长城钢铁公司：$\frac{9700}{10000} \times 30 + \frac{1100}{1100} \times 30 + 97\% \times 20 + \frac{47.8}{47.8} \times 20 = 98.5$

南方钢铁公司：$\frac{4600}{5000} \times 30 + \frac{1100}{1100} \times 30 + 96\% \times 20 + \frac{47.8}{51.2} \times 20 = 95.47$

锡林钢铁公司：$\frac{4700}{5000} \times 30 + \frac{1100}{1150} \times 30 + 96\% \times 20 + \frac{47.8}{73.24} \times 20 = 89.15$

襄阳钢铁公司：$\frac{13000}{15000} \times 30 + \frac{1100}{1200} \times 30 + 95\% \times 20 + \frac{47.8}{81.25} \times 20 = 84.27$

宝安钢铁公司：$\frac{1410}{1500} \times 30 + \frac{1100}{1200} \times 30 + 94\% \times 20 + \frac{47.8}{90.18} \times 20 = 85.1$

可以看出，宝安钢铁公司的综合得分是最低的，长城钢铁公司的综合得分是最高的。若全部从宝安钢铁公司订购材料的话，会增大公司产品成本，减少公司盈利。

综合以上四个方面的因素后，巨龙公司最后选择了长城钢铁公司作为本公司计划年度40Mn2196方钢及16Mn4.5t钢板的主要供应商并与之签订了材料供应合同。

[题目布置]

1. 巨龙公司在材料供应商的选择上考虑了哪些因素？采购成本控制上有什么特色？
2. 从本事例的学习研究中你得到的启发是什么？

[提示]

综合分数测算中四个因素所占的权数是不一样的。这是测算中最难确定的，也是最难解决的一个问题。它需要有相当丰富的业务和管理会计经验。权数的不同将会直接影响到综合分数测算的结果及决策的结论。可想而知，这个问题是多么重要。

由于企业采购材料的资金来源主要依靠银行贷款解决，因此，其利息支付额的多少与采购量的大小及进货在途储备天数的长短有着直接的关系。

实训二　美国通用汽车公司和戴尔电脑公司的单一货源采购模式的借鉴

存货可以占企业资产的很大一部分，这就使存货管理，特别是存货的采购管理显得尤为重要。在生产成本方面，原材料成本占美国企业生产成本的50%，约占日本企业生产成本的70%，而大多数制造企业所需的零部件中，50%以上都要通过采购来完成。采购对于一个企业的重要性是不言而喻的。传统的管理会计思想是从不同的供应商那里购买零部件，而供应商也与不同的企业订立供应合同，双方都按照货比三家的原则动态更换采购或供应对象。不少企业规定，从一家供应商那里购买任何零部件都不能超过采购总量的一定比例，而这样做的目的就是消除由于单一供应商的质量、期限等问题带来的负面影响。这样一来，如果有一家供应商不能按期交货或所交货物的质量较差甚至该供应商破产也只能影响到企业全部采购的很小比例。与此同时，建立保险储备量也是企业普遍采用的做法。但美国通用汽车公司和戴尔电脑公司却都采取了和供应商之间的单一货源关系并大幅度削减存货水平。

在单一货源关系下，美国通用汽车公司只有少数几家供应商，其甚至会只选择一家供应商作为其某一特定零部件的供应者。由于企业向供应商订购了大量的货物，企业可以因此直接影响和控制供应商的供应质量。与此同时，由于企业和供应商之间已经形成某种合作氛围，供应商能够较好地满足企业关于零部件、服务和运输等方面的质量标准。在这种方式下，通用汽车公司的供应商们也自动进入了企业的全面质量管理系统。作为回报，通用汽车公司与供应商达成长期采购协议，稳定所需的订货数量。通用汽车公司在推出 Quad4 型发动机时，除了发动机的主要部件外，其他零部件都是采取单一货源采购模式，供应商总数只有 69 家，是发动机生产通常所需供应商数量的一半。供应商确保零部件的高质量和低成本，而通用汽车公司担保在该发动机的使用期内不更换供应商。2003 年被通用汽车公司兼并的克莱斯勒公司曾在开发其新款 LH 车时，将供应商的数目由 3000 家减至 1000 家，并规划最终只剩 750 家。克莱斯勒公司利用这种合作关系得到了高质量的零部件，并允许供应商加入企业的产品设计环节以提高产品的设计质量。位于密歇根州诺斯维尔的 Guardian 公司在承担了为克莱斯勒公司的新型 LH 车开发一种大型遮光玻璃的任务后，他们的工程师几乎每天都与克莱斯勒公司的设计专家研究如何确保这种遮光玻璃的质量、性能以及成本达到克莱斯勒公司的标准。为了生产这个部件，Guardian 公司还专门在印第安纳州投资 3500 万美元建立了一个新的工厂。

极为类似的是，戴尔电脑公司的经营战略也是与少数供应商保持密切合作，采取大量订制纳入企业的全面质量管理系统之中。由于迈克尔·戴尔相信资产意味着风险，因而戴尔电脑公司没有保持大量的资产或过多的存货。因为当公司容忍较大的应收账款水平时，客户不能偿还到期债务的风险也要随之增加。在计算机行业中，存货更容易比其他行业遭受过时的威胁。但非常有意思的是，戴尔电脑公司的年存货周转率能够达到 30 次。这个让同行瞠目的存货周转率使得戴尔电脑公司减少了存货过时的风险。迈克尔·戴尔如何能建立起一个拥有最小存货水平的企业呢？秘密就在于它同供应商之间建立了稳固的合作关系。戴尔电脑公司通过调查去了解每一个供应商，看其是否具有生产和戴尔电脑公司规格要求一致且能够满足产品质量和性能要求的零部件的能力。戴尔电脑公司与确定的供应商协商新产品设计方案并收集有关方面的信息。戴尔电脑公司只和很少的供应商保持关系并采取单一货源采购模式。只要供应商保证一定的技术能力与质量标准，戴尔公司就会与其维持长期合作关系，但供应商必须适时地提供符合戴尔电脑公司产品质量要求的零部件。多年来，戴尔电脑公司的这种优势使其始终保持着一个较低的存货水平并能够为客户定制出符合其要求的个人电脑。

单一货源采购模式在企业和供应商之间建立了一种互利的合作环境，使生产企业实现了低存货水平并保证了产品质量。

[题目布置]

请你描述一下单一货源采购模式需要建立在怎样的基础之上？单一货源采购模式与建立保险储备的传统做法相比有什么优势？

实训三 美的集团股份有限公司存货成本控制中的供应链双向挤压

有研究表明，中国制造企业有90%的时间都花费在了存货的周转上，存货储存成本占据了总销售成本的30%～40%，供应链上存货流转的速度以及成本更是令中国企业苦恼的老大难问题。美的针对供应链的库存问题，利用信息化技术手段，一方面从原材料的库存管理做起，追求零库存标准；另一方面针对销售商，以建立合理库存为目标，从供应链的两端实施挤压，加速了原材料、产品及资金的周转，实现了供应链的整合成本优势。

美的公司虽多年名列空调产业的"三甲"之列，但是不无一朝"城门失守"之忧。自2000年以来，在降低市场费用、裁员、压低采购价格等方面，美的频繁变招，其路数始终围绕着成本与效率。为了稳定和提升其在广东地区的销售业绩，美的公司已开始悄悄地为其产品的终端经销商安装进销存软件，即实现"供应商管理库存"（简称VMI）和"管理经销商库存"中的整合。

对于美的来说，其较为稳定的供应商共有300多家，其零配件（出口、内销产品）加起来一共有3万多种。从2002年中期，利用信息系统，美的集团在全国范围内实现了产销信息的共享。有了电子网络信息平台作保障，美的将原有的100多个仓库精简为8个区域仓，在8小时以内可以运到的地方，全靠配送。这样一来，美的公司流通环节的成本降低了15%～20%。运输距离长（运货时间3～5天的）的外地供应商，一般都会在美的公司的仓库里租赁一个片区（仓库所有权归美的），并把其应向美的公司供应的原材料及零配件放到片区里面储备。在美的需要用到这些零配件的时候，它就会通知供应商，然后再进行货款结算、取原材料及配件等工作。只在这时，原材料及零配件的产权，才由供应商转移到美的手上。而在此之前，所有的库存成本都由供应商承担。此外，美的公司在ERP（企业资源管理）基础上与供应商建立了直接的交货平台。供应商在自己的办公地点，通过互联网访问的方式就可登录到美的公司的主页面上，看到美的公司的订单需求，如品种、型号、数量和交货时间等，然后由供应商确认信息，这样一张采购订单就自动生成并得到合法化的确认。

实施VMI后，供应商不需要像以前那样疲于应付美的公司的订单和产品的运送，而只需做一些适当的库存即可。这时，供应商不必备很多货，一般只要满足美的公司3天的生产用量即可。美的原材料及零部件年库存周转率，在2002年上升到70～80次/年。其原材料及零部件库存也由原来平均的5～7天存货水平，大幅降至3天左右，而且这3天的库存也是由供应商管理并承担相应成本。存货周转率提高后，一系列相关的"风向标"指标也随之"由阴转晴"而让美的公司欣喜不已，比如原材料及零配件的采购和存储费用逐期减少、资金利用率提高、经营和财务风险缩小等。

美的公司在对供应链的后端供应体系进行优化的同时，也同时加紧对其供应链的前端销售体系的管理进行渗透和改造。在经销商管理环节上，美的公司利用网络销售管理系统可以统计到所有经销商的销售信息（如代理商名称、所销产品的名称、规格型号、数量及日期等），而近年来美的公司则直接公开了与经销商的部分电子化往来平台，以方便和经销商的业务往来。借助该系统，美的公司能够进行业务往来的实时对账和审核。采用该种做法，在销售的前端，美的公司作为经销商的供应商，也为经销商管理其产品储存。这样的结果是，美的产品的经销商不用备货了，即使备货也是5台、10台这种规模。经销商缺货，美的公司就会自动将货快捷地送到经销商手中，而不需经销商提醒。经销商的库存实际就是美的自己的库存。这种存货管理上的前移，美的公司可以有效地削减销售渠道的存货占压，防止其堵塞在渠道中，并帮助经销商节省大量采购成本。

2002年，美的公司以空调为核心对整条供应链资源进行调整，更多的优秀供应商被纳入美的空调的供应体系，美的空调供应体系的整体素质得到提升。与此同时，依照企业经营战略和重心的转变，为满足制造模式"柔性"和"速度"的要求，美的公司对供应资源布局进行了重新整合，供应链布局得到优化。通过与供应商和经销商的共同努力，美的公司整体供应链在成本、品质、响应期等指标方面的专业能力得到了不同程度的提高，供应链的双向挤压作用迅速攀升。

当美的空调产品的年库存周转率接近10次左右的时候，美的公司决策层的目标又定为将空调产品的库存周转率再提高1.5~2次。目前，美的空调成品的年库存周转率不仅远低于戴尔等电脑厂商，也低于年周转率大于10次的韩国厂商。库存周转率提高1次，可以直接为美的空调节省2000多万元的费用。由于采取了一系列措施，美的公司已经在储存成本控制方面尝到了甜头：2002年度产品销售量比2001年度增长50%~60%，但成品库存却降低了9万台。所有这些，保证了美的公司在激烈的市场竞争中仍维持有相当的利润水平。

[题目布置]

1. 美的公司在存货储存成本控制中的做法有什么特点？其一系列措施的采取主要涉及了哪些费用项目的节约？对哪些指标会产生影响？

2. 对美的公司前端销售体系的管理进行渗透和改造的做法从成本控制的角度进行适当的评价。

实训四　享受价格折扣与按经济进货批量进货的费用比较

1月中旬的一天，大洋电器公司主管业务工作的副经理华自凌刚刚走进自己的办公室，营业部主任张军就匆匆忙忙地来到办公室，请求格兰仕微波炉的订货事宜。张军说："采购员李锡林从广东顺德格兰仕电器有限公司打来电话，说格兰仕微波炉有现货供应，规格型号正好是本市畅销的WP700型、WP750型、WP800型。几种规格型号的进货价格平均下来约合每台1000元左右，若一次订购150台，还可以得到4%的折价优惠。是否按折扣价格购进，请速回电话告知。"

近来微波炉市场需求旺盛，格兰仕微波炉库存量已不多，正为此事发愁的华副经理听后高兴地说："这个消息太好了！张主任，你先算下账，看怎样订购更合适，回头把你的意见告诉我就可以了。"

张军同志今年30多岁，从专业院校毕业后被分配到本市大洋电器公司。先后做过采购员、销货组长、营业部副主任及营业部主任等职务。他既懂得商品采购、保管、推销的一些基本理论，又有着较丰富的商品采购、保管与推销的实践经验。这些年来经他采购或由他决策订购的电器商品，不仅质量上得到保证、数量上比较适中，而且价格上也比较合理。由于经营得力，公司在激烈的市场竞争中一直处于有利的地位，业务得到了较大的发展。

张军根据华副经理的意见，首先从计算机中调出了有关格兰仕微波炉的财务数据资料：公司近两年中每年销售格兰仕微波炉近2000台，每次进货费用平均需要400元，平均每台年储存费用为160元。

其次，他利用自己摸索的一套办法，迅速进行了下列数据的测算：

$$微波炉经济进货量 = \sqrt{\frac{2 \times 全年进货量 \times 每次进货费用}{每台年储存费用}}$$

$$\frac{增加每次进货量}{可节约费用额} = 购货款节约额 + 进货费用节约额$$

$$= 全年购货款 \times 折扣率 + 每次进货费用 \times \left(\frac{全年进货量}{经济进货量} - \frac{全年进货量}{享受折扣进货量}\right)$$

$$\frac{增加每次进货量}{可增加费用额} = 每台年储存费用 \times \frac{1}{2} \times (享受折扣进货量 - 经济进货量)$$

张军算完账后，心里有了底，便马上向华副经理做了汇报。华副经理听后点点头说："就按你的意见办，马上通知小李。"

[题目布置]

1. 张军经过计算后是否决定按折扣价格进货？
2. 将张军使用的方法和教材中所介绍的数量折扣下年成本总额的测算比较方法做一下对比，看看哪种方法更省事？

[提示]

享受折扣增加每次进货量的确会节约一部分购货款，这是不争的事实。同时，由于进货次数减少了，又可以节约一部分进货费用。但也必须看到，增加每次进货量后会造成储存数量的加大，这又势必带来储存费用开支的直接上涨。

实训五　采用 ABC 分类管理法加强对重点原材料的管理

红旗轮胎厂是以汽车轮胎为主导产品的中型企业，共有19个系列产品。该厂领导到"一汽"参观学习回来后，组织了有财务、供销、生产车间等部门人员参加的增收节支座谈会，决定成立增收节支工作小组，在全厂推广存货的 ABC 管理控制方法。工作小组人员根据计划年度70万套轮胎生产任务及材料供应的特点，对生产所需的86种主要化工原料进行了 ABC 分类排队，区分主次，并提出了相应的管理控制措施。

对材料进行 ABC 分类的主要做法是：将计划年度 70 万套轮胎生产任务所需的 86 种主要化工原料的占用资金额分别计算出来，并测算其占全部资金额的比重。然后按其比重大小进行排队，编制主要原材料 ABC 分类测算表。经过财会人员、采购及库房有关业务人员的共同努力，整理出该厂主要原材料库存数据基础资料如表 2-7-3 所示。

表 2-7-3　　　　　红旗轮胎厂主要原材料 ABC 分类基础数据测算表

序号	原材料名称	规格型号	平均价格（元）	储存量（吨）	资金额（万元）
1	天然橡胶	2#	5890	2000	1178
2	尼龙帘子布	1260D/2	16100	500	805
3	顺丁橡胶	1级	4000	800	320
4	天然橡胶	1#	6100	300	183
5	丁基橡胶	268型	4200	400	168
6	天然橡胶	3#	5720	200	114.4
7	中超碳黑	1级	2650	300	79.5
8	半补强碳黑	1级	2000	360	72
9	04碳黑	1级	3200	200	64
10	烟煤	标准	50	12000	60
11	氧化锌	间接法	2700	200	54
12	轮胎钢丝	19#	1800	300	54
13	通用碳黑	1级	1400	360	50.4
14	4010NA	1级	15500	30	46.5
15	丁苯橡胶	松香	4600	100	46
16	高耐磨	1级	2250	200	45
17	快压出	1级	2150	200	43
18	促 NOBS	1级	18000	20	36
19	帆布	8×8	36000	10	36
20	硬脂酸	1级	3400	100	34
21	人造丝帘子布	两超	11200	30	33.6
22	钢丝帘子布	21股	10200	30	30.6
23	槽法碳黑	1级	7100	40	28.4
24	丙纶布	万米	90000	3	27
25	丁苯橡胶	充油	3900	60	23.4
26	防老剂丁	1级	5400	40	21.6
27	再生胶	甲胎	1520	120	18.24

续表

序号	原材料名称	规格型号	平均价格(元)	储存量(吨)	资金额(万元)
28	防老剂甲	1级	5400	32	17.28
29	促进剂 CZ	1级	17100	10	17.1
30	汽门咀	Zb-75	12200	12	14.64
31	混气碳黑	1级	2900	40	11.6
32	石蜡基油	60#	1800	60	10.8
33	低结构中超	1级	3400	30	10.2
34	油酸	植物	3400	30	10.2
35	防老剂 AW	1级	15500	6	9.12
36	汽油	70#	1100	80	8.8
37	白碳黑	36-5型	8000	10	8
38	机械油	10#	1100	70	7.7
39	溶剂汽油	120#	1200	60	7.2
40	天然乳胶	60%	4400	15	6.6
41	促进剂 DM	一级	8300	7	5.81
42	柴油	0#-10#	570	100	5.7
43	三线油		350	160	5.6
44	N339 碳黑	一级	1800	30	5.4
45	丁吡乳胶	40%	360	15	5.4
46	促进剂 TMTD	一级	7100	7	4.97
47	试剂				4.9
48	松焦油	一级	800	60	4.8
49	硫磺粉	95%	900	50	4.5
50	白石蜡	58℃	1250	30	3.75
51	促进剂 M	一级	6100	6	3.66
52	防老剂 4020	一级	15200	2	3.04
53	甲基硅油		30200	1	3.02
54	沥青	10#	700	40	2.8
55	不溶性硫磺		2100	12	2.52
56	白细布	万米	11700	2	2.34
57	防老剂 H	一级	17200	1	1.72

续表

序号	原材料名称	规格型号	平均价格(元)	储存量(吨)	资金额(万元)
58	甘油	一级	7250	2	1.45
59	阳离子交换树脂		3600	4	1.44
60	TZ16-105咀	万套	14200	1	1.42
61	汽门咀	105专	14200	1	1.42
62	碳酸钙	一级	220	60	1.32
63	隔离剂		1900	6	1.14
64	陶土粉	320目	165	60	0.99
65	苛性钠	固体	1600	6	0.96
66	氯化丁基胶	HT-1068	4400	2	0.88
67	间苯二酚		17200	0.5	0.86
68	汽门咀	T22	8600	1	0.86
69	树脂	2402	16200	0.5	0.81
70	汽门咀	TZ16-90	14200	0.5	0.71
71	工业盐		320	40	0.68
72	汽门咀	TZ16-100	13200	0.5	0.66
73	氧化镁	轻质	6600	1	0.66
74	树脂	201	22000	0.2	0.44
75	氧化铁红	一级	14400	3	0.42
76	粘合剂	RH	18200	0.2	0.36
77	磷酸三钠		1000	3	0.3
78	促进剂 ZDH	一级	13000	0.2	0.26
79	黑油膏		2200	1	0.22
80	焦炭		100	20	0.2
81	促进剂 D	一级	9500	0.2	0.19
82	滑石粉	325目	190	10	0.19
83	盐酸		160	10	0.16
84	电瓶硫磺		450	2	0.09
85	甲醛	37%	600	0.5	0.03
86	消石灰	一级	50	2	0.01
合计					3900

根据轮胎生产特点和与不同原材料库存管理工作差别，对原材料 ABC 分类主要指标控制建议数据如表 2-7-4 所示：

表 2-7-4　　　　红旗轮胎厂主要原材料 ABC 分类有关指标控制建议数据表

原材料分类	品种数比重（%）	资金额比重（%）
A 类	7	71
B 类	20	21
C 类	73	8

ABC 三类原材料的具体管理和控制方法是：

A 类原材料：由于对保证生产和提高经济效益至关重要，因此是控制的重点。①要求储存量必须掌握准确；每旬、每月和每季都要有详细准确的库存统计报表记录；严格控制库存量。②根据车间等领用部门提出的用料计划与实际消耗进行平衡；定期（每旬、每月、每季）进行检查分析。③严格把好业务"收、耗、存"这三关，建立原始档案记录；财务会同业务部门及时分析资金额的占用情况，发现问题及时处理；在保证材料及时、足额供应的前提下，尽可能压缩现有材料库存量。④结合多种主客观因素分析，研究确定每种原材料的进货期和经济进货量，并要求在一般情况下按此办法组织进货。遇到特殊情况时必须经领导批准。

B 类原材料：进行一般的控制。①"收、耗、存"大体保证计划与实际的平衡。②每月填制相关库存情况统计报表并进行检查，分析原材料资金额的占用情况。③统筹安排好进货量与进货期。

C 类原材料：虽然品种数占有很大比重，但资金额却只占总资金额很小一部分。因此，在管理上只需稍加控制，不必花费太大精力。①可适当地加大一次进货量，节约采购费用开支。②部分原材料直接下放到车间由其根据生产进度自行掌握采购。财务管理部门制定消耗控制标准，每月底进行考核，超耗罚款，节约奖励。具体办法是在集思广益的基础上，由厂领导牵头组织办公会议进行研究解决。

在压缩原材料库存的同时，为保证产品生产能够正常进行，红旗轮胎厂财务人员对 ABC 三类原材料还制定了最低资金占用定额，每旬都检查一次。发现问题后迅速查找原因，并采取催促供应和集中调剂余缺等手段尽快使问题得到圆满解决，调整好库存结构。

ABC 三类原材料最低资金定额分别是：A 类原材料最低资金定额为 2000 万元；B 类原材料最低资金定额为 600 万元；C 类原材料最低资金定额为 120 万元。

红旗轮胎厂通过实施 ABC 分类管理后，原材料资金的占用额由原来的全年计划控制额 3900 万元下降到 3600 万元，减少 7.69%，由此节约储存与利息费用开支 260 万元；原材料采购的计划准确率由原来的 75% 上升到 86%，其中 A、B 两类原材料的计划准确率达到 95% 以上；存货周转天数也由原来的 86 天缩短到 67 天。

[题目布置]

1. 根据 ABC 分类原则对红旗轮胎厂原材料进行 ABC 分类排队。
2. 红旗轮胎厂对每类原材料的控制管理办法有什么不一样的地方？对此有何评价？制定材料资金占用定额的做法是否是非常必要的？

[提示]

ABC分类管理法在对原材料进行ABC分类时只能使用品种数与资金额两个标志，而不能同时使用两个以上的标志。分类时以资金额作为第一标志，以品种数作为第二标志。同时，对原材料的控制管理要结合企业的具体情况拿出办法来，不能千篇一律。教科书所介绍的方法到了企业不一定就适用见效。最好的办法还是从企业的实践中去不断摸索、不断创造。

实训六　实施材料ABC分类管理容易引发争议问题的处理

红星车辆制造有限公司近期出现了资金紧张、周转减慢的问题。为此事一直烦闷在心的汪经理找来主管财务工作的副经理周誓答，让老周尽快下去了解情况，拿出解决问题的具体办法来。周副经理调查研究后发现：公司流动资产中有70%已被存货所占用，其中原材料物资库存量最大，约占全部存货的62%左右，这样一大笔物资被压在仓库里，是造成近期资金周转减慢的主要原因。在会同有关人员进行了原材料的清查盘点后，对现有的库存原材料进行了摸底排队，编制了"原材料库存品种、数量及金额统计表"（如表2-7-5所示），提出了近期原材料压库减存的主要办法。

表2-7-5　　　　原材料库存品种、数量及金额统计表　　　　单位：万元

材料编号	材料名称	年耗品种	年耗品种比重（%）	资金占用额	资金占用额比重（%）
（略）	（略）	13	0.3	4627	24.12
		12	0.28	2538	13.22
		18	0.42	1746	9.11
		14	0.32	816	4.25
		19	0.44	792	4.13
		24	0.48	760	3.96
		23	0.53	732	3.81
		21	0.49	706	3.68
		26	0.6	681	3.55
		29	0.67	617	3.22
		28	0.65	594	3.09
		32	0.74	584	3.05
		42	0.97	569	2.96

续表

材料编号	材料名称	年耗品种	年耗品种比重(%)	资金占用额	资金占用额比重(%)
		51	1.17	510	2.66
		60	1.39	489	2.55
		72	1.67	470	2.45
		124	2.86	412	2.15
		132	3.05	391	2.04
		145	3.35	297	1.54
		153	3.54	205	1.07
		209	4.83	160	0.84
		307	7.09	135	0.7
		358	8.28	107	0.56
		604	13.96	94	0.49
		525	12.13	73	0.38
		464	10.72	51	0.26
		822	19	30	0.16
合 计	-	4327	100	19186	100

老周根据全年汽车计划生产量所耗原材料品种及金额进行了库存原材料ABC分类，并在此基础上提出的相应管理控制措施是：

首先，对A类材料的金额要控制在79.19%（15193/19186）以内，品种数要控制在5.99%（259/4327）以内。管理上严格按材料消耗定额确定需要量，企业供应科按订货点组织进货。车间按规定限额领料并实行材料消耗定额承包制，每月末进行考核。节约兑现奖励，超额实行罚款。

其次，对B类材料的金额可控制在16.35%（3138/19186）左右，品种数控制在14.46%（626/4327）左右。在管理上分成两部分进行操作：一部分参照A类材料控制管理办法，另一部分把消耗定额指标连同采购权一同下放到生产车间，参照C类材料控制办法。

最后，对C类材料的金额要控制在4.46%（855/19186）左右，品种数要控制在79.55%（3442/4327）左右。该部分材料采购权限完全下放到车间。每月末考核，超耗车间自负，节约部分由公司与车间实行四六分成。

在为此召开的领导会上，主管生产的贾副经理对老周提出的近期压库办法非常赞同。但对材料ABC分类范围及控制办法提出了异议。理由是：归入A类的部分材料消耗没有什么规律可言，提不出具体的消耗定额标准，若全部实施定额管理没有把握。贾副经理提出：

第一，对A类材料的金额控制在58.79%（11279/19186）以内，品种数要控制在2.31%（100/4327）以内。这部分材料可以实行消耗定额承包制，但承包办法需认真研究后确定，同时要求供应科必须保证车间生产的正常需要。

第二，对 B 类材料的金额控制在 35.21%（6755/19186）左右，品种数要控制在 14.79%（640/4327）以内。在其控制管理上参照 A 类材料的办法。其中，对消耗领用规律性不强的材料部分，应由生产车间掌握材料采购和实施控制。

第三，对 C 类材料的金额控制在 6%（1152/19186）左右，品种数控制在 82.9%（3587/4327）左右。同时提出，若企业与车间对这部分材料的消耗实行节约奖励分成的话，超耗也要作出相应惩罚，否则工作无法落实。

会上，双方各持己见，相持不下。几天后，总会计师老佟提出了一个原材料 ABC 分类的参考标准，这才使大家又饶有兴趣地继续研究起来，并最终达成了共识。

[题目布置]

1. 就此事例谈谈你对 ABC 分类管理法进行材料分类方法本身的认识。
2. 你对车间实行材料消耗定额承包具体办法有何评价？能否提出一个让老周与贾副经理都能接受的建议？

[提示]

本事例涉及我国企业里普遍采用的存货管理责任制度，其主要内容是：以财务部门为存货管理的综合部门，对整个企业存货进行集中统一管理。存货的定额和控制指标经财务部门协调平衡后，按照谁使用、谁管理、谁核算的原则归口由供应、生产、销售等部门负责管理。各归口管理部门将要负责的存货定额，按照本部门管理和具体存货的特点分解存货定额指标，并落实到具体职能机构和个人。这种管理形式是责权结合，也就是将存货管理和生产技术管理制度、生产（经营）岗位责任制度以及奖惩制度密切结合起来的一种管理制度。这种管理办法便于形成财务和业务部门的相互合作关系，促使专业管理与职工个体参与管理的有效结合。

订货点是指企业在库存材料数量降至某一程度时，采购部门必须提前发出订货单以补充库存量预防缺货的存货点，其计算公式为：

订货点 = 订货至到货间隔期 × 日销售量 + 保险库存量

实训七 盛京机床制造有限公司实施原材料 ABC 分类的基础工作程序

盛京机床制造有限公司主要产品有钻削加工中心、柔性加工线、装配生产线、数控珩磨机、数控床身铣床和普通钻床。由于推行从产品选型、主机改型、工艺分析和编程、刀具选用、夹具制造及联机调试的整个过程中"量体裁衣"式的服务，产品在国内外市场上有一定的竞争实力。但随着其他厂家产品和自己的技术差距逐渐缩小，如何在技术保持领先的同时将产品成本降下来，已经成为决策层必须认真考虑的问题。这其中，如何在保证生产正常需要的前提下尽可能地压缩原材料库存自然就成为公司决策层研究的热点。随后，公司管理层决定将占企业产品成本 55%～60% 的材料、配件及非金属耗料的供应管理工作提到重要日程,并准备在本单位推行原材料的 ABC 分类管理。从 4 月 3 日开始,公司从供应、库房和各生产车间抽调一些对本部门的情况非常熟悉的业务骨干,并由总会计师韩昌黎亲自挂帅组成了攻关小组。在历经 3 个月的时间之后,终于在 7 月初拿出了全部库存原材料的分类结果和相应的管理控制办法,并在公司决策层那里得到了肯定和全力支持。

根据本公司的实际情况,攻关小组把企业全部的库存原材料分成材料、配件及非金属材料三个部分;而材料又分为钢材、炉料、有色金属等具体类别;配件包括有电机、轴承、维修轴承、机床、电器、主要及一般元件、进口件、仪器仪表、电线电缆及其他等具体类别;非金属材料包括有煤、重油、建材、铸造辅助材料、汽油、油漆、化工材料、润滑油、胶管和三角带、水暖材料、木材、苦土制品、螺丝、五金、杂品等具体类别。这种做法的主要思路是:既能照顾到资金占用的比例,又能兼顾到原材料对生产的重要程度和管理习惯。

现将盛京机床制造有限公司原材料 ABC 分类基础工作的一些主要资料提供如下(表 2-7-6、表 2-7-7、表 2-7-8、表 2-7-9 所示)。

表 2-7-6　　　　　　　盛京机床制造有限公司钢材 A 类核算明细表　　　　　　　单位:元

名称	规格型号	单价	正常储备		最高储备		最低储备	
			数量	金额	数量	金额	数量	金额
中型	10#杠	1.26	25200	31752	44100	55566	6300	7938
	10#角	1.12	19800	22176	34650	38808	4950	5544
	12.5#角	1.12	10800	12096	18900	21168	2700	3024
	合　计		55800	66024	97650	115542	13950	16506
中板	35#12mm	2	10800	21600	18900	37800	2700	5400
	45#13mm	2	57600	115200	100800	201600	14400	28800
	45#15mm	2	64800	129600	113400	226800	16200	32400
	45#19mm	2	86400	172800	151200	302400	21600	43200
	45#23mm	2	127600	259200	223300	453600	31900	64800
	45#28mm	2	208800	417600	365400	730800	52200	104400
	45#35mm	2	259200	518400	453600	907200	64800	129600
	45#43mm	2	320400	640800	560700	1121400	80100	160200
	合　计		1137600	2275200	1990800	3981600	284400	568800
薄板	A3h1.5mm	4.5	14400	64800	25200	113400	3600	16200
	A3c1.5mm	4.5	1080	48600	1890	85050	270	12150
	1.5mm	4.5	14400	64800	25200	113400	3600	16200
	2mm	4.5	14400	64800	25200	113400	3600	16200
	3mm	4.5	14400	64800	25200	113400	3600	16200
	4mm	4.5	14400	64800	25200	113400	3600	16200
	合　计		82800	372600	144900	652050	20700	93150

注:根据以往经验,分别按 1.75 和 0.25 的倍数确定最高、最低储备量及其相应金额。

表 2-7-7　　　　　　　　盛京机床制造有限公司材料 ABC 分类汇总表　　　　　　　　单位：元

A 类材料汇总

材料类别		品种数	金额	材料类别		品种数	金额
钢材	合计	92	5519016	炉料	小管	3	54000
	中型	3	66024		大管	2	49500
	中板	8	2275200		焊接管	6	116592
	薄板	6	379200		合计	5	9985176
	优钢	81	2798592		生铁	1	4246560
	其中：碳结	22	925200		废钢	1	2849400
	锻钢	4	148500		硅铁	1	933120
	方钢	4	50400		锰铁	1	730080
	碳工	8	75600		焦炭	1	1226016
	合结（轴）	7	623700	有色金属	合计	3	1136700
	合结（普）	13	495000		铜	1	183600
	弹簧	4	68400		铝	1	918000
	轴承	3	88200		硅	1	35100
	无缝管	5	103500				

B 类材料汇总

材料类别		品种数	金额	材料类别		品种数	金额
钢材	合计	129	1017890	炉料	合计	5	1513680
	重型	3	43200		机铁	1	267120
	中型	15	72230		金属锰	1	430000
	小型	7	84600		微碳铬	1	144000
	线材	1	63840		铬铁	1	432000
	薄板	12	178800		孕育剂	1	240560
	中板	9	180000	有色金属	合计	23	316170
	优钢	67	395220		原料	10	102600
	其中：碳结	19	59400		锡	1	40170
	合结	17	125700		锌	1	35200
	合工	10	86400		铅	1	29800
	冷拉	9	16800		镍	1	36000
	无缝管	6	16920		磷铜	1	27200
	金属制品	6	90000		铜管	8	45200

续表

C类材料汇总

	材料类别	品种数	金额		材料类别	品种数	金额
	合 计	729	2060361		金属制品	148	550000
	重型	30	16800	炉料	合 计	10	440340
	大型	25	39000		合 计	154	440340
	中型	25	50544		原料	5	48000
	小型	30	117260		紫铜板	12	20400
	线材	20	26600		黄铜板	12	27000
钢材	中板	38	190800	有色金属	黄铜方	24	24000
	薄板	33	92700		铜棒	23	20400
	带钢	30	4000		黄铜棒	23	18000
	优钢	498	1522657		青铜棒	10	12000
	其中：无缝管	200	406657		铝板	10	12000
	焊接管	150	566000		其他	35	258540

表2-7-8 盛京机床制造有限公司配件及非金属材料ABC分类汇总表　　　　单位：元

	品　种	A类配件及非金属材料汇总		B类配件及非金属材料汇总		C类配件及非金属材料汇总	
		品种数	金额	品种数	金额	品种数	金额
	电机	7	740000	28	270000		
	轴承	34	500000	111	190000	287	100000
	维修轴承			15	110000	401	100000
	机床电器	28	700000	115	310000	308	100000
配件	主要及一般元件	26	410000	91	200000	395	150000
	进口件	4	400000	24	340000	100	200000
	仪器仪表	1	180000	7	50000	28	20000
	电线电缆	12	1200000	22	250000	127	100000
	其他				0	329	380000
	合　计	112	4130000	413	1720000	1975	1150000
	煤	2	683000				
	重油	1	148000				
	建材	4	80000	6	11700	46	8300
	铸造辅助材料	9	160000	19	29000	27	11000
非金属材料	汽油	5	72000				
	油漆	6	372500	34	69600	25	7900
	化工材料	4	47500	38	46600	80	85900
	润滑油	2	56900	34	54400	18	8700
	胶管和三角带			4	19800	270	110200

续表

品　种		A类配件及非金属材料汇总		B类配件及非金属材料汇总		C类配件及非金属材料汇总	
		品种数	金额	品种数	金额	品种数	金额
非金属材料	水暖材料	1	15800	38	29100	182	75100
	木材	5	725400				
	苦土制品	6	331800	9	34700	13	3500
	螺丝	9	67800	44	72100	395	150100
	五金			38	22600	337	47400
	杂品			71	170700	560	159300
	合　计	54	2760700	335	560300	1953	667400

表2-7-9　盛京机床制造有限公司库存原材料ABC分类表　　　　单位：元

品　种	A类存货				B类存货				C类存货			
	品种数	品种%	金额	金额%	品种数	品种%	金额	金额%	品种数	品种%	金额	金额%
材料	100	9	16640892	74	157	14	2847740	13	893	75	2941041	13
配件	112	4	4130000	59	413	17	1720000	25	1975	79	1150000	16
非金属	54	2	2760700	69	335	14	560300	14	1953	84	667400	17

[题目布置]

1. 根据这些数据资料的分析，你认为盛京机床制造有限公司原材料ABC分类的基本原则是什么？

2. 根据这些资料之间的数据衔接关系，请你描述一下这个公司原材料ABC分类的基本工作程序。

第八部分

作业成本法

实训一 作业成本法在联想集团内部的使用

联想集团成立于1984年,于1994年在香港证交所正式上市,并于2005年收购IBM全球PC业务后成为一家全球领先的PC企业。联想集团供应链作业成本法的主要做法如下:

1. 建立供应链作业成本法核算体系

(1) 确定成本计算对象。以联想中国区为例,根据其财务管理报表对象和供应链职责,将供应链最终成本计算对象确定为:商用台式PC、消费台式PC、一体机PC(AIO)、天逸NB、昭阳NB和服务器六个最终产品成本计算对象。其中,商用台式PC、昭阳NB和服务器采用拉动式供应模式;而消费台式PC、一体机PC(AIO)、天逸NB采取推动式供应链模式。供应链模式和具体产品相对应,可以通过核算对象的作业成本计算加工而成供应模式的作业成本,同时通过供应模式作业成本的优化而提高核算对象的资源投入质量。

(2) 确定成本计算中心及其成本动因。联想集团确定的成本中心有三个:商务管理作业中心、交付管理作业中心和生产制造作业中心。其中,商务管理作业中心把客户信用审核和下达直销客户销售订单分别设为单独的信用审核作业中心和直销客户订单作业中心,而其他的作业活动具有同质特点,因而在合并同质作业的基础上确定为一个单独的机构作业中心。这三个作业中心与成本动因的对应关系如表2-8-1所示。而交付管理作业中心的管理职责主要是围绕订单、计划、供应和供应链整体平衡监控展开。其具体业务活动又分为系统主数据维护及订单政策维护、制定营销和供应计划、订单录入、物料审核和订单确认等五类主要作业。除了营销或者供应计划是定期滚动完成的日常管理性活动并可以归纳为机构作业中心外,其他作业活动都和具体产品批次有关。它们的本质是相同的。因而可以合并同质作业并称作批次作业中心。这两个作业中心与成本动因的对应关系如表2-8-2所示。需要说明的是,生产制造作业中心,从生产制造的职责的角度看,主要是根据订单交付部门下达的有关生产计划进行产能准备、并制定排产计划,经过一系列工艺流程完成生产任务,交付质量合格的产品给企业的成品库房。

表 2-8-1　　　　　　　　联想集团商务管理作业中心与成本动因表

作业中心名称	信用审核作业中心	直销客户订单作业中心	机构作业中心
主要作业活动	审查客户信息	确认直销客户订单	信用授予政策、渠道管理
成本动因名称	企业客户数量	直销客户数量	人工工时
供应模式	拉动式供应模式	推动式供应模式	拉动式和推动式供应模式

表 2-8-2　　　　　　　　联想集团交付管理作业中心与成本动因表

作业中心名称	批次作业中心	机构作业中心
主要作业活动	订单录入、物料审核、订单确认、系统主数据及订单政策维护	供应计划
成本动因名称	客户批次	人工工时
供应模式	拉动式和推动式供应模式	拉动式和推动式供应模式

联想集团按照图 2-8-1 所示作业流程,将自有制造作业划分为排产计划及信息作业中心、配餐作业中心、CTO 装配作业中心、BTS 装配作业中心、工程作业中心、质检作业中心、包装及码盘作业中心。但 CPU 等贵重材料不采取 VMI 方式,而是直接存放在自有库房中并单独设置贵重物料库房作业中心。至于工厂人力资源管理和财务行政管理等支持性职能,则设置机构作业中心。联想集团的生产制造共设置九类作业中心。这些作业中心的主要作业活动及其成本动因分析如表 2-8-3 所示。

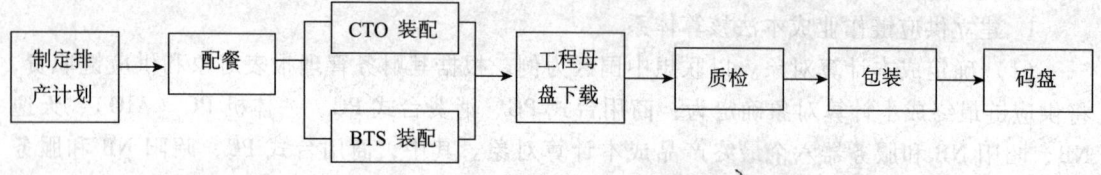

图 2-8-1　联想集团自有制造作业流程示意图

表 2-8-3　　　　　　　　联想集团自有制造作业中心与成本动因表

作业中心名称	贵重物品库房	配餐	CTO 装配	BTS 装配	工程	质检	包装码盘	计划信息	机构
主要作业活动	贵重部件库存占用	按生产先备料	组装部件	组装部件	工艺文件	质量抽检	包装码盘	排产计划信息统计	行政管理
成本动因名称	面积和出入库流量	批次	工艺工时及产量	工艺工时及产量	批次	批次及抽检率	产量及码盘规则	人工工时	人工工时
供应模式	拉动式推动式	拉动式推动式	拉动式	推动式	拉动式推动式	拉动式推动式	拉动式推动式	拉动式推动式	拉动式推动式

(3) 资源动因和作业中心成本核算。联想集团资源消耗所体现的方式有有形资源和无形资源两类。而考虑到集团各部门成本中心归集费用的核算方法,集团目前各作业中心根据

其所消耗的资源种类采取直接费用直接计入、间接费用分配计入作业中心，且间接费用的分配应当以各类资源占用比例为依据，并进而核算出作业中心成本。供应链各作业中心消耗的资源及其动因对应关系和作业中心核算方法如表2-8-4所示。

表2-8-4　　　联想集团作业中心资源消耗及其动因、成本核算方法表

供应链及其业务环节作业中心分布		消耗资源	资源动因	成本核算方法
商务管理	信用审核作业中心	人、办公设备、办公位和办公消耗	审核信用	成本中心直接计入
	直销客户订单作业中心		订单	
	机构作业中心		管理需要	
交付管理	批次作业中心		定单批次	
	机构作业中心		管理需要	
生产制造	贵重物料库房作业中心	库房及仓储工具	存储物料	
	配餐作业中心	人、设备、场地	备料	人工成本直接计入 场地成本按照面积分摊计入
	CTO装配作业中心	人、设备、场地及水电	装配	
	BTS装配作业中心		装配	
	工程作业中心	人、办公设备、办公位和办公消耗	工艺文件	成本中心直接计入
	质检作业中心		抽检产品	
	包装和码盘作业中心	人、设备、工具及场地	包装和码盘	人工成本直接计入 场地成本按照面积分摊计入
	计划和信息作业中心	人、办公设备、办公位和办公消耗	排产计划	
	机构作业中心		管理需要	
物流业务	VMI公路运输作业中心	运输费	公路运输	成本中心直接计入
	国内公路运输作业中心	运输费	公路运输	
	国内铁路运输作业中心	运输费	铁路运输	
	国内空运运输作业中心	运输费	飞机运输	
	国际海运运输作业中心	运输费	船舶运输	
	国际空运运输作业中心	运输费	飞机运输	
	进出口清关作业中心	关税和代理费	进出关境	
	成品库房作业中心	库房及仓储工具	存储成本	
	机构作业中心	人、办公设备、办公位和办公消耗	管理需要	
职能支持	机构作业中心		管理需要	

（4）作业成本计算。联想集团考虑到供应链业务的复杂性导致在某一业务环节、某一作业中心的成本动因并非是单一的，因而按照成本动因将成本计算方法分为单一成本动因和非单一成本动因成本计算两种方法。而从实际操作来看，产品作业成本的计算，就是将产品在各相关作业中心所分担的作业成本进行累加。联想集团的供应模式作业成本核算，由于其供应模式对应于特定产品及特定客户群，在计算完成产品的作业成本后，可以将各相关产品的各相关作业中心分担的成本累加并汇总出供应模式作业成本。提供联想集团信用审核作业中心成本归集及其分配如表2-8-5所示、供应模式作业成本汇总结果如表2-8-6所示。

表 2-8-5   联想集团信用审核作业中心作业成本归集与分配方法表   单位：元

资源	作业成本	产品名称	成本动因	动因数量	分配率	作业成本
折旧	26944.00	商用台式 PC		213 个		940539.00
租金		消费台式 PC				
办公位费	380000.00	一体机 PC				
直接人工成本		天逸 NB				
间接人工成本	3445600.00	昭阳 NB		532 个		2349137.00
水电费		万全服务器		132 个		582869.00
设备维修费						
电话费	20000.00					
合计	3872544.00	合计	企业客户数量	877 个	4415.671	3872544.00

表 2-8-6   联想集团供应模式作业成本汇总表   单位：千元

供应链及其业务环节作业成本分布		推动式供应模式	拉动式供应模式
商务管理	信用审核作业中心成本	3873	
	直销客户订单作业中心成本		1239
	机构作业中心成本	420	1904
交付管理	批次作业中心成本	3342	143
	机构作业中心成本	378	1714
生产制造	贵重物料库房作业中心成本	1129	798
	配餐作业中心成本	1868	80
	CTO 装配作业中心成本	2436	
	BTS 装配作业中心成本		2338
	工程作业中心成本	1525	65
	质检作业中心成本	1609	425
	包装和码盘作业中心成本	1066	571
	计划和信息作业中心成本	486	2206
	机构作业中心成本	1235	5604
	代工厂成本	2994	7261
物流业务	VMI 公路运输作业中心成本	746	2888
	国内公路运输作业中心成本	187	722
	国内铁路运输作业中心成本	1493	5776
	国内空运运输作业中心成本	822	3180
	国际海运运输作业中心成本		9086
	国际空运运输作业中心成本		24166
	进出口清关作业中心成本		24426
	成品库房作业中心成本	3415	2414
	机构作业中心成本	1002	4549
职能支持	机构作业中心成本	2458	11155
部件减值	部件减值成本	1435	6757
成品减值	成品减值成本	956	4505
合计		34874	123974
销售量		718	2520
单位成本		48.58	49.19

2. 供应链作业成本管理方法

（1）进行作业链分析与监控。联想集团对于由集团自身完成的作业按照作业成本预算确定的成本动因进行监控；对于由合作伙伴完成的作业则通过区分作业类别有针对性地进行监控，如物流业务环节应由合作伙伴完成的作业，从客户需求的交付天数和节省运输成本平衡的角度进行分析后，选择运输方式和相应作业；再如完成境外客户订单，在交付天数比较宽松的条件下，可以选择运输路程长短和运输资费综合较低的海运方式；否则就选择空运方式较佳。供应链作业类别及其监控关键点如表2-8-7所示。

表2-8-7　　　　　　联想集团供应链作业类别及其监控关键点表

供应链及其业务环节作业分布		供应模式类型	完成者	分析监控关键点
商务管理	信用审核作业	推动式	联想集团	客户数量
	直销客户订单作业	拉动式	联想集团	客户数量
	机构作业	拉动式和推动式	联想集团	工作时间、人数及结构
交付管理	批次作业	拉动式和推动式	联想集团	批次数
	机构作业	拉动式和推动式	联想集团	工作时间、人数及结构
生产制造	贵重物料库房作业	拉动式和推动式	联想集团	面积大小及流量
	配餐作业	拉动式和推动式	联想集团	批次数
	CTO装配作业	推动式	联想集团	产量
	BTS装配作业	拉动式	联想集团	产量
	工程作业	拉动式和推动式	联想集团	批次数
	质检作业	拉动式和推动式	联想集团	批次数
	包装和码盘作业	拉动式和推动式	联想集团	产量
	计划和信息作业	拉动式和推动式	联想集团	人工工时
	机构作业	拉动式和推动式	联想集团	工作时间、人数及结构
	代工厂作业	拉动式和推动式	合作伙伴	合同价和产品结构
物流业务	VMI公路运输作业	拉动式和推动式	合作伙伴	运输方式、价格、客户交付时间
	国内公路运输作业	拉动式和推动式	合作伙伴	运输方式、价格、客户交付时间
	国内铁路运输作业	拉动式和推动式	合作伙伴	运输方式、价格、客户交付时间
	国内空运运输作业	拉动式和推动式	合作伙伴	运输方式、价格、客户交付时间、海空运满柜率
	国际海运运输作业	拉动式和推动式	合作伙伴	运输方式、价格、客户交付时间、海空运满柜率
	国际空运运输作业	拉动式和推动式	合作伙伴	运输方式、价格、客户交付时间、海空运满柜率
	进出口清关作业	拉动式和推动式	合作伙伴	通关数量及时间
	成品库房作业	拉动式和推动式	合作伙伴	面积大小及产量
	机构作业	拉动式和推动式	联想集团	工作时间、人数及结构
职能支持	机构作业	拉动式和推动式	联想集团	工作时间、人数及结构

（2）进行供应链作业成本差异分析与评价。供应链及其作业成本构成的复杂性决定了供应链作业成本控制应当通过建立定期报告制度来实现。通过该项制度主要是实现供应链各

作业中心业务和成本的管控、财务资源与非财务资源紧密结合,并及时掌握各项作业资料和控制情况。供应链模式作业成本差异分析表的格式如表2-8-8所示。

表2-8-8　　　　　联想集团供应链模式作业成本差异分析表　　　　　单位:千元

作业中心及其成本项目		信用审核作业		直销客户订单作业		……	
		预算	实际	预算	实际	预算	实际
商务管理	折旧						
	租金						
	办公位费						
	直接人工成本						
	间接人工成本						
	水电费						
	设备维修费						
	电话费						
	合计						
……							

[题目布置]

1. 与作业成本法的基本操作原理相对比,联想集团作业成本法的主要特征体现在哪几个方面?
2. 联想集团供应链作业成本管理方法主要内容是什么?

实训二　贵阳烟草作业成本法使用过程中的"条均成本"

贵阳烟草主营业务涵盖卷烟、烟叶、烟草专卖管理三个业务板块。按照"电话订货,电子结算,网上配货,现代物流"新的经营模式,其业务链和价值链向市场终端延伸,企业经营所面对的客户数量、服务内容、地域范围不断增加和扩大。贵阳烟草需要更丰富、更准确、更全面的业务信息与财务信息,并且对这些信息进行深入分析与准确判断,才能做出正确的管理决策、优化业务布局、合理控制成本。而对于企业高层决策具有巨大支撑作用的信息,以往的成本计算方式下,卷烟的运输成本只能提供汇总的整体信息,很难区分不同销售点、不同运输路径、不同车辆、不同产品运输批次组合下的真实运输成本,更得不出准确的"条均成本"。而随着烟草行业的不断发展和世界范围烟草行业竞争逐显,同时在销售价格受到政策管制的环境下,企业运营成本,特别是"条均成本",成为决定企业经营业绩的关键因素。企业能否获取有关"条均成本"的信息,不但反映了企业的管理水平,更直接影响了管理层经营决策的思路和结果。

在贵阳烟草,成本主要是由运输、人工等各种的间接费用构成,而直接费用较少,且费用多而复杂。贵阳烟草首选作业成本法来核算其成本具有适合的基础。为了保障预期目标的实现，贵阳烟草决定借助外力来推进内部管理的改善。为此贵阳烟草选择了诺亚舟咨询有限公司，以作业成本法和基于作业成本的预算作为支撑新的经营模式的专业管理工具。

贵阳烟草与诺亚舟咨询合作，通过资源、作业、成本对象、成本中心四个维度构建了作业成本模型。这一模型清晰地反映出企业内的哪个组织、通过哪些作业，消耗了什么样的资源，为什么样的客户提供了什么样的产品和服务，实现了多少效益。企业价值链中各业务环节的投入产出情况，所消耗的资源的价值转移过程和增值状况完整的呈现出来，从而使得企业成功的得出了决定企业经营业绩的关键因素"条均成本"。

贵阳烟草按照资源、作业、成本对象之间存在的因果关系，采取"会计科目——资源——作业——成本对象"的顺序思路对会计科目金额进行分摊。即从会计核算系统获得成本数据，按照资源属性还原到资源，然后把资源按照资源动因分配到作业，最后把作业按照作业动因分配到成本对象，通过这种逐步细化分配的方法准确计算出"条均成本"。作业成本模型如图2-8-2所示。

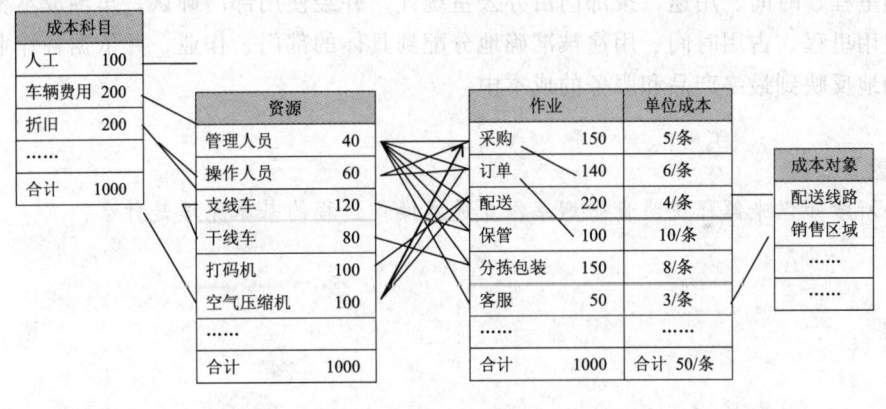

图2-8-2 贵阳烟草作业成本模型示意图

贵阳烟草作业成本操作过程如下：

（1）确定成本对象。成本的最终承担者为最后配送到各个销售区域的产成品，也就是成本对象。即将成本对象以分配到的各个销售区域为因素进行划分，而后根据配送路线，烟草品种属性再对成本对象来进行分类。例如，通过某一运输方式和路线运送到贵阳市云岩区的"黄果树"牌香烟就被定义为一个成本对象。

（2）确定主要作业。根据贵阳烟草进行烟草物流的业务流程，贵阳烟草的主要作业包括：采购、订单、配送以及客服等各种人工劳动作业。根据贵阳烟草的实际情况可以对各种作业进行更进一步的划分，例如，可以将采购作业划分为省内采购和省外采购。

（3）分析和确定企业经营过程所消耗的资源。贵阳烟草的所有资源主要分成以下几大类：人员、建筑设施、其他公用设施、设备、无形资产、费用等等，然后在此基础上，再对每一可分大类再进行分类。通过资源属性及其属性值，描述会计科目和资源的对应关系，然后便可将成本从会计科目还原到资源。例如，对于采购活动这项作业来说，它需要的资源主要包括管理人员、操作人员以及车辆等固定资产。而其中的管理人员经费，就来源于会计科目中的人工费用科目。

(4) 选择成本动因。以贵阳烟草的采购经费为例，它由提及的会计科目中的多项费用加总而得。由于这项资源完全是为采购活动这项作业服务的，于是针对其资源的用途，在方案中将其按比例的分配到了采购作业中。对于采购活动的作业成本，方案中主要以区域作为作业动因，将花费在各个不同区域的采购成本平均分摊到该区域的产品上，有必要的再明细到县市。这便完成了一次从资源到作业，再到成本对象的成本分摊过程。

基于作业成本管理信息化系统在贵阳烟草的应用，涵盖了贵阳烟草所有经营活动，反映业务流程各个环节价值创造过程的价值链的完全成本，为公司成本分析提供了大量的准确的信息支持。得出了决定企业经营业绩的关键因素"条均成本"。并最终随前台作业准确的体现到最终产品和服务中。完整而准确的成本数据为管理层的经营决策提供了支持。以车辆费用为例。实行作业成本核算以前，办公车辆归办公室管理和调配，所有车辆成本作为办公室的费用，而实际使用车辆的是各个部门，由于各部门的用车成本核算不清，成本控制的责任也无法界定和考核，车辆费用不断增加，采用作业成本核算后，车辆成本实行单车核算，车辆行驶的里程、时间、用途，按部门由办公室统计，并经使用部门确认，车辆成本根据不同部门的使用里程、占用时间、用途被准确地分配到具体的部门、作业，并依据各作业的成本动因准确地反映到最终产品和服务的成本中。

[题目布置]

结合所学知识来解释说明贵阳烟草作业成本操作过程的基本原理是什么？

第九部分

责任会计

责任会计是为了适应经济责任制的要求,在企业内部建立若干责任单位,并对它们分工负责的经济活动进行规划、控制、考核与业绩评价的一整套会计制度。责任会计的实质是企业为了强化内部责任而实施的一种内部控制制度,是把会计信息同各级有关责任单位紧密联系起来的信息控制系统。责任会计的基本内容包括划分责任中心、编制责任预算、建立责任会计信息系统、制定内部转移价格和考评工作业绩等项工作。其中,责任中心的主要类型划分为成本中心、利润中心及投资中心。成本中心的特点是:其工作成果不便于或不必进行货币计量,仅计量和考核发生的成本费用。对成本中心工作成绩的评价和考核,主要通过一定期间实际发生的成本费用与其预定的尺度进行对比,并编制业绩报告,借以剖析差异形成的原因和责任。利润中心不仅考核其成本,还要考核其收入和利润。对利润中心工作业绩评价与考核的指标有贡献毛益、净收益和销售利润率。投资中心不仅要考核成本费用和利润,还要考核其资金的使用效果。对投资中心工作业绩评价和考核的指标有投资报酬率和剩余收益。责任会计比较推崇内部转移价格制度,这是一种企业内部各责任中心之间由于相互结算或转账所需采取的一种价格标准。不同类型的责任中心采用的转移价格有所不同:成本中心之间提供商品或劳务可以标准成本作为内部转移价格;利润中心和投资中心之间相互提供产品可采用市场价格、协商价格、双重价格和成本加成等形式的内部转移价格。

实训一 凤凰纸业公司投资报酬率提高决策和内部转移价格形成过程

凤凰纸业公司下属两个部门:纸浆厂和纸张厂。每个厂各自负责生产和销售产品。尽管纸浆厂的大量产品销售给世界各地的客户,但它的部分产品也时常卖给纸张厂作为原材料使用。凤凰纸业公司下属的纸张厂制造大量的卷纸,并将卷纸卖给那些能够将其制作成印刷、复印办公及其他产品用途的纸品公司。凤凰纸业公司自推行责任会计制度之后,其组织管理结构按照适应责任会计制度的要求进行了较大规模的调整,并且公司经理要求纸浆厂和纸张厂的两位厂长吴永泽和张伟定期向公司副经理李锡麟进行汇报，而各个部门的业务负责人还需分别向吴永泽和张伟定期汇报。

凤凰纸业公司下属的两个部门纸浆厂和纸张厂在其责任会计制度下被分别确定为两个拥有投资决策权的投资中心，并在它们各自的下属车间实行利润中心管理方式，而成本中心则是按照生产工艺流程进行具体划分的，如在纸浆厂按照生产工序划分成去皮（去皮之后用碎片机将原木切割成一个个一米宽的块料）、蒸煮、漂白（将褐色的纤维转变为白色的纤维）、干燥（干燥纤维混合物，然后将其切割成片并进行包装）等成本控制中心；而在纸张厂按照生产工序划分成加压（纸浆、水以及化学物质的混合物在金属丝网上平展开并经过压力机加压除去纸浆中的水分，同时使纸张达到预定的厚度）、干燥（通过蒸汽加热干燥器进行干燥）、复绕（纸片被卷成各种规格的"母卷"）等成本控制中心。

一、纸张厂提高投资报酬率的一些举措

投资报酬率分成两个部分：销售净利率和经营资产周转率。其中，投资报酬率的销售净利率表示营业利润占销售收入的百分比；而投资报酬率的经营资产周转率等于销售收入除以平均经营资产占用额。

凤凰纸业公司的两个下属工厂，纸浆厂和纸张厂有关投资报酬率指标计算的相关数据资料如表2-9-1所示。

表2-9-1　　　　纸浆厂和纸张厂有关投资报酬率指标计算的相关数据资料　　　　单位：万元

项目	纸浆厂	纸张厂
产品销售收入	80000	27500
产品销售成本	64000	20600
销售费用	11200	5800
营业利润	4800	1100
平均经营资产占用额	75000	20000

$$纸浆厂投资报酬率 = \frac{4800}{80000} \times \frac{80000}{75000} = 6.4\%$$

$$纸张厂投资报酬率 = \frac{1100}{27500} \times \frac{27500}{20000} = 5.5\%$$

纸浆厂厂长和纸张厂厂长的薪水、奖金以及在公司里的职位升迁都和他们的业绩相联系。面对纸浆厂的业绩，张伟感觉到了一种无形的压力。他想尽快摆脱目前这种较为尴尬的境地，使自己所在部门的投资报酬率有一个较大的提高。这里的关键是提高销售利润率和经营资产周转率。提高各投资中心的销售利润率，就必须提高营业利润和产品销售收入的比值，即要从每一元的产品销售收入中获取更多的营业利润，管理人员通常会关注成本控制以增加投资报酬率中的销售利润率。另外的一个选择就是提高产品售价，但由于竞争的问题，企业管理人员通常不会那样做。

张伟决定减少下一个期间的成本以增加纸张厂的销售利润率。其初步预计：通过削减200万元的产品制造费用和75万元的销售费用来节约成本开支；计划改变企业管理程序以减少采购、工资等相关成本。他坚信，只要能够去掉不能增加价值的工作，与此相关的成本

也将消失。大多数成本的节省是通过简化生产和除去不必要的工作类别来实现的。

纸张厂的工程师刘川康拿出了通过重新设计产品组合及制造流程来实现成本节约的办法。主要工作过程是：由老刘带领技术攻关小组通过检查产品组合来去掉一些产品类型，这些产品或者是小批量生产的，或者是需要经过特别的处理工序，或者是需要付出高成本的加工工序。原来将造纸机从一个级别产品调整到生产另一个级别的产品时会产生一定数量的废品，老刘希望通过减少一些产品类型的变化来降低一些废品率。张伟自信这些措施不会使纸张厂的销售收入受到威胁。此外，他还考虑重新调整质检员对纸浆检测的工作目标，只有最优质的原材料才能进入生产工序，此举将会使废品率和相关成本进一步减少。诸多因素考虑后的销售利润率计算如下：

$$销售利润率 = \frac{27500 - 20600 - 5800 + 200 + 75}{27500} \times 100\% = 5\%$$

如果张伟的预计是可靠的，成本削减计划将使纸张厂的投资报酬率由5.5%提高到6.9%的新水平，其计算如下：

纸张厂成本实施削减计划前可达到的投资报酬率 = 4% × 1.38 = 5.5%
纸张厂成本实施削减计划后可达到的投资报酬率 = 5% × 1.38 = 6.9%

张伟意识到在提升企业销售利润率的同时，还应该尽可能保持较低的经营资产占有水平，以提高经营资产周转率。张伟决定减少经营资产占用金额2500万元，主要措施有：对应收账款采取积极的收账政策，减少应收账款占用；将企业多余的闲置现金交给公司；减少原材料和产成品等存货占用。同时，对企业生产线及制造流程的调整会减少企业生产所需设备的数量。这样的资产减少措施比较可信与可靠。

$$实施这些措施后的经营资产周转率 = \frac{27500}{20000 - 2500} = 1.57$$

如果张伟的估算是准确的，减少经营资产占用将使纸张厂的投资报酬率由5.5%提高到6.3%的新水平，其计算如下：

纸张厂减少经营资产占用措施前可达到的投资报酬率 = 4% × 1.38 = 5.5%
纸张厂减少经营资产占用措施后可达到的投资报酬率 = 4% × 1.57 = 6.3%

通过销售利润率和经营资产周转率的共同改进，纸张厂的投资报酬率将提高到7.9%的水准，其计算如下：

提高销售利润率和经营资产周转率措施影响的投资报酬率 = 5% × 1.57 = 7.9%

[题目布置]
1. 纸浆厂的投资报酬率高于纸张厂在管理会计方面将意味着什么？
2. 请你就这个事例中的重新设计产品组合和制造流程的一些做法进行适当的评论。

二、纸张厂和纸浆厂内部转移价格的形成

如果你是纸浆厂的厂长，你肯定希望以尽可能高的价格卖给纸张厂；而如果你是纸张厂的厂长，你将以尽可能低的价格来购买原材料。他们之间的矛盾如何来解决呢？

纸张厂的厂长张伟将其本部门的业绩与纸浆厂的有关数据对比后，感到非常不满意。因为纸张厂的所有生产用纸浆都是从纸浆厂以每吨400元的价格来购进的。他一直想知道自己

是否能够获得比兄弟厂家更加低廉的原材料。张伟很清楚，由于国内纸浆市场基本处于供过于求的局面，纸浆的市场价格正在不断下滑。他要求南方纸业集团尽快提供一个报价以确定他的兄弟厂家提出的转移价格是否具有竞争性。第二天的早晨，南方纸业集团传真过来的报价为每吨350元，但条件是纸张厂年纸浆材料的50%都必须从南方纸业集团购买。张伟很快地进行了相关经济数据的测算，以确定该报价对本公司纸浆厂投资报酬率会产生怎样的影响。

张伟所在纸张厂的产品销售成本是2.06亿元，包括将纸浆转化为纸张时发生的成本。他估计产品销售成本的一半即1.03亿元是纸浆成本。而产品销售成本的剩余部分则是人工工资、水电消耗、化学制剂、设备折旧及管理成本的摊销金额。张伟的推论如下：如果纸浆厂每年的纸浆成本是1.03亿元，按每吨400元的单价计算，去年大概消耗掉了25.75万吨（103000000/400）。而南方纸业集团想让我们购买全年业务需求量的一半，也就是12.875万吨。

"纸浆厂肯定不会轻易失去近13万吨的销售量，即我们年材料需求量的一半，特别是在目前国内纸浆市场竞争非常激烈的情况下。"张伟似乎感觉到了一些什么。

张伟在继续估量着这个报价：如果纸张厂和南方纸业集团达成这笔交易将至少节约出多少钱呢？应该是这样的结果：每吨纸浆的采购成本能够节约50元（400-350），若按12.875万吨的采购量计算，全年将节约材料采购成本643.75万元（50×12.875）。而采购成本的节约带来产品销售成本的缩减，这对纸张厂的投资报酬率意味着什么呢？

张伟继续计算：纸张厂的营业利润是1100万元，若加上预期的643.75万元的成本节约金额，纸张厂的全年收益应该在1743.75万元左右。用全年收益1743.75万元除以2亿元的资产总额，估计投资报酬率将达到8.7%的水平。

纸张厂从外部采购一半纸浆的做法看来是有道理的。假如纸张厂的产品销售收入和其他费用保持现有水平不变，就能使其投资报酬率从原有的5.5%提高到8.7%，增长数值是3.2%（8.7%-5.5%），增长速度是60%（3.2%/8.7%）。这样一个增长速度应该说是纸张厂有史以来所能达到的最高水平了。张伟还是克制住了兴奋的心情：切不可走漏风声！自己的意图最好还是莫让纸浆厂厂长老吴知道为好。张伟像往常一样开始忙于日常事务了……

纸浆厂的厂长吴建平因为近一年来疲软的国内纸浆市场形势而非常苦恼。由于需求的萎缩，每个生产班次40小时的正常工作时间现在仅仅需要30个小时，而剩余的10个小时只能是浪费在设备的维修及一般养护上面。因此，纸浆厂的制造成本并没有因为产量的下降而减少，相反的是产品的销售量却不断地下降。当老吴从公司那里打听到纸张厂欲从南方纸业集团采购全年50%纸浆用量的决定时显得非常焦虑和不安。与此同时，张伟也感觉到了这个决定将会给本厂乃至整个公司带来业务和经济上的冲击。张伟的担心不无道理。虽然凤凰纸业公司的决策层们对所属的两个工厂实行较为宽松的业务管理政策，允许厂长自己来做一些决定。然而，张伟把要从南方纸业集团大量采购纸浆的打算向公司副经理李锡麟提出后的第二天，其办公室的内线电话就响了。老吴在电话的另一端向张伟提出了尽快召开一个由两个部门的经理和相关人员参加的联席会议，以讨论转移定价问题。还没等张伟来得及回话，老吴就把会议日期安排在了后天下午并约定在公司会议室召开。

两天后，当张伟从机场赶回公司一进入会议室时，就发现老吴和公司副经理李锡麟已经坐在会议室的沙发里了。见张伟进来，老吴先站起身来和张伟亲密地寒暄起来，并带着暗示的口吻说道："张厂长可不能让我们今天失望呀！"李锡麟见两人都坐下就赶紧定了调："我们今天主要谈南方纸业集团的纸浆报价问题。"

"老吴，你必须要承认"张伟说道，"每吨50元采购成本的节约额对于我们厂来说太重要了，它可以使我们现有的利润率水平有一个显著的提高，而且还代表了我们公司的产品价格还能再有13%的下降空间。你没有意识到在不改变产品质量的前提下，将经营成本减少是多么困难的一件事吗？"

听到此语，老吴一下从沙发里站了起来。"张伟，让我们来谈一谈质量。一旦你购进了这些含有氯化纤维的半漂白纸浆，你的麻烦就大了。因为这种介于漂白和未漂白的生产工序之间的中间产品，除非我们公司现有设备将纸浆中的所有氯都清除掉，否则这种半混合体会随着生产工序被不断地释放出来并融入产品，造成对使用环境和人体的污染与不良影响。而据我了解纸张厂的设备并不具有这个功能，但我的产品由于有严格的质量控制手段却可以保证纸浆产品中不会含有氯化纤维。"

张伟当然清楚那些对环保意识非常强的客户特别是办公用品消费者肯定对含有氯化纤维的纸产品产生抗拒，而且很多的媒体最近也对类似的问题开始系列的报道和追踪。因此，从本公司纸浆厂所购纸浆的质量是应该得到肯定的。

"可靠的质量意味着什么？"老吴继续说道，"在一个像纸浆、纸品等需要进行连续性制造的环境中，你应该十分清楚一旦某个生产环节出现了中断，对你本厂乃至公司整体利益将意味着什么？同时，由于材料问题造成了大量的废品将会扰乱你的正常销售秩序，那你不久就将看到13%的成本节约额化为泡影"。

张伟感觉到老吴所讲是对的。造纸过程非常复杂，也非常讲究，一旦生产过程中出现了不稳定因素，那将是非常糟糕的事。张伟知道纸浆厂的产品质量是有保证的，老吴主要是提醒自己南方纸业集团的这类产品质量较差，而且交货时间也保证不了。

看到张伟有所动心，老吴开始攻击起南方纸业集团来，"我敢打赌，南方纸业集团给你一个350元的报价肯定有某种预谋，合同执行后不久就会提高他们的报价。他们是想以超低价格进入这个市场后抢得一杯羹。"

……

[题目布置]
1. 张伟在考虑问题时犯了什么错误？从公司整体利益考虑应该怎样认识这个问题？
2. 这个事例暴露了投资报酬率指标哪些方面的缺陷？

实训二　信达通讯公司责任中心和内部转移价格相关问题

信达通讯公司主要生产电子类通讯产品，如手机、电话机、传真机及MP4等产品，具有产品研发能力和多项产品的核心技术及专利。赵毅是信达通讯公司的一个车间主任，其所在的车间主要是负责组装MP4产品，MP4产品的部件包括从公司另外一个部门大批量购买的 SL 系列电子集成线路板。每个星期五的上午，公司总部都会给赵毅传真一份生产进度表，以指定下星期的产品类型和生产数量。因此，赵毅所在部门的主要任务就是必须高效率地完成总部所下达的生产指标，而产品销售价格则由上一层的管理机构来作出，赵毅不具有这项权利。

下面要说的是，就在赵毅在为自己所在部门的年度业绩考核做精心准备的时候，他忽然想起了去年的一件事：有一次被上层管理机构领导约去谈话时，被告知管理部门为他所在车间的 MP4 产品的生产制定了一个净收益考核指标。当时，赵毅坚持认为所列的一些成本控制项目超出了他的控制范围，而且对上级用净收益指标评价考核 MP4 生产车间的业绩也感到疑惑不解。赵毅所在车间今年的产品销售收入、产品销售成本及其相关期间费用的基本情况如表 2-9-2 所示。

表 2-9-2　　　　　　　　车间全年主要会计数据基本情况　　　　　　　　单位：万元

项目	金额	
产品销售收入	10000	
产品销售成本	7500	
其中：期初产成品成本		500
产品制造成本		7700
合　　计		8200
期末产成品成本		700
产品销售利润	2500	
销售及管理费用	2400	
其中：公司管理部门固定资产折旧		100
销售费用		1000
和车间相关的其他直接费用		1300
净收益	100	

信达通讯公司推行以市场为基础的转移定价政策，公司的管理层一般制定一个和企业外部公司报价相一致的内部产品转移价格以使内部产品购销活动变得比较容易操作和透明。

[题目布置]

1. 请帮助赵毅列出其所在生产车间能够控制的成本项目是哪些？
2. 你认为该生产车间是作为一个成本中心，利润中心，还是作为一个投资中心来进行评价更为合适，请解释理由？
3. 赵毅所在生产车间 MP4 产品所用集成线路板有 25% 是从公司内另一部门购进，其所在车间材料总成本 4000 万元，请问从另一部门购入集成线路板的成本应该是多少？
4. 如果集成线路板的生产部门能够赚取 20% 的产品销售利润，其产品销售成本应该是多少？
5. 集成线路板的生产部门使用昂贵的生产设备，其成本在短期内比较固定，其变动成本占总制造成本的 30%，而其余 70% 都为固定成本。请运用该公司的内部转移定价公式

(转移价格＝变动成本＋机会成本）计算该部门可以接受的最低的转移价格是多少？

6. 如果集成线路板生产部门有剩余的生产能力，其管理者是否能够和MP4生产车间协商出一个更低的转移价格，请解释理由？

[提示]

成本中心是组织中的一个部门，它在消耗资源的同时履行一定的职责，然而它并不直接销售产品，取得收入。因此，对成本中心管理者的评价是建立在其负责成本控制的基础之上，像生产车间的管理者能够影响材料成本、人工工资及制造费用。但是，他们不能为产品制定销售价格，也不能管理营销活动。同时，没有公司管理层的同意也不能购买设备。对成本中心管理人员通常是根据其是否具有能力达到质量标准以及是否按时交货来评价的。利润中心是组织中对实现销售收入、控制成本费用都负责的一个部门。利润中心管理者一般要负责产品定价，决定产品组合以及监控生产作业。因此，利润中心的管理者要对成本、收入及利润率负责。由于利润是由销售收入与成本的差额来决定的，因此用利润率来评价利润中心的条件是这些管理人员能够控制这些变量。投资中心是组织中对利润产生和经营资产管理负战略责任的一个管理部门。投资中心的管理者能够控制成本、收入及资产。所以，投资报酬率等业绩指标可以用来评价投资中心的管理者。一般而言，只有当管理者能够决定他们负责领域内的资产使用水平时，才适合使用投资报酬率指标。

理论上讲，如果提供产品的生产部门有剩余的生产能力，其管理者应该愿意作出一定的价格让步。此时，转移价格公式建议的是考虑能够用来抵减变动成本的价格。

实训三　西菱通讯有限公司内部转移价格确定

西菱通讯有限公司主要生产电话机及其电话线路板，由两个部门组成。一个是线路板生产厂，主要产品是LX系列晶体管线路板和HX系列集成线路板；另一个是电话机生产厂，主要产品是SL系列电话机产品。这两个工厂在实行责任会计制度后都是独立的利润中心。其中，线路板生产厂的两个主导产品LX和HX系列的相关单位成本数据资料如表2-9-3所示。

表2-9-3　　　　线路板厂LX和HX系列产品单位成本资料　　　　　　　　　单位：元

成本项目	LX系列线路板			HX系列线路板		
	标准消耗	成本分配率	单位成本	标准消耗	成本分配率	单位成本
材料成本			2			1
人工工资	2工时	14	28	0.5工时	14	7

线路板厂全年固定费用40万元，生产能力全年500万工时。自HX系列集成线路板开发出来之后，主要有10个客户利用该系列线路板发展其产品。全年最大需求量不会超过150万块，产品单位售价在近期保持在60元左右。但线路板厂的剩余生产能力能够用来大批量生产技术非常成熟而未来市场逐步萎缩的LX系列线路板，从目前情况看，该线路板仍是

电话机的主流控制版，其销路不成问题。与线路板厂仅一条马路之隔的电话机厂主要是生产具有脉冲和双音频工作方式的电话机 SL 系列产品，电话机由一名法国的设计师设计，功能包括录音、来电显示、电话簿以及无线联络等比较时尚的功能，销路非常不错。系列产品的出厂价平均下来在 140 元左右，但需要从德国进口一种比较复杂的线路板，每块成本都算下来约合人民币 60 元左右。SL 系列电话机产品的有关单位成本资料如表 2-9-4 所示。

表 2-9-4 SL 系列电话机产品有关单位成本资料 单位：元

项 目	标准消耗（工时）	成本分配率（元/工时）	产品单位成本
材料成本			
其中：线路板成本			60
配件成本			8
人工工资	5	10	50

西菱通讯公司产品研发部的工程师们经过两个月的技术攻关，将 HX 系列集成线路板改进设计后完全能够代替从德国进口的线路板，各项技术性能均有出色的表现，个别性能甚至比德国厂家的产品还要好一些。但这种改进使 SL 系列电话机的人工标准消耗工时每部增加到了 6 工时。除此之外并无其他方面的数据变动。

章显洲是这个公司新近招聘进来的一名会计师，有着多年的从业经验。他对线路板厂两个系列产品的单位边际贡献测算如表 2-9-5 所示。

表 2-9-5 线路板厂 LX 和 HX 系列产品单位边际贡献测算 单位：元

项 目	LX 系列线路板	HX 系列线路板
销售单价	12	60
单位成本	8	30
其中：材料成本	1	2
人工成本	7（0.5×14）	28（2×14）
单位边际贡献	4	30

章显洲估算生产 HX 系列线路板之后的剩余生产能力应该是这样的：
$500 - 150 \times 2 = 200$（万工时）

章显洲对电话机厂分别用两种线路板生产 SL 系列电话机产品的有关单位边际贡献测算如表 2-9-6 所示。

表 2-9-6 分别使用两种线路板下 SL 系列电话机单位边际贡献测算 单位：元

项 目	使用德国原装进口线路板	使用本公司其他厂家 HX 线路板
销售单价	140	140
材料成本	68	10（2+8）
人工成本	50	88
其中：线路板厂		28（2×14）

续表

项　目	使用德国原装进口线路板	使用本公司其他厂家 HX 线路板
电话机厂	50	60（50+1×10）
单位成本	118	98
单位边际贡献	22	42

章显洲认为，如果线路板厂的 HX 系列线路板产品全部外销的话，其可以用来全部生产 LX 系列晶体管线路板的剩余生产能力折合生产工时为 400 万工时（200×2）。若依此计算，公司的边际贡献总额如下：

HX 系列线路板	150×30	4500 万元
LX 系列晶体管线路板	400×4	1600 万元
SL 系列电话机	50×22	<u>1100 万元</u>
合　　　计		7200 万元

若线路板厂向电话机厂提供 50 万块 HX 系列线路板，则折合成生产工时为 100 万工时（50×2）。此时，LX 系列晶体管线路板将减产至 200 万块（100/0.5）水平。若依此计算，公司的边际贡献总额如下：

HX 系列线路板	150×30	4500 万元
LX 系列晶体管线路板	200×4	800 万元
SL 系列电话机	50×42	<u>2100 万元</u>
合　　　计		7400 万元

章显洲认为，根据上述这些数据的计算结果，应该让线路板厂的 HX 系列线路板按内部转移价格销售给电话机厂，并保证 50 万块的用量。这样的话，既解决了电话机厂产品成本的降低问题，又使公司整体利益得到了提高，并且电话机厂和线路板厂之间形成了较好的产品链条关系。

章显洲的数据测算工作仍在继续进行……

[题目布置]

1. 请你就 HX 系列线路板产品的内销问题在线路板厂和电话机厂之间提出一个比较合理的内部转让价格水平？

2. 如果电话机厂需要生产装有 HX 系列线路板的电话机 120 万部，你认为 SL 系列电话机应使用多少块 HX 系列线路板比较合适，请解释理由。